COLLECTION DOSSIER D'EXPERTS

Le cadre juridique de l'intervention économique des collectivités

par Hervé GROUD, docteur en droit,
directeur adjoint du Centre de recherche et de documentation administrative sur la décentralisation territoriale (CRDT) de Reims

LA LETTRE DU CADRE TERRITORIAL

Editions de « La Lettre du Cadre Territorial » - S.E.P.T.
BP 215 - 38506 Voiron Cedex - Tél. : 04 76 65 87 17 - Fax : 04 76 05 01 63 - Internet : www.territorial.fr

Référence 245 - Prix : 60 € (393,57 F)

Editions de « La Lettre du Cadre Territorial » - S.E.P.T.
BP 215 - 38506 Voiron Cedex - Tél. : 04 76 65 87 17 - Fax : 04 76 05 01 63 - Internet : www.territorial.fr

ISBN : 2-84130-424-8

Sommaire

Avertissement

Le régime juridique des interventions économiques des collectivités locales au profit des entreprises résulte pour l'essentiel de textes adoptés en 1982-1983. Ce cadre juridique a déjà été modifié à plusieurs reprises. La présente étude tient naturellement compte de ces évolutions successives et intègre les évolutions récentes (de février 2002).

Note méthodologique

Pour améliorer la lecture, les rappels de notes qui figurent dans le texte ont été reportés à la fin de chaque chapitre.

Introduction

Une pratique ancienne

On a parfois coutume de dire qu'en matière d'interventions économiques locales, on serait passé d'un interdit à la reconnaissance d'un droit.

Ce n'est pas tout à fait exact. Depuis qu'elles existent, les collectivités locales ont toujours été amenées à développer des interventions économiques et sociales parce que l'intérêt public local l'exigeait.

Ce qui est en revanche exact, c'est que le droit ne s'est fixé que progressivement après une longue phase que l'on peut qualifier d'expérimentale.

On se réfère généralement à deux textes de la période révolutionnaire pour justifier les premières interdictions d'interventions économiques. Il s'agit de la loi des 2 et 17 mars 1791, dite décret d'Allarde et la loi des 14 et 17 juin 1791, dite loi Le Chapelier.

Il est incontestable que le décret d'Allarde et la loi Le Chapelier proclament la liberté du commerce et de l'industrie, le premier de ces textes précisant que chacun peut exercer le négoce et plus largement le métier qu'il a choisi, le second en supprimant les corporations. Mais rien dans ces textes ne permet d'affirmer qu'il s'agit d'une liberté dont l'exercice serait exclusivement réservé aux personnes de droit privé.

L'idée fondamentale de la loi des 2 et 17 mars 1791 est ainsi formulée : « *À compter du 1er avril prochain, il sera libre* ***à toute personne*** *de faire négoce ou d'exercer telle profession, art ou métier qu'elle trouvera bon mais elle sera tenue, auparavant, de se munir d'une patente.* »

La distinction entre personne de droit public et personne de droit privé est balbutiante à l'époque et la notion de collectivité locale encore imprécise. Comment les textes cités pourraient-ils leur interdire l'exercice de cette nouvelle liberté. Il est vrai qu'il convient de payer patente. Il s'agit certes d'une taxe, mais observons simplement qu'à plusieurs reprises les collectivités locales ont été amenées à verser des taxes à l'État (la TVA, par exemple, à une période récente).

Dès le début de leur existence, communes et départements ont très naturellement développé des interventions économiques et sociales.

Il y a tout d'abord l'exemple bien connu de la « municipalisation de la boulangerie » dont aura à connaître ultérieurement la jurisprudence. Dès 1792, elle fut autorisée et même encouragée. La convention poursuivit cette politique. Par un décret du 9 novembre 1793, elle décida la création, dans chaque district, d'un « grenier d'abondance » et dans chaque section de ville d'un « four public ». Des exemples analogues existent s'agissant de la boucherie, de la distribution du poisson et du lait.

Bien sûr la lutte contre la disette et des considérations prophylactiques expliquent de telles interventions. Mais des « entreprises communales » concernent la fourniture d'électricité, de gaz, l'exploitation de mines, de tourbières, de sources d'eau minérale. La finalité est ici plus directement économique.

On note aussi des interventions dans le domaine financier. Deux textes du Second Empire (loi du 15 juillet 1850 sur les sociétés de secours mutuels, et décret du 26 mars 1852) encouragent fortement la création de mutualités communales.

Comme on le sait, durant la première guerre mondiale, l'État encouragea les collectivités locales à intervenir dans le domaine économique. Les circonstances l'expliquent, bien évidemment. Mais la paix revenue, lorsque l'État devint interventionniste, il encouragea les collectivités locales à accompagner son effort. Tel est notamment le sens des décrets-lois des 5 novembre et 26 décembre 1926.

Peut-être a-t-on attaché trop d'importance au célèbre arrêt CE 30 mai 1930, Chambre syndicale du commerce de détail de Nevers. Certes, le Conseil d'État réduit considérablement la portée des décrets de 1926, au point de nier les principes qu'ils édictaient. Mais très rapidement, la jurisprudence évolua pour admettre des interventions économiques et sociales qui manifestement correspondaient bien à un intérêt public (CE 23 juin 1933, Lavabre ; CE 24 novembre 1933, Zénard ; CE 12 novembre 1838, Goldberg et Lichtenberg).

Les efforts d'équipement accompagnant la reconstruction de l'après-guerre ainsi que les prémisses d'une politique d'aménagement du territoire expliquent le décret du 20 juin 1955 qui rappelle la légalité de « *l'intervention des communes dans le domaine économique et social notamment par voie d'exploitation directe ou par simple participation financière dans des organismes ou entreprises* ». Il conforte également, le rôle du département.

Mais précisément, les interventions économiques des collectivités locales s'expliquent pour deux raisons :

- Certes, il y a la volonté de renforcer le tissu économique local, en aidant les entreprises existantes ou en favorisant l'accueil de nouvelles.

- Mais rapidement de nombreuses interventions économiques correspondent à une volonté locale de modification, voire de remise en cause, de la politique nationale d'aménagement du territoire.

Ainsi s'expliquent les circulaires gouvernementales (circulaires des 23 septembre 1965 et 10 septembre 1976 pour les communes, du 20 mai 1976 pour les régions) qui contestent la compétence des collectivités locales à intervenir dans le domaine économique en s'appuyant notamment sur les décrets d'Allarde, et demandent aux préfets de considérer comme illégales la plupart des aides locales.

Paradoxalement, en sens contraire, le Conseil d'État se montre de plus en plus tolérant à l'égard des interventions économiques locales (CE 18 décembre 1959, Delansorme ; CE 17 avril 1964, commune de Merville-Franceville) pour finalement reconnaître l'existence d'une compétence des collectivités (CE, 20 décembre 1970, commune de Montmagny ; CE 23 juin 1972, Société Plage de la forêt ; CE 26 juin 1974, Société Maison des Isolants de France).

Il convenait que le législateur remplisse son rôle et dise le droit. Telle est en grande partie le sens de la loi du 2 mars 1982, au delà des débats qu'elle a suscité à l'époque, qui affirme clairement, mais sous certaines conditions, le droit des collectivités à intervenir dans le domaine économique et social.

Des interventions importantes

Par leur existence même, les collectivités locales sont des acteurs économiques de première importance.

Leurs dépenses sont de l'ordre de 750 milliards de F, soit légèrement moins que la moitié du budget de l'État. Par la consommation de services et de marchandises, par leurs investissements, elles concourent massivement à soutenir l'activité économique. Elles assurent plus de 70 % des investissements publics civils. Elles sont à l'origine de 11 % des investissements réalisés dans le pays, soit autant que l'industrie manufacturière.

Elles ont une influence directe sur le marché de l'emploi, dans la mesure où elles emploient 1,4 million de personnes. Depuis 1982, elles ont créé plus de 200 000 emplois.

On comprend qu'elles cherchent à finaliser une telle capacité d'intervention.

Politiquement, les autorités locales décentralisées sont directement au contact des problèmes économiques et sociaux que doit affronter la population. L'Association des maires de France soulignait dans son rapport sur l'emploi et les collectivités locales, publié en 1997, le caractère inévitable de l'intervention économique. Il y a dix ans, intervenir représentait un risque politique. Aujourd'hui, c'est l'absence d'intervention qui risque d'être sanctionnée par les électeurs.

Les statistiques semblent démontrer que les PME-PMI sont les principales créatrices d'emplois. C'est précisément en leur direction qu'interviennent les collectivités locales. D'autant que la taxe professionnelle représente plus de la moitié du produit des impôts locaux d'une collectivité. Développer le tissu économique, c'est assurer la richesse fiscale.

Effectivement, les interventions économiques des collectivités locales n'ont cessé de se développer, au point que maintenant plus personne ne conteste leur utilité. C'est sans aucun doute le premier succès des textes de 1982.

Selon la Direction de la comptabilité publique, les aides des collectivités locales ont représenté, en 1994, 14,4 milliards de F, ce qui représente un triplement en 10 ans. Pourtant, contrairement à une idée fausse parfois répandue, les collectivités s'efforcent de contrôler cette dépense comme les autres puisqu'elle ne représente que 2 à 5 % de leur budget.

Il reste que l'analyse du contenu montre une importante diversification des aides attribuées aux entreprises. D'interventions conjoncturelles, tentant de sauver des activités, en 1982, on est passé à des interventions structurelles, cherchant à favoriser la création d'entreprises pérennes.

Les aides aux entreprises en difficulté demeurent modestes et prudentes.

Les aides directes prévues par les textes de 1982 paraissent jouer un rôle mineur.

Les garanties d'emprunt représentent toujours une place prépondérante. Mais les collectivités, conscientes des risques éventuels, se montrent désormais plus restrictives, d'où une stagnation de cette forme d'intervention.

En revanche, on observe une diversification des aides indirectes et des montages plus complexes tendant à combiner plusieurs formes d'interventions, publiques et bancaires.

Les aides à l'immobilier d'entreprise, la mise à disposition de terrains ou de locaux, parfois avec des services communs à plusieurs occupants, financés par la collectivité, connaissent un réel succès.

Cette diversification croissante des formes d'intervention pose le problème de leur cadre juridique. Le droit des interventions économiques locales devient plus difficile à appréhender, tant les textes rendent mal compte des innovations et de l'imagination dont font parfois preuve certaines collectivités.

Les risques d'illégalité doivent tout de même être pris au sérieux. Des cumuls d'aides pourraient rapidement dépasser les plafonds autorisés par les autorités européennes. Et quelle qu'en soit la cause, l'annulation d'une aide peut avoir des conséquences catastrophiques pour une entreprise.

L'existence d'un service public d'interventions économiques

L'attribution d'une aide à une entreprise ou la prise en charge d'une activité industrielle ou commerciale par une collectivité locale trouve son fondement dans une activité d'intérêt général, expression d'un service public librement mis en place par cette collectivité.

À l'issue d'une lente évolution, ce principe est clairement consacré dans l'arrêt CE 26 juin 1974, Société Maison des Isolants de France. Dans un considérant désormais bien connu, le Conseil d'État avait affirmé qu'une collectivité locale « *pouvait prendre en charge,* ***dans l'intérêt public*** [...] *la réalisation de l'ensemble des conditions matérielles d'une opération de décentralisation industrielle jugée utile pour le développement communal* [...] *ce faisant, elle assurait* ***l'exécution même d'une mission de service public*** ».

La loi du 2 mars 1982 consacre cet acquis jurisprudentiel. Elle pose comme principe clair qu'aux côtés de l'État, communes, départements et régions « *peuvent intervenir en matière économique et sociale* », notamment en accordant « *des aides directes et indirectes* ».

Il ne s'agit donc pas d'un service public obligatoire, mais facultatif dont la collectivité juge l'opportunité.

Deux précisions importantes doivent être apportées :

- L'État a la charge de définir globalement la politique économique et sociale. Ce principe résulte en grande partie de la Constitution elle-même. La politique monétaire, expression et résultat de choix économiques est une des composantes de la souveraineté. Et il revient à l'État législateur de définir le cadre de cette politique économique et sociale. S'il le souhaite, l'État peut même, dans la loi approuvant le plan, apporter des précisions sur les objectifs à moyen terme et les voies qu'il convient d'emprunter pour les atteindre.

S'il existe bien un intérêt public local, distinct de l'intérêt public national, les interventions économiques des collectivités locales doivent naturellement se situer dans le cadre juridique ainsi défini.

- Sauf le cas exceptionnel d'une carence de l'initiative privée, il ne revient pas à la collectivité de se substituer aux entreprises privées. Le dogme social reste fondé sur le libéralisme économique. Il revient toutefois aux collectivités locales comme à l'État d'intervenir lorsque l'intérêt public l'exige.

En fait, les collectivités locales ne sont pas exactement les partenaires des entreprises. Les objectifs ne sont pas les mêmes. Une entreprise a comme finalité la recherche du profit qui peut parfois nécessiter une délocalisation ou des réductions d'effectifs. Une collectivité doit satisfaire les intérêts généraux d'une population et assurer la dynamique d'un territoire. Mais il peut arriver que l'intérêt privé et l'intérêt public convergent. Une aide à une entreprise peut favoriser son développement et même temps correspondre à un intérêt public.

Mais l'intervention économique de la collectivité ne signifie pas « collectivisation » de l'activité économique.

C'est le sens du triple rappel auquel procède la loi du 2 mars 1982.

- Sauf autorisation donnée par décret en Conseil d'État, une collectivité ne peut entrer dans le capital d'une entreprise.

- L'intervention doit respecter la liberté du commerce et de l'industrie. Elle n'est donc légalement possible que si elle correspond bien à un intérêt public de développement économique et social local. Sinon, elle ne ferait que troubler le libre jeu des acteurs privés.

- L'intervention doit respecter le principe d'égalité des citoyens devant la loi. Il en découle que toutes les entreprises doivent pouvoir accéder aux dispositifs d'aide dans des conditions analogues. Également, les interventions des collectivités locales prennent la forme de discriminations positives, tentant de gommer des inégalités initiales.

* *
*

Dans la **première partie** de ce dossier, on procédera à une **analyse du cadre juridique général** dans lequel doivent s'inscrire les interventions économiques des collectivités locales. Ce cadre est sans conteste plus complexe qu'il le fut. Aux normes de droit interne s'ajoutent désormais des règles de droit communautaire, parfois mal connues des autorités décentralisées. Aux contrôles du préfet et des chambres régionales des comptes se joignent maintenant ceux de la Commission européenne. L'ensemble constitue un cadre juridique qui continue à s'imposer aux collectivités locales, même si certaines sont tentées de s'en affranchir.

Mais il existe plus précisément ce que nous appellerons des **aides indirectes complexes**. Elles ont manifestement la préférence des collectivités locales. **La seconde partie leur est donc consacrée**. Elles sont complexes, d'une part, parce qu'elles font l'objet d'une réglementation assez précise qu'il convient impérativement de suivre, résultant de textes successifs dont la complémentarité doit être expliquée. Mais elles sont, aussi, complexes parce que les collectivités elles-mêmes ont jugé parfois utile de les combiner pour accroître leur efficacité et leur attractivité.

1.

Le cadre juridique général

I ▪ Le cadre juridique en droit interne

Le cadre juridique actuel, dans lequel doivent s'inscrire les interventions économiques des collectivités locales, résulte pour l'essentiel de **deux textes législatifs de 1982**. Ils définissent le régime des aides directes que les régions sont autorisées à attribuer aux entreprises et réglementent l'usage de certaines aides indirectes comme la garantie d'emprunt et l'aide à l'immobilier industriel et commercial. Afin de protéger les communes des risques financiers les plus graves, la **loi du 5 janvier 1988** a interdit par ailleurs aux communes de verser des aides directes aux entreprises en difficultés et a fixé un nouveau dispositif de plafonnement aux garanties d'emprunt.

La **loi du 2 mars 1982** relative aux droits et libertés des communes, des départements et des régions pose le principe d'un droit pour ces collectivités locales à intervenir en matière économique et sociale. Quant aux modalités pratiques que doivent prendre ces interventions, elles renvoient à la loi approuvant le plan intérimaire 1982-1983, c'est-à-dire à la **loi du 7 janvier 1982**, plus précisément à son article 4. Les dispositions du plan intérimaire ont été reconduites par la loi du 24 décembre 1983, approuvant le IXe Plan. En revanche, la loi du 10 juillet 1989 approuvant le Xe Plan ne contient plus aucune référence au régime des aides. Le XIe Plan n'a pas été formellement rédigé et n'a donc pas fait l'objet d'approbation législative. **La question s'est donc posée de la valeur juridique qu'il convenait d'accorder aux modalités reconduites par la loi du 24 décembre 1983, au delà du 31 décembre 1988 qui marquait la fin de l'application du Xe Plan.**

Dans la pratique, l'administration étatique, sans se prononcer clairement, a implicitement considéré que le cadre juridique défini en 1982 avait conservé sa valeur au delà du Plan intérimaire et du Xe Plan.

Précisons, tout de suite, qu'ayant à se prononcer sur la légalité de diverses interventions économiques locales, le Conseil d'État a confirmé qu'il convenait toujours de se référer au cadre juridique de 1982, tant qu'il n'avait été modifié ou abrogé (cf. infra).

Il y a donc lieu de considérer que les règles applicables aux interventions locales sont bien celles qui ont été définies en 1982 et parfois modifiées ultérieurement notamment en 1988. Elles ont été codifiées aux articles L. 1511-1 et suivants, L. 2251-1 et suivants (communes), L. 3231-1 et suivants (départements), L. 4253-1 (régions)[1] du Code général des collectivités territoriales.

Cependant, les textes de 1982 n'épuisent pas le droit des interventions économiques de collectivités locales.

Au fil des années, la jurisprudence avait forgé, avant 1982, un certain nombre de dispositions qui permettaient d'encadrer les interventions économiques locales. Certaines d'entre elles ont manifestement inspiré le législateur en 1982 et se trouvent retranscrites dans les textes. D'autres conservent utilement leur validité, parallèlement aux dispositions législatives, sans entrer en contradiction avec celles-ci.

1. Les références aux appels de notes numérotés se trouvent en fin de chapitre, p. 69

Par ailleurs, quelques textes législatifs et réglementaires avaient déjà organisé certaines formes d'interventions non visées par les textes de 1982. Ils n'ont pas été abrogés et constituent donc toujours des sources juridiques auxquelles il convient de se référer.

L'ensemble constitue un corpus juridique qui peut paraître complexe et, en tout cas, dont quelques dispositions sont indéniablement sujettes à discussion. Il peut notamment sembler peu judicieux de maintenir certains mécanismes de références inopérants en droit communautaire, alors que le droit économique est désormais défini pour une bonne part à Bruxelles.

La question d'une simplification et d'une clarification du droit des interventions économiques locales est à nouveau posé.

A - Les précisions apportées par les textes de 1982 (article L. 1511-1, L. 1511-2, 1511-3 du CGCT)

La loi du 2 mars 1982 dispose à ses articles 5 (communes), 48 (départements) et 66 (régions) que les collectivités territoriales peuvent accorder des aides directes et indirectes aux entreprises :

- d'une part lorsque leur intervention a pour objet de favoriser le développement économique, selon les conditions prévues par la loi approuvant le Plan,

- d'autre part, lorsque la protection des intérêts économiques et sociaux de la population l'exige, dans le cas plus spécifique d'entreprises en difficulté à condition de signer avec celles-ci une convention précisant les mesures de redressement prévues.

Manifestement le législateur ouvre là les deux voies que pourront emprunter les interventions économiques locales :

- **d'un côté des actions de développement économique général** tendant à attirer les entreprises et à soutenir et développer l'emploi,

- **d'un autre côté des mesures d'urgences** permettant de se porter au secours des entreprises traversant des difficultés, avec comme objectif prioritaire, mais non unique, de tenter de sauvegarder l'emploi ; on peut également ranger dans cette seconde voie, la possibilité ouverte aux communes et aux départements d'intervenir pour assurer le maintien des services nécessaires à la satisfaction des besoins de la population en milieu rural, notamment lorsque l'initiative privée est défaillante.

Ainsi défini, le cadre juridique paraît faciliter les interventions économiques de toutes les collectivités territoriales.

Néanmoins, à deux reprises, ces articles prescrivent à ces collectivités de **respecter les dispositions de la loi approuvant le Plan**, dès l'alinéa introductif[2] et, plus nettement encore, quand il s'agit de définir les conditions d'attribution des aides directes[3].

Précisément, après avoir rappelé le droit pour les collectivités à intervenir pour favoriser le développement économique, la loi du 7 janvier 1982 approuvant le plan intérimaire 1982-

1983 **réserve aux régions le soin de distribuer les aides directes**, en même temps qu'elle les énumère dans son article 4 (**actuellement article L. 1511-2 du CGCT**) selon une formule désormais bien connue : « *Les aides directes revêtent la forme de primes régionales à la création d'entreprise, de primes régionales à l'emploi, de bonifications d'intérêts ou de prêts et avances à des conditions plus favorables que celles du taux moyen des obligations* ».

Ce même texte ne laisse aux communes et aux départements qu'un rôle subsidiaire et complémentaire. En effet, ces collectivités locales ne peuvent intervenir par le moyen des trois aides directes évoquées que lorsque deux conditions sont remplies :

- il faut d'une part que la région ait effectivement décidé d'attribuer l'une des aides citées pour que le département ou la commune ait la possibilité de la compléter ;

- cet apport complémentaire ne peut dépasser le plafond arrêté par les textes réglementaires ; donc communes et départements ne peuvent intervenir que si la région n'a pas déjà aidé l'entreprise bénéficiaire au taux maximum.

Il en découle une conséquence claire : **est donc interdite toute aide directe d'une commune ou d'un département qui ne s'inscrit pas dans le régime d'aide régionale préalablement établi.**

En effet l'article L. 1511-2 du CGCT (anciennement l'article 4, al. 2 de la loi du 7 janvier 1982) confie au pouvoir réglementaire le soin de fixer les plafonds relatifs aux aides directes énumérées et détermine le zonage. Il revient ensuite à chaque région d'élaborer un règlement arrêtant les modalités plus précises d'attribution.

Cependant, dès l'origine, les auteurs de la loi ont estimé qu'un dispositif trop rigide risquait ponctuellement d'empêcher de résoudre des problèmes spécifiques se posant dans une collectivité locale donnée. C'est pour cette raison que, dès l'origine, la loi du 7 janvier 1982 prévoyait que « *des actions de politique agricole et industrielle peuvent être entreprises par les collectivités territoriales ou leurs groupements dans le cadre de conventions conclues par eux avec l'État et fixant les modalités des aides qu'ils peuvent consentir* ». Cette possibilité d'intervention est aujourd'hui codifiée à l'art. 1511-5 du CGCT Elle a été très largement concrétisée par les régions.

1. Les aides directes régionales (articles L. 1511-2 et R. 1511-1 à R. 1511-18 du CGCT)

Quatre aides directes sont donc - à l'origine - énumérées par la loi approuvant le plan intérimaire.

Désormais, codifié à l'art. L. 1511-2 du CGCT, ce dispositif acquiert un caractère permanent, jusqu'à d'éventuelles nouvelles modifications introduites par le législateur.

Quant aux modalités précises des trois premières aides directes *(prime régionale à la création d'entreprise ; prime régionale à l'emploi ; prêts, avances et bonifications d'intérêt)*, fort logiquement, le législateur renvoyait à des textes réglementaires. Tel fut effectivement l'objet de trois décrets - un pour chaque type d'aide - du 22 septembre 1982. Les deux premiers ont été modifiés et complétés en janvier 1988, le troisième en janvier 1983, puis en décembre 1986.

Ces dispositions ont été codifiées dans la partie réglementaire du CGCT : articles R. 1511-1 à R. 1511-4, s'agissant des *dispositions générales* ; articles R. 1511-5 à R. 1511-8 pour la *PRCE* ; articles R. 1511-9 à R. 1511-14 pour la *PRE* ; articles R. 1511-15 à R. 1511-18 pour les *prêts, avances et bonifications d'intérêts.*

Depuis plusieurs années, les règles - législatives et réglementaires - ainsi édictées paraissaient dépassées. En décalage par rapport à l'évolution de la situation économique, elles ne semblaient effectivement plus correspondre, ni aux besoins exprimés par les entreprises, ni aux politiques que souhaitaient mettre en œuvre les régions.

Régulièrement une réforme était annoncée comme imminente. Elle est, enfin, en grande partie accomplie : le décret du 9 juillet 2001[4] apporte, en effet, une importante série de modifications au régime des trois premières aides directes citées. Son contenu s'insère naturellement aux différents articles réglementaires du CGCT concernés.

Mais PRCE, PRE et prêts, avances et bonifications d'intérêt n'ont plus - de l'avis général - le même effet incitatif qu'ils étaient supposés avoir initialement. S'ils conservent indéniablement leur utilité et demeurent généralement présents dans les panoplies d'aides proposées par les régions, ces aides directes ont, dans la pratique, un caractère plus marginal.

En revanche, les régions - et dans une mesure moindre les autres collectivités locales - ont considérablement développé des aides spécifiques, décidées dans le cadre de conventions signées avec l'État, telles qu'elles sont prévues à l'art. 1511-5 du CGCT Sur cette base, notamment à partir des contrats de plan, les régions ont ainsi pu mettre en œuvre des aides originales par rapport à ce que prévoyait le législateur, c'est-à-dire, PRCE, PRE, prêts, avances et bonifications d'intérêt. Quand on consulte présentement les catalogues d'aides, proposés par les régions, il apparaît clairement que les aides d'origine conventionnelle sont indéniablement les plus nombreuses. En quelque sorte, la quatrième forme d'aide est devenue, aujourd'hui, la première. Afin d'encadrer cet important développement des aides conventionnelles, le Premier ministre a adressé aux préfets la circulaire du 17 août 2000[5], dans l'attente d'une éventuelle réforme de l'ensemble des aides locales et régionales aux entreprises.

a) La prime régionale à la création d'entreprise (PRCE)

Elle se présente sous la forme d'une subvention d'équipement attribuée par le président du conseil régional. Mais elle est également analysée comme une aide visant à atténuer les charges salariales supplémentaires résultant de la création de nouveaux emplois. Il ne s'agit pas exactement d'une nouveauté : on peut, en effet, considérer qu'elle se substitue à la « prime à la création d'entreprises industrielles » qui avait déjà été créée par le décret n° 77-850 du 27 juillet 1977.

L'existence légale de la PRCE résulte actuellement de l'article L. 1511-2 du Code général des collectivités territoriales. Ses modalités pratiques sont précisées par les articles R. 1511-5 à R. 1511-8, modifiés par le décret du 9 juillet 2001.

À partir de ce cadre légal et réglementaire, il revient ensuite à chaque Conseil régional de préciser les règles d'obtention de la prime, notamment la liste des activités éligibles, le nombre d'emplois permanents que l'entreprise doit s'engager à créer pour bénéficier de la PRCE.

Il ressort des dispositions nationales les règles suivantes :

- Les règles de plafond viennent d'être modifiées. Antérieurement, le plafond était de 150 000 € (soit : 163 989,25 F). Il peut être porté à 35 000 € (229 584,95 F) dans les zones délimitées comme prioritaires dans la délibération du Conseil régional, portant règlement des aides aux entreprises (nouvel art. R. 1511-7).

- Contrairement aux dispositions initiales, la PRCE n'est plus réservée aux seules entreprises industrielles ou artisanales. Les entreprises du secteur tertiaire y ont donc maintenant accès. Toutefois, l'art. R. 1511-5 qui définit le champ d'application de la PRCE, est désormais doté d'un deuxième alinéa qui en limite la portée : désormais ne sont plus éligibles les entreprises exerçant des activités dans les secteurs de l'industrie charbonnière, de la sidérurgie, de la construction navale, de l'agriculture et des transports (nouvel art. R. 1511-5). À vrai dire, ces nouvelles précisions ne devraient pas beaucoup modifier les pratiques régionales qui - à quelques exceptions près - ne concernaient que très peu ces secteurs. On doit comprendre que le gouvernement veut ainsi signifier aux régions qu'il n'y a plus lieu d'aider les entreprises de ces secteurs, soit parce qu'ils sont économiquement dépassés, soit parce qu'ils bénéficient déjà d'aides nationales ou communautaires, jugées comme suffisantes.

- En tout état de cause, les entreprises bénéficiaires doivent être inscrites, agréées ou enregistrées du registre du commerce depuis moins de 12 mois par rapport à la date de dépôt du dossier de demande de cette aide.

- La PRCE n'est pas obligatoirement versée en une seule fois, elle peut faire l'objet de plusieurs versements. Cette dernière formule est souvent choisie par les Conseils régionaux, afin de s'assurer du bon démarrage de l'entreprise et de mettre fin à l'aide en cas d'échec prématuré. En tout état de cause, il peut être versé plus de la moitié de la prime à l'entreprise avant que celle-ci n'ait satisfait l'ensemble des conditions exigées par le règlement régional (art. R. 1511-8).

- Il revient donc au règlement voté par le Conseil régional d'établir le nombre d'emplois permanents que l'entreprise s'engage à créer pour bénéficier de cette prime. Il convient de préciser que, dans l'état actuel des textes, la création d'un emploi permanent doit correspondre au recrutement d'une personne, à plein temps ou à temps partiel, **bénéficiant d'un contrat de travail à durée indéterminée, à l'exclusion de toute forme de travail temporaire.**

- Puisqu'il s'agit d'une subvention, elle est imposable.

- La PRCE est cumulable avec les deux autres aides directes que la région peut attribuer : la prime régionale à l'emploi et les prêts, avances et bonifications d'intérêt, ainsi qu'avec les autres aides directes conventionnelles. Elle est également cumulable avec la prime d'aménagement du territoire (PAT), accordée par l'État, dans certaines zones. Il convient toutefois de rappeler que la PAT a fait récemment l'objet d'une réforme dont l'un des objets était précisément d'en réduire le champ d'application géographique [6].

b) La prime régionale à l'emploi (PRE)

Elle est également une subvention d'équipement attribuée par le président du Conseil régional. L'intention est claire : il s'agit d'encourager la création ou le maintien d'activités économiques (reprises d'établissement en difficulté ou conversion interne d'entreprise) et atténuer le coût qui ne résulte pour l'entreprise.

La PRE trouve actuellement sa base légale dans l'article L. 1511-2 du Code général des collectivités territoriales.

Son régime juridique a été précisé successivement par le décret n° 82-807 du 22 septembre 1982, puis par le décret n° 88-52 du 15 janvier 1988. Il vient d'être substantiellement modifié par le décret précité du 9 juillet 2001. Ce régime juridique est donc codifié aux articles R. 1511-9 à 1511-14 du CGCT

Toutefois, pour une bonne part, le conseil régional en détermine les conditions d'attributions dans le règlement qu'il doit adopter, préalablement à l'attribution de la prime.

Les principales règles, assez profondément modifiées depuis juillet 2001, sont désormais les suivantes :

- Il convient tout d'abord de préciser qu'il n'y a pas dans les textes nationaux de seuil minimum ou maximum s'agissant du nombre d'emplois créés. Les auteurs du nouvel article L. 1511-9 du CGCT se contentent de préciser que la PRE est accordée par une région *« aux entreprises qui créent* ***un ou plusieurs emplois*** *sans lien avec un investissement nouveau ».* Toutefois, comme précédemment, pour éviter des pratiques indélicates auxquelles certains pourraient être tentés de se livrer, les entreprises destinataires de la PRE ne doivent avoir procédé à aucun licenciement, dans les douze mois précédant le dépôt de leur demande de prime.

- La notion de création d'emploi est assez précisément définie (nouvel art. R. 1511-9). Il peut s'agir d'un recrutement à plein temps ou à temps partiel. Mais dans le cas d'un temps partiel, l'horaire fixé dans le contrat de travail doit au moins être égal à un mi-temps. Précisément, **ce contrat de travail doit être, en principe, un contrat à durée indéterminée.** Toutefois, **nouveauté introduite par le décret du 9 juillet 2001, dans quelques cas, un contrat à durée déterminée est possible** : si la personne recrutée appartient à l'une des catégories mentionnées au premier alinéa du I de l'article L. 322-4-8-1 du Code du travail. L'objectif est de faciliter l'insertion professionnelle de personnes rencontrant des difficultés particulières d'accès à l'emploi (demandeurs d'emploi de plus de 50 ans, bénéficiaires du RMI ou de l'allocation de solidarité, de parents isolés, de jeunes de 18 à 25 ans en difficultés). Il faut toutefois noter que si l'entrepreneur propose à ces personnes un CDD plutôt qu'un CDI le montant de la prime est réduit (voir ci-dessous).

- Il s'agit bien d'une aide régionale à destination des PME. **La PRE ne peut être accordée qu'à des entreprises de moins de 250 salariés, ayant soit un chiffre d'affaires annuel inférieur à 40 millions d'euros (262,38 millions de F), soit un bilan annuel inférieur à 27 millions d'euros (177,11 millions de F).** Un grand groupe ne pourra créer artificiellement une filiale afin de prétendre à cette aide : en effet, l'entreprise destinataire de la PRE ne doit être détenue à plus de 25 % par des entreprises ne répondant pas aux conditions précédentes évoquées (nouvel art. R. 1511-9 3e al.).

- Comme l'a prévu le législateur, un plafond est fixé par décret. Mais son mode de calcul est totalement modifié par le décret du 9 juillet 2001. Est abandonné le principe d'un plafond forfaitaire de 10 000, 20 000, 30 000 ou 40 000 F selon les zones, dans la limite d'un nombre maximal d'emploi, qui était fixé à 30. Le décret du 9 juillet 2001 introduit un nouveau mode de calcul : **la PRE correspond à un pourcentage du coût de l'emploi créé, sans limitation du nombre d'emplois.**

- Ce pourcentage est calculé de la manière suivante. Il ne peut dépasser **20 % de la rémunération brute** (soumise à sécurité sociale), versée durant trois années à la personne bénéficiant d'un contrat à durée déterminée, à plein temps ou à temps partiel (dans les conditions évoquées ci-dessus). **La PRE peut atteindre 30 % de la rémunération si la personne recrutée appartient à l'une des catégories rencontrant des difficultés**, évoquées à l'art. L. 322-4-8-1 du Code du travail, mais à condition qu'elle ait signé un contrat à durée indéterminée (nouvel art. R. 1511-11). En revanche, si c'est simplement un contrat à durée déterminée qui est proposé à la personne rencontrant des difficultés, la PRE ne peut excéder 10 % de la rémunération brute, encore faut-il que le CDD soit établi sur une période d'au moins un an (nouvel art R. 1511-12). Dans le respect de ces plafonds, il revient à chaque conseil régional d'établir son propre règlement. Il est donc tout à fait possible que des régions aient fixé une PRE à des montants inférieurs à ceux évoqués.

- Il faut par ailleurs noter que - comme dans la réglementation antérieure - existe un plafond global : le montant maximum de PRE perçue par une même entreprise ne peut pas dépasser 11 000 euros par emploi sur trois ans, dans la limite d'un montant total de 160 000 euros par entreprise et par an (nouvel art. R. 1511-14).

- Contrairement à la réglementation antérieure, il doit d'agir de création et non simplement de maintien d'emplois.

- Plus précisément, lorsqu'une entreprise n'a pas bénéficié de la PRE durant les trois années précédentes, elle peut l'obtenir s'il y a accroissement de son effectif moyen. Celui-ci est calculé sur la moyenne des trois dernières années, ou s'il est supérieur, sur l'effectif au moment du dépôt du dossier de demande (nouvel art. R. 1511-10, 1er al.).

- Lorsque l'entreprise a déjà bénéficié de la PRE au cours des trois années précédant une nouvelle demande, elle peut l'obtenir s'il y a bien accroissement des effectifs. Doit être pris en compte dans le calcul, l'effectif total atteint grâce à l'obtention de la PRE (nouvel art. R. 1511-10, 2e al.).

- Dans tous les cas, l'effectif global atteint du fait de recrutements de salariés, bénéficiant de la PRE ne doit pas diminuer durant la période durant laquelle l'entreprise perçoit cette aide. Le non-respect de cette règle entraîne obligation pour l'entreprise de reverser l'ensemble de la PRE reçue à la région (nouvel art. R. 1511-10, 5e al.).

- En revanche, dans les départements d'outre-mer, par dérogation à ces dispositions, la PRE peut être accordée pour le maintien d'un ou plusieurs emplois permanents (nouvel art. R. 1511-13).

- Comme la PRCE, la PRE est soumise à l'impôt sur les sociétés.

- La PRE peut être cumulée avec les autres aides directes régionales : PRCE et prêts et avances et bonifications d'intérêt, ainsi qu'avec toutes les autres formes d'aides indirectes. Sauf indication contraire, elle peut également être cumulée avec les aides mises en place dans le cadre de conventions signées entre les régions et l'État. Mais il n'est pas impossible que certaines de ces conventions excluent expressément un tel cumul. Il convient de se reporter au règlement de chaque région.

c) Les prêts, avances et bonifications d'intérêt « à des conditions plus favorables que celles du taux moyen des obligations »

Ils peuvent être accordés aux entreprises par la région.

Initialement prévue par l'article 4 de la loi du 7 janvier 1982, cette troisième forme d'aide directe trouve désormais sa base légale dans l'article L. 1511-2 du CGCT

Le décret du 9 juillet 2001 n'apporte pas de modifications aux modalités pratiques de cette aide. Elle est toujours réglementée par des dispositions qui trouvent leur origine dans le décret n° 82-808 du 22 septembre 1982. Ses dispositions ont simplement été complétées successivement par un premier arrêté du ministre des Finances du 14 janvier 1983 puis par un second arrêté du 9 décembre 1986 et un troisième du 23 janvier 1996. Ces arrêtés ont avant tout un caractère technique. L'arrêté du 23 janvier 1996 redéfinit le mode de calcul dans la mesure où l'ancienne formule conduisait à établir un taux égal ou supérieur au coût du crédit à moyen terme. De ce fait, l'aide disparaissait. L'ensemble de ce dispositif est désormais codifié aux articles R. 1511-15 à R. 1511-18 du CGCT

L'article R. 1511-15 (initialement l'article 1er du décret du 22 septembre 1982) définit précisément l'objectif de cette aide et les voies ouvertes pour l'atteindre : « *En vue de favoriser la création ou l'extension d'activités économiques, les régions peuvent accorder des prêts et avances à long terme à des entreprises à des conditions plus favorables que celles du taux moyen des obligations à long terme et bonifier des prêts à long terme à ces mêmes entreprises* ».

L'article R. 1511-16 (initialement l'article 2 du décret du 22 septembre 1982) apporte une seconde série de précisions : « *ces aides peuvent être accordées sur l'ensemble du territoire pour des projets créant au maximum trente emplois dans un même établissement ou pour des extensions créant au maximum dix emplois supplémentaires* ».

L'analyse de ces textes permet de dégager les observations suivantes :

- La réglementation de cette troisième forme d'aide est la même pour l'ensemble du territoire, ainsi qu'il ressort de l'article R. 1511-16. Elle n'est pas attribuée en fonction d'un zonage géographique.

- Pour autant ce n'est pas une compétence sans limite qui est reconnue aux régions. En effet, la loi « bancaire » du 24 janvier 1984 réserve par principe l'activité de prêts aux seuls établissements de crédits. Et le juge administratif rappelle chaque fois qu'il en a l'occasion que les collectivités locales n'ont pas vocation à devenir les banquiers des entreprises [7]. C'est donc une exception à ce principe qui est introduite par l'article L. 1511-2 du CGCT Il en résulte qu'étant ***les seules*** expressément désignées, cette exception en vaut directement que pour ***les régions*** et lorsqu'elles décident de mettre en œuvre cette aide, celles-ci doivent strictement se conformer au cadre juridique édicté. La Cour des comptes a eu l'occasion, à plusieurs reprises de dénoncer, le non-respect de la réglementation par certaines régions qui ont pris l'habitude de proposer dans leur dispositif d'aides des avances à taux nul. On peut simplement souligner ici que le juge administratif - lorsqu'il y a contentieux - fait une interprétation très stricte des dispositions législatives et réglementaires.

- L'obtention de cette aide est exclue si du fait d'une restructuration ou d'une modernisation, il y a suppression d'emploi. Au contraire, des conditions de création d'emplois sont à remplir : 30 emplois dans le cas d'une création, 10 emplois nouveaux dans le cas d'une extension.

- Il n'y a pas de plafonnement en valeur. Seul est réglementé l'écart maximum du taux des prêts bonifiés par rapport au taux moyen des obligations (TMO). L'arrêté du ministre des Finances du 9 décembre 1986 précise que le taux maximum des prêts et avances consentis par les régions doit être égal au taux moyen des obligations du secteur public de première catégorie, fixé par arrêté et modifié plusieurs fois par an. Pour accompagner la baisse générale des taux, le gouvernement a décidé d'abaisser le taux légal de 1,5 au cours du dernier semestre de l'année 1995.

- La question est souvent posée : **les prêts à court terme destinés à financer la trésorerie des entreprises sont en principe interdits. Il en va de même des prêts et avances à taux nul [8].**

- À partir du moment où les autres conditions générales sont respectées, les prêts à long terme doivent être considérés comme libres.

Cependant, la participation complémentaire des autres collectivités locales, communes et départements, voire d'autres partenaires, appellent des remarques complémentaires :

- Comme dans le cas de la PRCE et la PRE, puisqu'elle n'est que complémentaire, l'intervention éventuelle d'un département ou d'une commune est subordonné à l'intervention préalable de la région. Les quelques tentatives d'émancipation ont été sanctionnées par le juge [9].

- Dans la mesure où il n'y a pas de règlement régional, si la région décide elle-même d'intervenir au titre de cette aide, on pourrait en conclure que l'intervention des communes et des départements est, de ce point de vue, libre. La réponse demeure incertaine. Certains tribunaux administratifs semblent adopter une position très restrictive estimant qu'il n'entre pas dans les compétences des communes d'accorder des prêts, même à des taux plus intéressants que ceux du marché, et ainsi de se substituer aux banques [10].

- La constitution d'une institution intermédiaire regroupant plusieurs partenaires, comme c'est souvent le cas pour ce type d'aides, ne dispense pas du respect des obligations légales et réglementaires évoquées ci-dessus. Il s'agit d'une règle s'appliquant à toutes les formes d'aides réglementées, nous aurons l'occasion de le préciser au moment où seront analysées les modalités relatives au contrôle. Ainsi, le conseil régional de la région Rhône-Alpes avait constitué un fond d'intervention, avec d'autres collectivités territoriales et des organismes consulaires. Le taux maximal était dépassé puisqu'étaient attribuées, dans le cadre de ce fond d'intervention, des bonifications de 3 % pendant 3 ans. Le Conseil d'État a considéré que l'intervention de cette institution intermédiaire entre la région et l'entreprise bénéficiaire ne permettait pas d'éviter le respect des règles applicable à la région, celle-ci étant l'un des financiers du fond.

d) Les collectivités locales peuvent accorder d'autres aides directes à partir du moment où elles ont été préalablement définies dans le cadre de conventions avec l'État.

Cette quatrième possibilité était évoquée in fine par l'article 4 de la loi du 4 janvier 1982 : « *En outre, des actions de politique agricole, industrielle, peuvent être entreprises par les collectivités territoriales, leurs groupements ainsi que par les régions dans le cadre de conventions conclues par eux avec l'État et fixant les modalités des aides qu'ils peuvent consentir* ».
Elle est désormais codifiée à l'article L. 1511-5 du Code général des collectivités territoriales.

Indéniablement, il s'agit d'une « ouverture » par rapport à la liste limitative à laquelle procède l'article L. 1511-2. Il est donc possible, tout en respectant la loi, d'« inventer » des aides directes, tout à fait particulières, pour tenir compte de la spécificité de certaines situations locales.

L'originalité de cette quatrième possibilité vaut d'être soulignée :

- Ici, il n'y a plus de « priorité » régionale. L'intervention départementale ou communale n'est plus complémentaire donc subordonnée à l'intervention préalable de la région. En effet toutes les collectivités locales sont amenées à conclure des conventions avec l'État. On pense inévitablement aux contrats de plan État-région, qui, effectivement, prévoient parfois des aides spécifiques, mais également aux « contrats de ville » ou à d'autres contrats de développement engageant les départements. Il peut s'agir de conventions découlant d'une « charte intercommunale de développement et d'aménagement » dont serait signataire un établissement public de coopération intercommunale. Un contrat spécifique peut également avoir pour unique objet la définition d'une aide.

- Cette quatrième possibilité d'aide directe permet donc d'échapper éventuellement à la réglementation prévue pour les trois autres aides directes définies à l'article L. 1511-2. Dans ce cas, l'encadrement résultera des stipulations du contrat.

- Toutefois, il y a certaines règles auxquelles il n'est pas possible de déroger. La loi du 2 mars 1982, article 5 et 48, précise que « *sont toutefois exclues, sauf autorisation prévue par décret en Conseil d'État, toutes participations dans le capital d'une société commerciale* » (actuellement article L. 2253-1 pour les communes, article L. 3231 pour les départements). Il n'est naturellement pas possible d'échapper à une telle obligation par voie conventionnelle. Il convient également de respecter les normes européennes. Il s'agit, dans le cas de ce quatrième type d'aide directe, d'une aide spécifique et qui donc, en tant que telle, doit être notifiée aux services de la Commission (cf. *infra*).

- Il faut ajouter que la convention ne peut conférer à la collectivité locale signataire une compétence économique à caractère assez général donc vague. Bien au contraire, de telles conventions décrivent précisément le régime des aides qu'elles instituent. Il ne saurait en être autrement : comme les aides résultant d'un régime réglementaire, les aides conventionnelles doivent s'inscrire dans le cadre communautaire. Il est donc nécessaire de pouvoir contrôler qu'elles respectent les plafonds. Elles doivent d'ailleurs faire éventuellement d'une notification aux services de la Commission (lire le chapitre relatif au cadre communautaire).

- S'agissant de leur contenu, la pratique montre que les conventions peuvent concerner des opérations ponctuelles associant l'État et les collectivités locales pour des actions de reconversion ou de développement local. On a pu critiquer certaines d'entre elles, dans la mesure où il a été demandé à certaines collectivités locales de financer des aides dont l'État paraissait le principal décideur. Mais par ce moyen une majorité de régions a pu instituer des aides spécifiques - à l'exportation, à l'innovation, à la recherche, par exemple - ou proposer aux entreprises des modes financement, autorisées dans le cadre communautaire mais non expressément organisées par les textes législatifs et réglementaires internes, comme le crédit-bail immobilier. Or ces aides spécifiques s'avèrent être souvent les plus efficaces des dispositifs régionaux.

- En tout état de cause, ces conventions ont permis de faire évoluer le régime des aides régionales aux entreprises, alors qu'inévitablement les trois premières aides (PRCE, PRE ainsi que les prêts et avances) ne pouvaient que demeurer figées dans des cadres réglementaires fixes alors que la situation économique évolue. C'est, sans aucun doute la raison pour laquelle **la circulaire du 17 août 2000, relative aux aides des collectivités locales aux entreprises encourage la signature de telles conventions** alors que les perspectives d'une réforme législative globale demeurent incertaines. On ne peut que constater que, d'ores et déjà, les contrats de plan État-régions et, dans une moindre mesure, les contrats de villes sont la principale voie par laquelle se mettent en place les aides conventionnelles. **Dans une majorité de régions, elles occupent désormais une place nettement plus importante que les aides dont le régime est défini dans un cadre réglementaire.**

- Enfin, s'agissant de la procédure et, plus précisément de l'engagement de l'État, rappelons que les préfets sont seuls compétents pour signer ces conventions, en vertu de l'article 10 du décret 10 mars 1982 [11] qui définit leurs pouvoirs.

2. Les aides indirectes

D'un point de vue général, les **aides indirectes concernent l'amélioration de l'environnement dans lequel l'entreprise se développe**, tandis que les aides directes correspondent à un apport financier directement perçu par l'entreprise.

L'article L. 1511-3 (issu de la rédaction de l'article 7 de la loi du 7 janvier 1982) laisse une liberté d'initiative aux collectivités, en posant simplement comme principe que « *Les aides indirectes peuvent être attribuées par les collectivités territoriales ou leurs groupements seules ou conjointement* ».

In fine, il est précisé après l'évocation de quelques exceptions : « *Les autres aides indirectes sont libres* ».

Il ressort de ces dispositions un certain nombre de principes clairs :

- Les collectivités territoriales disposent donc **d'un large pouvoir d'initiative** dont l'examen de la pratique apporte la démonstration. Ainsi, différents services ou aides financières sont proposés aux entreprises : actions de promotions en faveur des produits locaux, études préalables à l'implantation, études de marché ou de commercialisation, services de transports à destination du personnel d'une zone d'activités, financement de stages de formation, etc.

- **Cette liberté d'initiative ne dispense pas de respecter les principes législatifs et réglementaires** édictés par ailleurs. Ainsi, une collectivité peut effectivement créer un restaurant interentreprises sur une zone industrielle, artisanale ou de services, à condition de ne pas porter atteinte aux activités d'entreprises de restauration déjà existantes.

- Dans le cas des aides indirectes, **la « priorité régionale » ne s'applique donc pas.** Chaque collectivité peut décider d'intervenir, sans être liée par la décision d'intervention préalable de la région, ou par une réglementation que cette collectivité établirait. En principe, toutes les collectivités ont donc la même capacité d'initiative.

- Toutefois, **les collectivités ont aussi la possibilité d'intervenir conjointement**, si elles le décident, soit dans le cadre d'une institution de coopération, soit de façon plus ponctuelle, par exemple dans le cadre d'une convention, lorsqu'une complémentarité de leurs efforts leur paraît judicieuse.

- Il faut cependant préciser qu'il est maintenant acquis (cf. *infra*) que l'attribution des aides par l'intermédiaire d'une institution-relais ne dispense pas du respect des obligations légales et réglementaires s'imposant à la collectivité territoriale. Ainsi, il n'y a pas transformation d'une aide directe en aide indirecte par la simple interposition d'une institution relais dans la procédure d'attribution. **L'aide doit être attribuée dans les mêmes conditions que si la collectivité était intervenue directement.**

Malgré le principe de liberté, trois aides indirectes sont réglementées : l'immobilier d'entreprise, les garanties d'emprunt et cautionnement, la prise en charge des commissions dues par les bénéficiaires de garanties d'emprunt. Les deux premières de ces aides indirectes sont très largement utilisées par les collectivités locales. Elles feront l'objet de développements plus complets dans la deuxième partie de ce dossier. Pour la logique du raisonnement, le cadre général est simplement ici évoqué.

a) Il est précisé à l'article 1511-3, 2e alinéa « La revente ou la location de bâtiments par les collectivités territoriales ou leur groupement doit se faire aux conditions du marché. Toutefois, il peut être consenti des rabais sur ces conditions ainsi que des abattements sur les charges de rénovation de bâtiments industriels anciens suivant les règles de plafond et de zone prévues par le décret mentionné au premier alinéa de l'article L. 1511-2 ».

Effectivement, le décret n° 82-809 du 22 septembre 1982 apporte plusieurs précisions importantes :

- Il est précisé à son article premier que « *les collectivités territoriales peuvent acquérir des immeubles industriels existants et [...] les rétrocéder ou les louer, après rénovation, en accordant à l'entreprise acquéreur ou locataire un rabais, **les collectivités prenant en charge au maximum la différence entre le prix de revient après rénovation et le prix correspondant au marché*** ».

Donc, contrairement à ce qui est parfois affirmé, les rabais ne sont pas libres. La référence au prix du marché peut effectivement poser un problème, en l'absence de référence précise.

- Une seconde précision apparaît dès l'article 2 de ce même décret : « *En sus de l'aide accordée en vertu de l'article précédent, dans les zones énumérées à l'annexe I du décret du 6 mai 1982 relatif à la prime d'aménagement du territoire et afin de favoriser la création ou l'extension d'activités économiques* [...] *les régions peuvent, seules ou conjointement, accorder des rabais sur le prix de vente ou de location des immeubles qu'elles cèdent ou louent aux entreprises, dans la limite de 25 % de la valeur vénale des bâtiments ou des loyers correspondant à cette valeur évaluée aux conditions du marché* ».

  Ainsi, les collectivités territoriales peuvent consentir des rabais pouvant atteindre 25 % de la valeur vénale « *évaluée aux conditions du marché* ». Dans ce cas, il est donc clair que les collectivités ne peuvent accorder ces aides que dans les zones éligibles à la prime d'aménagement du territoire.

  La question s'est posée de la validité du décret de référence plusieurs fois modifié. L'analyse de la jurisprudence permet de confirmer l'application de ce texte.

- Enfin, l'article 3 du décret autorise les collectivités locales à intervenir par l'intermédiaire d'institutions-relais. Les aides consenties à l'entreprise utilisatrice du bâtiment ne peuvent excéder celles auxquelles elle aurait eu droit dans le cas où la collectivité serait intervenue directement.

  Il semble bien que ne soient réglementés que les rabais et abattements relatifs à la rénovation. A priori, les autres aides à l'immobilier paraissent libres.

b) Dès 1982, les garanties d'emprunt et cautionnements faisaient l'objet des aides indirectes réglementées, en raison essentiellement des risques encourus par les collectivités locales.

Les lois du 5 janvier 1988 (articles 9 à 12), du 6 février 1992 (article 13), du 22 juin 1994 (article 5) [12] et du 12 avril 1996 (article 20-1) [13] ont renforcé encore les garde-fous.

Ainsi une collectivité territoriale « *ne peut accorder à une personne de droit privé une garantie d'emprunt ou son cautionnement que dans les conditions prévues au présent chapitre* », désormais codifié aux articles L. 2252-1 à L. 2252-4 (communes), L. 3231-4 à L. 3231-5 (départements), L. 4253-1 à L. 4253-2 (régions).

Le cadre général des garanties d'emprunt et du cautionnement peut être présenté ainsi :

- Certaines dispositions visent à éviter une concentration des risques :

  * En principe, une collectivité locale ne peut garantir un emprunt qu'à hauteur de 50 %. Toutefois ce pourcentage peut être de 80 % pour les opérations d'aménagement et même de 100 % s'il s'agit de garantir d'autres personnes publiques.

* Par ailleurs, les annuités totales garanties par une collectivité locale ne doivent pas dépasser 50 % des recettes réelles de fonctionnement ; les annuités garanties au profit d'un même débiteur ne doivent pas dépasser 10 % de cette capacité globale à garantir.

- D'autres dispositions visent à développer des systèmes de réassurance :
  * La loi du 5 janvier 1988 envisage la création de fonds de garantie sous forme de société anonyme qui peuvent associer à leur capital des collectivités locales.

  * La loi du 22 juin 1994 vient compléter ce dispositif en édictant l'obligation pour les communes de 3 500 habitants et plus de constituer une réserve ou d'obtenir pour elles-mêmes un cautionnement lorsqu'elles accordent une garantie d'emprunt ou un cautionnement.

- Enfin deux lois en 1992 fixent des objectifs de clarification :

  * Il est interdit, d'une part, aux collectivités locales de faire bénéficier les clubs sportifs de ce type d'aide (loi n° 92-652 du 13 juillet 1992).

  * La loi « ATR » du 6 février 1992 les oblige par ailleurs à annexer à leur budget un tableau retraçant l'encours des emprunts garantis et l'échéancier de leur amortissement.

Les dispositions de ce cadre général posent en réalité un certain nombre de problèmes concrets qui seront évoqués dans la seconde partie de ce dossier.

c) Le 3e alinéa de l'article L. 1511-3 du CGCT (article 21 de la loi du 12 avril 1996) autorise les collectivités à prendre en charge les commissions dues par les bénéficiaires d'emprunts.

Cette disposition récente appelle deux remarques de nature différente :

- Naturellement (l'art. L. 1511-3 le précise d'ailleurs), cette aide indirecte « *ne peut pas être cumulée pour un même emprunt, avec la garantie ou le cautionnement accordé par une collectivité ou un groupement* ».

- Il s'agit donc bien d'une solution alternative aux garanties ou cautions des emprunts, avec cette différence que la collectivité ne subit pas les conséquences d'une défaillance de l'entreprise. Il y a simplement un décaissement immédiat, au moment où la collectivité prend à sa charge la commission. Les conditions de cette prise en charge devraient être fixées par un décret. Il n'est toujours pas paru au *JO*

Se pose donc clairement la question de l'application immédiate de cette aide. Antérieurement à cette loi (donc à sa codification) il y avait déjà des exemples d'une telle pratique, semble-t-il admise par le juge, mais dans des conditions très différentes. Il y avait parfois cumul de la prise en charge des commissions dues par le bénéficiaire et cautionnement du même emprunt. Il semble bien qu'il soit nécessaire de modifier ces conventions par des avenants.

3. Pérennité du régime d'aides instauré en 1982

Une quinzaine d'années d'application du régime juridique instauré en 1982 permet naturellement de dégager plusieurs enseignements. Le premier, et non le moindre, est la confirmation de sa valeur juridique alors que des libertés ont été prises avec le cadre défini [14]. Tout de même, des précisions utiles ont été apportées.

a) En assurant aux régions l'exclusivité des aides directes, le législateur entendait leur confier un rôle de « direction » sur le dispositif d'aides mis en place.

Il revenait, en quelque sorte aux autres collectivités locales, communes et départements, d'accompagner la politique économique définie par la région en créant un environnement favorable au développement des entreprises par leurs aides indirectes. Ainsi, souhaitait-on, notamment à la Datar, éviter une démultiplication des dispositifs d'aides. Un système par région semblait constituer une limite à ne pas dépasser.

Ce raisonnement a rapidement volé en éclats. Toutes les études l'ont démontré.

Les **départements** n'ont pas accepté de jouer les seconds rôles. Dans leur quasi-totalité, ils n'ont pas jugé opportun de compléter les interventions décidées par la région. Ils ont poursuivi des politiques d'intervention en faveur du milieu rural, déjà amorcées antérieurement. Plus globalement, ils ont développé des structures d'accueil aux entreprises (usines-relais, notamment) et de cautionnement d'emprunts. Il n'est pas rare que les crédits consacrés par un département aux interventions économiques représentent le double de ceux de la région.

Selon leur taille, les **communes** ont affiné leurs dispositifs, en ajoutant de nouveaux services sur les zones d'activités, en proposant des « pépinières d'entreprises », en assurant également des garanties d'emprunts.

Si elles avaient voulu d'ailleurs compléter les aides régionales, ces collectivités auraient éprouvé quelques difficultés. En effet, **plusieurs régions ont décidé de plus mettre en œuvre les aides directes évoquées.** La région Centre a amorcé le mouvement dès 1984. Cet exemple a été suivi par l'Auvergne (mars 1986) puis la Bourgogne (juin 1986). Par la suite d'autres régions, notamment Picardie, Provence-Alpes-Côte d'Azur, Champagne-Ardenne, ont adopté la même décision. Généralement, les primes sont remplacées par des aides remboursables, qu'il s'agisse de prêts, prêts participatifs, prêts de modernisation industrielle, ou d'avances.

Les primes n'auraient pas le caractère incitatif escompté. Elles auraient tendance à devenir un droit de tirage permanent au lieu de susciter des initiatives. L'intégration des primes, dans les plans de financements présentés aux partenaires de l'entreprise, en fausserait singulièrement la sincérité. Elles permettraient de maintenir artificiellement en survie des entreprises condamnées.

Enfin, l'assimilation des primes à des fonds propres constituerait une sorte de « détournement de finalité » puisqu'il s'agit d'une subvention d'investissement dont l'entreprise a effectivement besoin. De plus la progression limitée des fonds propres ne permet pas de prendre le relais de la prime.

Pour beaucoup, les projets sains voient le jour, avec ou sans prime.

Les prêts n'auraient pas les mêmes défauts que les primes. Il s'agit d'abord d'une procédure dont l'entreprise est plus familière. Sous forme de prêts participatifs, ils ont directement une finalité de fonds propres. L'existence d'un taux d'intérêt et d'un calendrier de remboursement serait une incitation à la bonne gestion. Enfin, le caractère remboursable des prêts présenterait l'avantage pour la région, d'éviter les aides à « fonds perdus ».

L'ensemble de ces observations a conduit à penser **que dans la pratique la réglementation mise en place en 1982 était obsolète** [15].

On pouvait éprouver **la même impression quant à sa valeur juridique**.

En effet, la loi du 2 mars 1982 comporte, en quelque sorte, une constante et une variable.

La **constante**, c'est un rappel qui prend la forme d'une affirmation : communes, départements et régions disposent d'un droit à intervenir dans le domaine économique et social.

La **variable**, ce sont les formes que peuvent prendre ces interventions. Il revient en effet au législateur, sur proposition du gouvernement, dans la loi approuvant le plan - donc à peu près tous les cinq ans, selon les circonstances économiques, les problèmes rencontrés ou les conceptions de l'époque - de tracer les voies que doivent emprunter les interventions économiques locales et les éventuelles complémentarités.

Effectivement, la loi qui venait d'approuver le plan intérimaire, dont les dispositions sont reprises par la loi approuvant le IXe Plan, précisait donc dans son article 4 le cadre auquel il convenait de se référer et les procédures à suivre.

En revanche, la loi du 10 juillet 1989, approuvant le Xe plan, **ne fait plus aucune référence à ce dispositif** et le XIe Plan n'a pas été formalisé donc pas approuvé par une loi.

On pouvait donc en conclure que la loi approuvant le IXe Plan cessait de produire ses effets à la fin de la période d'application de ce plan, à l'image de la loi de finances. **On pouvait en déduire que le législateur n'avait pas souhaité délimiter plus précisément** que ne le faisait la loi du 2 mars 1982 **les interventions économiques locales**, chaque collectivité retrouvant ainsi plus d'autonomie [16].

Faisant sien ce raisonnement, le gouvernement dirigé par Michel Rocard avait effectivement déposé un projet de loi, le 23 mai 1989, afin de définir un nouveau cadre d'intervention pour les collectivités locales.

Telle n'a pas été la position du Conseil d'État. En raison de la crainte suscitée par l'éclatement du cadre de référence et la diversification des interventions locales, le Conseil a estimé en janvier 1994 [17] que **l'article 4 de la loi du 7 janvier 1982 a un caractère permanent, tant qu'il n'a pas été abrogé**. Sa codification à l'article L. 1511-1 du CGCT clôt le débat. Il convient donc de considérer que le cadre défini en 1982 conserve toute sa valeur juridique.

b) En conséquence plusieurs observations s'imposent :

Puisque l'organisation à laquelle procèdent les textes de 1982 continue à produire ses effets juridiques, il faut en tirer comme conséquence que **sont illégales les aides qui n'empruntent pas l'une des formes ou qui n'ont pas comme objet** l'un de ceux énumérés par les lois des 7 janvier et 2 mars. Ainsi, en principe toute aide directe communale ou départementale demeure interdite, à moins qu'elle ne complète l'une des aides régionales prévues. Les exceptions tolérées ne peuvent découler que de l'une des autres sources législatives ou jurisprudentielles que nous évoquons par ailleurs. Ainsi ont été annulées pour illégalité une prime départementale aux entreprises artisanales [18] ou une aide communale à la création d'entreprise [19].

Pour les mêmes raisons, on doit considérer comme **limitative la liste à laquelle procède l'article 4 de la loi du 7 janvier 1982, aujourd'hui codifié à l'article L. 1511 du CGCT**. Telle fut d'ailleurs rapidement la position adoptée par le Conseil d'État [20]. Il y a lieu de la considérer comme toujours valable, contrairement à certaines affirmations. Encore une fois, seuls d'autres textes législatifs précis peuvent valablement fonder les autres aides directes existantes.

Pourtant, il faut bien le reconnaître, **on est loin dans la pratique de disposer de toutes les précisions nécessaires**. La distinction aide directe - aide indirecte demeure toujours aussi imprécise. Doit-on considérer comme légal le financement par une commune d'une étude préalable à une installation d'entreprise qui ressemble furieusement à une prime ? Doit-on considérer réellement comme étant une aide indirecte une opération de « lease-back » par laquelle une collectivité rachète les locaux d'une entreprise pour les mettre ensuite à sa disposition dans le cadre d'un contrat de location ? Il semble bien que pour la Commission européenne, il ne s'agisse pas d'une aide indirecte. Doit-on considérer comme faisant partie de la liste limitative de l'article 1511-2 du CGCT les prêts participatifs consentis par certaines régions à des entreprises ? Les autorités chargées du contrôle de légalité hésitent parfois à admettre les contrats de plan État-régions comme des sources juridiques d'aides. **Manifestement une réforme est nécessaire pour lever ces ambiguïtés.**

Commence à émerger, à partir de critères juridiques et économiques, sinon les contours d'une définition de la notion d'aide directe, du moins un mode de raisonnement permettant de la distinguer de l'aide indirecte.

Premier aspect de ce raisonnement, l'aide directe correspond à une subvention, **c'est-à-dire plus précisément à des moyens financiers immédiatement accordés à une entreprise**.

Deuxième aspect, il convient de prendre également en compte les effets économiques et la transcription dans le bilan de l'entreprise.

C'est à ce raisonnement que se référait M. Pochard dans ses conclusions sur l'arrêt, CE 18 novembre 1991 [21] : « *[...] devront être écartées les approches exagérément laxistes comme celles qualifiant d'aides indirectes toutes les aides non énumérées comme directes ou toutes les aides transitant par un tiers entre la collectivité et le bénéficiaire, par exemple une association [...]. Il nous semble, en réalité, comme à la majorité de la doctrine, que l'aide directe est l'aide financière qui s'inscrit directement dans les comptes de résultat de l'entreprise, tandis que les aides indirectes n'ont pas cette incidence immédiate et favorisent le développement de l'entreprise de » façon moins automatiquement comptable* ». Ces mêmes critères ont été repris par Martine Denis-Linton dans ses conclusions sur CE 17 janvier 1994 précité.

C'est toujours ce même raisonnement que le Conseil d'État avait déjà retenu s'agissant de certaines garanties de créances accordées par les collectivités locales dans son avis du 19 décembre 1995 [22] : « *Lorsqu'une commune confie une concession à deux concessionnaires distincts, chargés l'un de réaliser des ouvrages, l'autre de les exploiter moyennant le versement d'une partie des redevances au constructeur, l'engagement qu'elle prend de se substituer de plein droit à l'exploitant défaillant pour les paiements dus au constructeur présente un caractère exorbitant et doit être regardé comme équivalent à une aide directe. Une telle aide ne peut être régulièrement consentie, faute de constituer le complément d'une aide régionale [...]* ».

Manifestement, l'ensemble de la jurisprudence se réfère désormais à ce mode de raisonnement. Un rapprochement s'opère ainsi avec le droit communautaire où la distinction aide directe - aide indirecte paraît inopérante. Au delà de leur dénomination, les services de la Commission examinent dans quelle mesure les aides faussent la concurrence, quels que soient leur forme, leur montage juridique et financier ou leur appellation.

En droit interne, la tendance de la jurisprudence est manifestement de délimiter plus précisément les possibilités d'intervention des collectivités locales, tout d'abord en refusant une extension infinie de la notion d'aide indirecte, en considérant comme aide directe tout flux financier dont une entreprise est immédiatement bénéficiaire, pour enfin en tirer la conclusion qu'hormis les trois formes autorisées par la loi, les autres aides directes sont prohibées.

Dans sa décision du 19 janvier 1998 [23], le tribunal des conflits ouvre la possibilité aux entreprises concurrentes d'une autre entreprise, bénéficiaire d'une aide illégale, de demander au juge judiciaire de faire cesser ces pratiques déloyales et de demander réparation.

Concrètement, les entreprises concurrentes peuvent agir ***en concurrence déloyale*** contre le bénéficiaire de l'aide **pour lui demander de rembourser l'aide illégale** auprès de l'organisme qui l'a accordée. Ici aussi s'opère un rapprochement - et même un dépassement - par rapport au droit communautaire [24]. Cette action conduite devant le juge judiciaire risque d'être plus efficace qu'une action devant la juridiction administrative visant à demander à l'autorité administrative qu'elle récupère l'aide illégalement versée.

De plus, les entreprises concurrentes peuvent par ailleurs demander à ce que l'entreprise qui a illégalement reçu une aide s'abstienne de rentrer sur un marché en se servant de cette aide. Or, on considère généralement que le juge judiciaire est moins favorable aux aides publiques. Ses décisions pourraient donc être plus rigoureuses.

c) Une certitude demeure toutefois : le système d'aides prévu par les textes de 1982 est à destination exclusive des entreprises.

Le système d'aides établi en 1982 régit **les relations entre les collectivités locales et le secteur privé productif** quelle que soit la forme juridique de l'entreprise. Il pourrait même s'agir d'une association qui, ayant peut-être dévié de son objectif initial, ferait de façon régulière des actes de commerce. Mais le législateur a plus précisément envisagé les entreprises individuelles ou les sociétés. Il convient de ranger les sociétés d'économie mixte locales dans cette catégorie [25].

Bien que la loi évoque les « interventions économiques et **sociales** » des collectivités locales, les relations avec les associations, sauf l'exception évoquée ci-dessus, ne relèvent pas de ce dispositif. Il y a lieu de se référer aux principes classiques d'attribution des aides aux associations.

A fortiori, ce système d'aides **ne saurait régir les relations entre personnes de droit public** quand bien même celles-là auraient pour objet d'assurer le développement économique et social des collectivités intéressées. On sait que des opérations d'aménagement sont susceptibles d'être réalisées par plusieurs collectivités, parfois dans le cadre de structures de coopérations.

La question est souvent posée : l'article L. 1511-1 du CGCT ne s'applique pas non plus aux relations avec les associations sportives - à moins que l'intervention ait spécifiquement comme finalité un objectif économique - et avec l'enseignement privé [26].

d) Une seconde certitude s'impose, pour le juge administratif, le dispositif actuel conserve toute sa validité.

Il est, certes, toujours possible de critiquer les aides que le cadre actuel de l'interventionnisme économique local sous l'angle économique et considérer que la PRCE comme la PRE seraient désormais inadaptées pour dynamiser le tissu économique local, donc, à ce titre, désuète. On peut également regretter que toutes les potentialités que comporte le droit communautaire ne soient pas déjà concrétisées dans les textes législatifs et réglementaires.

Il n'empêche, les dispositions relatives aux interventions économiques des lois des 7 janvier et 2 mars 1982, désormais codifiées dans le CGCT, ont acquis un caractère permanent jusqu'à d'éventuelles modifications à venir. Elles constituent le cadre juridique auquel il convient de se référer et le juge ne peut que sanctionner le moindre écart commis par les collectivités locales quand bien même celles-ci auraient parfois l'impression d'anticiper de prochaines réformes ou, tout simplement, d'adapter les aides pour une meilleure efficacité du développement économique. L'examen du contentieux le démontre : les seules aides directes conformes à la loi sont celles énumérées par les textes. Pour les autres, conformément aux textes, le juge exige la signature d'une convention. Et, s'agissant des deux aides indirectes réglementées (les aides à l'immobilier et les garanties d'emprunt), le juge vérifie avec précision le bon respect des dispositions législatives et réglementaires par les collectivités locales.

Si le dispositif est parfois jugé dépassé par les responsables économiques, tant qu'il n'est pas modifié, il ne peut qu'être le seul applicable pour le juriste. Il n'en demeure pas moins que les quelques incertitudes juridiques qu'il recèle continuent de poser des problèmes comme son décalage croissant avec les évolutions économiques.

4. Une nécessaire réforme

Les incertitudes juridiques, rapportées au poids financier des interventions économiques locales, sont effectivement difficilement acceptables.

Il semble bien que les pouvoirs publics aient eu l'intention de mettre en œuvre une vaste réforme législative. Effectivement, un projet de loi avait été mis au point par M. Émile Zuccarelli, ministre de la Fonction publique, de la Réforme de l'État et de la Décentralisation. On pensait qu'il pourrait être adopté au cours de l'année 1998. Tel ne fut pas le cas. Ce projet n'a pas été soumis au débat parlementaire pour une raison assez évidente : il est en contradiction, à l'époque, avec un autre texte préparé par Madame Voynet.

En effet, ce qui ne sera que le « projet Zuccarelli » préconisait de laisser toutes les collectivités locales mettre en œuvre les aides directes - les régions perdaient ainsi leur rôle directeur - tandis qu'au contraire la *loi du 25 juin 1999 d'orientation pour l'aménagement et le développement durable du territoire* (dite « loi Voynet ») renforce les prérogatives des régions en matière de développement économique et d'aménagement du territoire. Les arbitrages gouvernementaux lui ayant été défavorables, le « projet Zuccarelli » ne pouvait que disparaître.

À plus longue échéance, deux hypothèses se dessinent. Une première consisterait à abandonner pratiquement tout cadre de droit interne pour s'en remettre simplement au droit communautaire. Une seconde, qui paraît présentement plus probable, consisterait à améliorer substantiellement le cadre actuel, compte tenu de l'expérience acquise et des évolutions du droit communautaire, en élaborant une réforme législative et réglementaire d'ensemble.

À plus court terme, une solution a pu être trouvée. Récemment, le *décret n° 2001-607 du 9 juillet 2001, relatif à certaines aides directes et indirectes aux entreprises* a procédé, nous l'avons vu, à un sérieux « toilettage » des aides directes et de certaines aides indirectes (essentiellement les aides à l'immobilier) qui sont, désormais, à nouveau conforme au droit communautaire. L'année précédente, la *circulaire, 17 août 2000, relative aux aides des collectivités locales aux entreprises,* rappelait qu'il était toujours possible de faire évoluer le droit par voie conventionnelle comme le prévoyait, dès l'origine, la loi du 7 janvier 1982. Ainsi, chaque commune, département ou région peut, en accord avec l'État, mettre en œuvre les nouvelles potentialités du droit communautaire. Il aurait peut-être été plus satisfaisant de généraliser les règles par voie législative et réglementaire.

a) Certains l'ont pensé : peut-être, effectivement, serait-il logique d'abandonner toute idée d'énumération d'aides, tant l'entreprise paraît improbable. L'expérience montre qu'existe une grande diversité d'interventions et que le comportement des autorités chargées du contrôle de légalité peut être variable.

Le système actuel paraissant trop complexe et imprécis, il pourrait être tentant de l'abandonner pour une formule souple.

En principe, le régime actuel des aides locales avait comme objectif de les intégrer dans la politique nationale d'aménagement du territoire. Concrètement, cet objectif n'est réalisé que de manière très incertaine, en l'absence de plan. Le schéma national d'aménagement du territoire ne constitue pas un document de référence. Mais le zonage actuel, résultat tangible de la politique d'aménagement du territoire, sert effectivement, d'une certaine manière à encadrer les aides directes. Or, il est lui-même encadré par la politique régionale communautaire.

Il ne serait donc pas illogique de se référer directement au droit communautaire qui pourrait à lui seul encadrer les interventions locales. Il n'y aurait donc qu'un cadre juridique interne simple et souple. Les collectivités locales pourraient intervenir dans la limite des plafonds communautaires et dans le respect des principes classiques du droit interne (liberté du commerce et de l'industrie, égalité devant la loi et les charges publiques). On aboutirait à une décentralisation accrue : les collectivités ou groupement de collectivités concevraient elles-mêmes leur règlement d'intervention qui serait notifié aux services de la Commission par le gouvernement français.

Outre qu'il peut être hasardeux d'abandonner un cadre national de référence, plus pratique et plus sûr pour les collectivités elles-mêmes et plus lisible les entreprises destinataires des aides, ce raisonnement se heurte à trois écueils de nature différente :

- Le système actuel, issu des textes de 1982 et plusieurs fois modifié, a aussi comme finalité essentielle d'encadrer les risques financiers que seraient amenées à prendre les collectivités locales. Rien de tel présentement dans le cadre communautaire. Il conviendrait, sans doute, de prévoir une amélioration des modalités de contrôle de gestion en droit interne.

- L'État est responsable du respect du cadre communautaire par les collectivités locales. La référence à un cadre national d'une part, à des conventions d'autre part, malgré leurs défauts, rend plus aisé le contrôle de légalité des décisions relatives aux interventions économiques.

- L'adoption de cette première solution signifierait un changement de « philosophie ». Le droit communautaire est articulé autour des idées de protection du libre échange et de la concurrence. Au contraire, en droit interne, les collectivités locales interviennent sur le fondement d'un service public économique local, librement créé.

b) Une seconde hypothèse pourrait consister à simplement améliorer le système actuel afin de tenir compte des dysfonctionnements les plus criants, dans le cadre d'une réforme législative et réglementaire de fond.

Ainsi pourrait être abandonnée la distinction aide directe - aide indirecte, peu claire en droit interne et inexistante en droit européen. Deux hypothèses sont envisageables. Soit, on considère qu'il n'y a pas lieu de réserver les aides directes à la région. En conséquence, leur rôle « directeur » disparaîtrait. Il ne correspond, d'ailleurs, plus exactement à la réalité. Communes et départements n'auraient donc plus à compléter d'éventuelles interventions régionales. Ces collectivités locales disposeraient de la possibilité d'attribuer aux entreprises leurs propres aides directes. En contrepartie, le législateur pourrait directement clarifier les compétences de chacun des niveaux de collectivités en matière d'interventions économiques. Soit, deuxième hypothèse, on maintient le rôle « directeur » des régions, ce qui est éventuellement concevable, notamment si la « loi Voynet » produit bien les effets escomptés par ses auteurs. Mais le législateur pourrait déterminer des aides régionales directes ou indirectes nouvelles d'une plus grande efficacité économique.

En même temps, il serait tenu compte de l'expérience, notamment de la diversification utile des aides aux entreprises. Plusieurs types d'interventions pourraient être légalisés.

Il en est ainsi des avances remboursables à taux nul ou faible. Elles ne paraissent pas entraîner de risques particuliers. Elles sont de toute façon assez proches des primes et prêts actuellement autorisés. Leur interdiction semble illogique. Elle est, en tout cas, mal respectée.

Pourraient également être élargies les différentes formes d'aides à l'immobilier d'entreprises, dans la mesure où elles paraissent assez efficaces. La seule limitation concernerait le risque financier que serait amenée à prendre la collectivité locale.

Enfin, les nouveaux textes seront sans doute amenés à clarifier les relations des collectivités locales avec les institutions relais. Il serait admis que les collectivités locales puissent plus facilement passer par ce type d'organisme pour accorder des aides, dans la mesure où une telle solution leur permet de travailler en partenariat avec des spécialistes. Des expériences sont intéressantes en matière de garantie d'emprunt, de crédit-bail immobilier, ou encore d'aide à la recherche ou à l'innovation. Mais pour être efficaces et avec des risques maîtrisés par la collectivité locale, ces partenariats doivent être organisés assez précisément par le législateur comme c'est déjà le cas des fonds de garanties constitués sous forme de société anonyme ayant un capital partagé entre établissements régis par la loi bancaire du 24 janvier 1984 et collectivités locales, auprès desquels les collectivités peuvent se contre-garantir lorsqu'elles assurent un cautionnement ou une garantie d'emprunt.

c) Dans l'immédiat, le gouvernement a choisi une voie plus modeste et plus prudente.

Le décret du 9 juillet 2001 ne modifie pas la liste des aides directes. Il aurait fallu pour ce faire une intervention du législateur. Il ne modifie pas non plus fondamentalement la finalité économique de ces aides, il adapte certaines modalités de calcul pour tenir compte des nouvelles lignes directrices communautaires en la matière. Il en résulte que la prime régionale à la création d'emploi est sans doute plus attractive. Mais il n'en demeure pas moins que ces aides n'occupent plus qu'une place limitée dans les dispositifs d'interventions proposés par les régions.

Le gouvernement a donc rappelé à l'ensemble des collectivités locales, dans sa circulaire du 17 août 2000, qu'elles pouvaient moderniser leurs dispositifs d'aides aux entreprises en empruntant la voie conventionnelle. C'est par ce moyen, a-t-il eu l'occasion de préciser, qu'elles peuvent mettre en œuvre le régime d'aides aux petites et moyennes entreprises (régime N 198/99) approuvé par Commission européenne - évoqué dans le chapitre de cet ouvrage relatif aux règles communautaires - et que ne reprend pas pour l'instant le cadre législatif et réglementaire interne. Or la définition des dépenses sur lesquelles peuvent porter les interventions des collectivités en faveur des PME est assez vaste et permet, en effet d'imaginer un dispositif - donc conventionnel - assez novateur et diversifié, puisqu'il s'agit :

- des investissements matériels qui comprennent les terrains, les bâtiments et les équipements et, en cas de reprise, le rachat de ces actifs ainsi que la rénovation d'équipements touristiques ;

- des investissements immatériels qui comprennent les dépenses liées aux transferts de technologies opérés sous la forme d'acquisition de brevets, de licences d'exploitation, de connaissances techniques brevetées et non brevetées, et les frais résultant des études directement liées au projet d'investissement ;

- des loyers dans le cadre de l'exécution d'un contrat de crédit bail contracté pour le financement d'un investissement.

Toutefois, des responsables locaux ont exprimé leur doute à propos de cette voie contractuelle, censée moderniser les dispositifs locaux d'intervention et intégrer les nouvelles possibilités offertes par le droit communautaire. En effet, une telle formule a déjà été utilisée dans le passé. C'est effectivement par ce moyen que fut organisé un partenariat entre l'État et des collectivités locales (ou leurs EPCI) pour la mise en œuvre du fonds de développement des PMI (FDPMI) [27], le fonds régional d'aide au conseil (FRAC) [28] ou le fonds régional pour les investissements immatériels (FRAI)[29]. Ces responsables locaux ont parfois estimé que l'État a pu conserver, dans le cadre de ces contrats, la maîtrise de ces procédures. De ce fait, ils auraient préféré que des textes législatifs et réglementaires généraux permettent à leur collectivité de décider d'une éventuelle mise en œuvre de nouvelles aides, sans passer obligatoirement passer un contrat avec l'État.

En fait, les collectivités locales - surtout les régions - ont déjà procédé elles-mêmes, sans attendre une nouvelle réforme, à une rénovation de leur dispositif d'aides. Outre qu'elles ont déjà dans le cadre des contrats de plan - et dans une moindre mesure dans les contrats de ville - mis en œuvre de nouvelles aides plus adaptées à la situation économique locale et régionale, elles proposent souvent des « couplages » d'aides. Ainsi, il n'est par rare qu'en même temps que la PRCE, soit proposée une aide sous forme de conseil, afin d'assurer un suivi des premières années souvent délicates pour une jeune entreprise ou que de façon complémentaire à des aides à l'immobilier soit, par exemple, proposé des financements.

d) Une formule intermédiaire pourrait être mise en œuvre si elle est maintenue au cours des discussions parlementaires la rédaction d'un nouvel art. L. 1511-2 telle qu'elle apparaît dans le projet de loi relatif à la démocratie de proximité, selon la formulation adoptée en première lecture, le 25 juin 2001.

Ce texte n'énumérerait plus une liste d'aides directes, mais se contenterait d'autoriser les régions à verser des subventions, des bonifications d'intérêt ou des prêts et avances à des taux plus intéressants que ceux du marché financier, sans plus de précisions. Un ou plusieurs décrets auraient alors la charge de préciser la nature de ces subventions que le pouvoir réglementaire aurait ainsi la possibilité de faire évoluer à la fois en fonction des circonstances économiques et du droit communautaire. Ajoutons que, dans l'état actuel du projet, les communes et départements qui le souhaiteraient pourraient se joindre - par la signature d'une convention - aux dispositifs d'interventions des régions. Le rôle « directeur » des régions serait ainsi maintenu tout insérant dans le droit une certaine souplesse, laissée à la discrétion des partenaires.

5. L'émergence d'un nouveau cadre juridique

La réforme - souhaitée et annoncée - du cadre juridique de l'interventionnisme économique local commence à se préciser.

Effectivement, plusieurs textes législatifs en 2001 et 2002 ouvrent la voie à de nouvelles formes d'interventions, qui paraissent beaucoup plus adaptées au regard des situations locales. De la sorte, les collectivités territoriales devraient disposer d'une partie des moyens souhaités, leur permettant de dynamiser plus efficacement le tissu économique local. Des aides spécifiques pourront effectivement être mises en œuvre.

Le rôle « directeur » des régions demeure cependant affirmé.

L'insuffisant recul ne permet pas de porter une appréciation globale sur ces nouvelles possibilités d'intervention. D'ailleurs, certaines d'entre elles nécessitent des textes d'application qui n'ont pas encore été publiés.

Il est toutefois possible de définir assez précisément les contours du cadre juridique qui se dessine. À ce titre, trois séries d'interventions économiques doivent être évoquées.

a) De nouvelles aides directes à la place de la PRCE et de la PRE (nouvel art. 1511-2 du CGCT)

La prime régionale à la création d'entreprise (PRCE) et la prime régionale à l'emploi sont appelées à disparaître dans un très proche avenir.

Elles seront remplacées par des formules d'aides directes que les régions pourront définir elles-mêmes, par délibération, sans autre intervention du législateur et du pouvoir réglementaire national.

Ces affirmations méritent d'être expliquées.

Nous le soulignions, depuis plusieurs années, la PRCE et la PRE avaient perdu de leur importance. Dans la mesure, où elles avaient été conçues dans le contexte de la crise économique de la fin des années soixante-dix et du début des années quatre-vingt, beaucoup de régions estimaient qu'elles n'avaient plus le caractère attractif initial. Afin de les « moderniser », PRCE et PRE étaient souvent proposées, couplées à d'autres aides (aides au conseil, par exemple).

En tout état de cause, la totalité des régions demandaient à être autorisées à définir des aides directes plus adaptées aux situations concrètes qu'elles devaient affronter.

Le législateur vient de leur donner satisfaction.

En effet, la loi du 27 février 2002 relative à la démocratie de proximité [30] procède à une réécriture de l'article L. 1511-2 du CGCT. Il en résulte les modalités suivantes :

- la PRCE et la PRE disparaissent du dispositif d'aides locales ;
- le législateur n'évoque plus à leur place que **la possibilité pour les régions de verser des subventions sans autre précision quant au contenu** ;
- il revient à chacune des régions de définir le type de subvention qu'elle souhaite accorder aux entreprises ;
- il n'est plus fait référence à un décret s'agissant des conditions d'attributions et de la définition des plafonds ;
- chaque région dans le cadre d'une délibération adoptera les règles définissant ces subventions, ainsi que leurs modalités concrètes ;
- il faut cependant préciser que le principe général d'égalité devant le droit exige que le règlement soit régulièrement adopté et devenu exécutoire pour qu'une quelconque entreprise puisse en bénéficier.

Pour autant, la liberté des régions n'est pas totale, s'agissant du contenu et des modalités de ces subventions. S'il n'y a plus désormais de cadre national précis, il convient de se reporter au cadre communautaire.

Quelle est la nature exacte des subventions que les régions seront autorisées à mettre en œuvre ? Sans être exhaustif, il est d'ores et déjà possible d'apporter les précisions suivantes.

De façon quasi exclusive, les aides des collectivités locales s'adressent aux PME. À plusieurs reprises, les instances européennes ont eu l'occasion de définir leur régime. Dans sa circulaire du 17 août 2000, le ministère de l'Intérieur a rappelé la nature des dépenses, assumées par les entreprises, pouvant être subventionnées par les collectivités locales au regard du droit communautaire. Il s'agit notamment :

- des investissements matériels qui comprennent les terrains, les bâtiments et les équipements et, en cas de reprise, le rachat de ces actifs ainsi que la rénovation d'équipements touristiques ;

- des investissements immatériels qui comprennent les dépenses liées aux transferts de technologies opérées sous forme d'acquisitions de brevets de licences d'exploitation, de connaissances techniques brevetées et non brevetées, ainsi que les frais résultant des études directement liées au projet d'investissement ;

- des loyers dus dans le cadre de l'exécution d'un contrat de crédit-bail contracté pour le financement d'un investissement ;

- des dépenses correspondant à des services de conseil, à partir du moment où elles ne sont pas liées à la gestion courante de l'entreprise (comme les frais d'expertise comptable ou de conseil fiscal annuel) mais correspondent bien à la phase de création ou de mutation dc l'entreprise.

Ainsi défini, le champ d'application des « subventions » évoquées par le nouvel article L. 1511-2 est assez vaste. À l'intérieur de ce cadre, les collectivités locales auront la possibilité de définir des interventions plus précises.

Certes, toutes les aides aux entreprises doivent respecter les principes du droit communautaire de la concurrence définis aux articles 87 et 88 du traité instituant la Communauté européenne. Les conditions d'application de ces deux articles ont été précisées par le règlement du Conseil n° 659/1999 du 22 mars 1999 [31].

Les dispositions combinées de l'article 88 CE et du règlement 659/1999 définissent le nouveau régime procédural du contrôle exercé par la Commission à l'égard des aides publiques aux entreprises, s'agissant aussi bien des aides existantes que des aides nouvelles.

Théoriquement, il est obligatoire de procéder à la notification préalable de chaque règlement régional concernant les nouvelles aides aux entreprises auprès des services de la Commission afin qu'ils s'assurent de leur conformité aux règles communautaires (lire nos explications relatives aux contrôles communautaires).

Toutefois, les aides décidées par les régions devraient, d'une façon générale, correspondre aux textes d'encadrement qui dispensent d'effectuer les démarches de notification. Il en résulte notamment une spécificité des aides en faveur des PME.

Tout d'abord, le Conseil et la Commission ont très généralement considéré qu'il y avait peu de risques que les aides en faveur des PME troublent réellement les règles de la concurrence.

Ensuite, il est possible d'exempter ces régimes de l'obligation de notification. En effet, le Conseil a adopté un règlement le 7 mai 1998 sur l'application des articles 87 et 88 du traité. Il en ressort que la Commission peut décider - à son tour par voie de règlement - que certaines catégories d'aides, à partir du moment où elles respectent quelques critères généraux sont automatiquement compatibles avec les règles du marché commun.

La plupart des aides décidées par nos régions devraient se situer dans le cadre défini par trois règlements communautaires :

- le règlement (CE) n° 70/2001 de la Commission du 12 janvier 2001 concernant l'application des articles 87 et 88 du traité CE aux aides d'État en faveur des petites et moyennes entreprises ;
- le règlement (CE) n° 69-2001 de la Commission du 12 janvier 2001 concernant l'application des articles 87 et 88 du traité CE aux aides *de minimis ;*
- le règlement (CE) n° 68-2001 de la Commission du 12 janvier 2001 concernant l'application des articles 87 et 88 du traité CE aux aides à la formation [32].

Le respect par les régions des critères et plafonds définis dans ces trois règlements leur permettra d'échapper aux obligations de la notification.

Ajoutons deux dernières précisions, au regard du droit interne.

Tout d'abord, dans le cadre de la réglementation relative à la PRCE et à la PRE, communes et départements avaient la possibilité de compléter l'aide régionale, à condition que la région décide bien d'accorder une aide à une entreprise et que celle-ci n'atteigne pas le plafond. Mais, dans la pratique, communes et départements n'avaient que très rarement la possibilité d'intervenir sous forme d'aide directe, les régions décidant généralement d'intervenir jusqu'au plafond autorisé.

La nouvelle rédaction de l'article L. 1511-2 maintient la possibilité d'aide complémentaire locale à l'intervention régionale mais dans le cadre d'une procédure contractuelle. En effet, les communes, les départements ou leurs groupements pourront participer au financement des nouvelles aides directes régionales selon des modalités définies dans le cadre de conventions avec les régions. On peut estimer que de la sorte la complémentarité sera mieux assurée et, désormais, effective.

Ensuite, il convient de noter que le régime des autres aides directes - c'est-à-dire les prêts, avances et bonifications d'intérêt - demeure inchangé.

b) La réalisation des infrastructures de télécommunication (nouvel art. L. 1511-6 du CGCT)

L'aménagement du territoire est l'un des objectifs sous-jacents de la réglementation des télécommunications définie par la loi du 26 juillet 1996 [33]. Telle est bien la finalité du service universel et obligatoire, à la charge de l'*« opérateur historique »*, France Télécom.

Plus précisément, on attendait de l'ouverture du secteur des télécommunications à la concurrence et de la fin du monopole de France Télécom, aussi bien un abaissement des coûts qu'une amélioration des équipements.

Or, contrairement à la téléphonie mobile et aux liaisons longue distance, la concurrence met du temps à s'installer sur la boucle locale, considérée comme économiquement moins attractive par les opérateurs, hormis le cas de deux ou trois grandes agglomérations.

On ne peut que constater qu'un certain nombre de zones - peu attrayantes pour les opérateurs de télécommunication - sont restées « en dehors de la lumière ». Autrement dit : personne n'a souhaité y développer des infrastructures permettant l'utilisation d'Internet à usage professionnel (Internet haut débit), les nouveaux opérateurs ne pouvant investir faute de moyen, tandis que France Télécom restait passive, estimant avoir suffisamment à faire avec le service universel.

Afin de valoriser l'attractivité économique de leur territoire, des collectivités locales ont été amenées à prendre le relais d'une initiative privée, sinon défaillante, du moins peu dynamique. En conséquence, elles ont construit des *« fibres noires »*, c'est-à-dire des réseaux pouvant être rendus actifs par des opérateurs de télécommunications et ayant comme finalité de permettre le transport de l'Internet à haut débit.

Alors qu'il n'y avait pas de cadre légal, des interrogations surgirent quant à la compétence des collectivités locales dans ce domaine. Surtout, soucieux de protéger son monopole local, « sa chasse gardée » diront certains, France Télécom prit soin de contester devant les tribunaux ces interventions locales et obtint effectivement gain de cause (TA Nancy 18 mars 1999, SA France Télécom et Syndicat Sud PTT) [34].

En réaction, des élus locaux et nationaux ont souhaité que, dans un cadre législatif précis, les collectivités locales soient autorisées à intervenir.

Ainsi s'explique la création de l'article L. 1511-6. Ses dispositions s'intègrent dans les règles consacrées aux interventions économiques. En effet, au même titre que les aides plus classiques (primes, aides à l'immobilier, garanties d'emprunt, etc.), proposer en matière de communications des réseaux performants est devenu l'un des moyens de convaincre une entreprise de venir s'installer sur le territoire d'une collectivité dans l'une de ses zones d'activités.

S'agissant de l'analyse de ce texte, il convient de ne pas commettre d'erreurs. **Il y a eu, en effet, deux rédactions successives de cet article L. 1511-6.**

En effet, dans un premier temps, un amendement introduit au moment de la discussion de la « loi Voynet », en juin 1999 a procédé à la création de l'article 1511-6 du CGCT. Il a autorisé la réalisation d'infrastructure de télécommunications, supports de réseaux. Toutefois deux conditions, difficiles à réaliser en ont singulièrement réduit la portée :

- il fallait qu'il y ait carence de l'initiative privée pour qu'une collectivité locale puisse intervenir. Compte tenu de l'interprétation très restrictive faite par le juge administratif au regard des initiatives prises, par exemple, par la communauté urbaine de Nancy (TA, 18 mars 1999, précité) et de la présence potentielle de France Télécom sur l'ensemble du territoire, la compétence locale devenait plus virtuelle que réelle ;

- l'amortissement devait être réalisé sur 8 ans, durée beaucoup trop courte pour de tels investissements.

Le risque était bien de voir continuer à se creuser le *fossé numérique* entre quelques agglomérations, bien équipées, et des territoires peu susceptibles d'attirer les investissements de France Télécom ou d'autres opérateurs. Par ailleurs, on pouvait légitimement s'inquiéter du déficit de compétences dont souffraient les collectivités locales françaises : dans 11 pays de l'Union européenne, leurs homologues pouvaient librement décider d'installer puis de louer des réseaux de fibres noires [35].

Ainsi s'explique la raison pour laquelle **la loi du 17 juillet 2001 procède à une nouvelle rédaction de l'article 1511-6** [36]. **Il est désormais permis aux collectivités locales de prendre plus aisément des initiatives.**

En effet, les deux conditions restrictives disparaissent. Il n'est plus nécessaire qu'il y ait carence de l'initiative privée. Il n'y a plus obligation d'amortir sur 8 ans. **Les collectivités territoriales acquièrent une compétence de principe pour créer des infrastructures destinées à supporter des réseaux de télécommunications.** Il leur est simplement demandé de procéder à une consultation publique afin de recenser exactement les besoins des opérateurs comme des utilisateurs, ce qui paraît effectivement logique.

Certes deux restrictions demeurent. Mais elles ont l'assentiment de tous :

- pas plus que dans la rédaction initiale de l'article L. 1511-6, les collectivités locales ne peuvent être - elles-mêmes - opérateurs. Il s'agit d'un métier particulier nécessitant un savoir-faire. Les fibres noires qu'elles réalisent, sont mises à la disposition des opérateurs professionnels qui les activent. Notons, toutefois, qu'il peut s'agir d'une SEM, dans laquelle, par définition, ces collectivités sont majoritaires ;

- cette mise à disposition doit être effectuée dans des conditions de parfaite transparence, donc dans le cadre des procédures usuelles de mise en concurrence.

c) Le soutien à la création d'entreprise (nouvel art. 1511-7 du CGCT)

La loi n° 2002-1 du 2 janvier 2002 apporte quelques retouches au statut des sociétés d'économie mixte locales et permet notamment aux collectivités locales de leur apporter un soutien financier sous forme d'apports en compte courant d'associés (lire par ailleurs, les développements consacrés aux interventions économiques locales en faveur des SEM).

Toutefois ce texte comporte également dans son titre VII (« Dispositions diverses ») des règles à caractère plus général, susceptibles de concerner toutes les entreprises.

Notamment, il est créé un article L. 1511-7 dans le CGCT ajoutant de nouveaux moyens d'intervention. S'il s'agit d'un article tout à fait nouveau, ses dispositions s'insèrent, en réalité, dans le cadre plus large des aides à la création d'entreprise.

En effet, la plupart des dispositifs d'interventions locaux et régionaux comportent déjà un important volet concernant les aides à la création d'entreprises. Nombre de collectivités locales considèrent généralement qu'il convient *d'accompagner* le créateur dans ses démarches et de consolider son projet. Ce type d'aides est manifestement privilégié et tend à prendre le pas sur les interventions classiques.

Ainsi figurent en bonne place des aides sous forme de conseil, de suivi de démarches administratives, d'audit du projet tendant à son amélioration. Par ailleurs, par l'intermédiaire de sociétés financières régionales (SDR, IRP), les régions peuvent participer au renforcement des fonds propres de la jeune entreprise (lire *infra*).

Le cadre légal est donc judicieusement complété. Désormais, le nouvel article 1511-7 ouvre la possibilité ***à toutes les collectivités locales***, ainsi qu'à leurs établissements publics de coopération, de ***verser des subventions aux organismes ayant pour objet exclusif de participer à la création d'entreprises.***

De façon exclusive, deux séries d'organismes sont concernées par cette nouvelle forme d'intervention :

- sont tout d'abord évoqués les organismes visés au 4 de l'article 238 bis du Code général des impôts. Il s'agit d'organismes ayant pour objet exclusif de participer à la création ou à la reprise d'entreprise par le versement d'aides financières. Leur statut et leurs conditions de fonctionnement doivent correspondre aux modalités fixées par le décret n° 85-865 du 9 août 1985 ;

- peuvent être également destinataires de l'aide locale ou régionale les organismes visés au 1 de l'article L. 511-6 du Code monétaire et financier. Il s'agit d'organismes sans but lucratif qui dans le cadre leur mission ou pour des motifs d'ordre social, accordent, sur leurs ressources propres, des prêts à des conditions préférentielles à certains de leurs ressortissants. Pour recevoir les subventions évoquées, ces organismes doivent plus précisément participer à la création d'entreprises, ainsi qu'il ressort de la rédaction du nouvel article L. 1511-7 du CGCT.

Une convention doit être impérativement signée entre l'organisme destinataire de la subvention et la collectivité locale.

Cette convention devra préciser les obligations pesant sur l'organisme apportant son soutien à la création d'entreprises. Il sera donc possible aux collectivités locales de préciser les conditions dans lesquelles ils interviendront. Cette convention devra également prévoir les conditions de reversement de l'aide, lorsque ces obligations n'auront pas été respectées.

Il faut toutefois ajouter qu'il reviendra à un décret en Conseil d'État - à paraître - de déterminer plus précisément les modalités de mise en œuvre de cette nouvelle forme d'intervention économique locale. Notamment, il fixera le mode de calcul des plafonds financiers auxquels les subventions locales seront soumises.

B - Les mesures d'urgence : l'aide aux entreprises en difficulté et le maintien des activités en milieu rural

Ces interventions n'ont heureusement pas pris l'ampleur que l'on redoutait initialement. Néanmoins, régulièrement, avec discrétion, des collectivités sont amenées à les mettre en œuvre. En raison de leurs particularités, il convient d'expliquer très précisément les formes qu'elles doivent emprunter.

1. L'aide aux entreprises en difficulté

Plusieurs années après son adoption, cette possibilité d'intervention, ouverte en 1982, continue de provoquer de nombreux débats, certains persistant de trouver peu judicieux, voire dangereux ce type d'intervention.

La loi du 2 mars 1982 confiait cette compétence sans distinction aux communes (article 5), aux départements (article 48), et aux régions (article 66). Tout au plus était précisé que les collectivités pouvaient passer entre elles (éventuellement avec l'État) une convention pour conjuguer les efforts, chaque personne publique étant concernée par les conséquences économiques et sociales.

La loi du 5 janvier 1988 interdit aux communes de verser des aides directes aux entreprises en difficulté. Les risques paraissaient trop importants pour certains budgets locaux fragiles. Les aides indirectes demeuraient-elles autorisées ? Les travaux parlementaires le laissaient penser [37]. Toutefois la doctrine considère plutôt que l'ensemble des aides aux entreprises en difficulté est prohibé. Et de l'actuelle codification résulte un silence sur les compétences communales dans ce domaine dont on peut logiquement tirer un interdit. Seuls départements (article L. 3231 du CGCT) et régions (article L. 4211-1 du CGCT) sont expressément habilités à verser des aides aux entreprises en difficulté.

Toutefois, il n'y a peut-être pas eu de grandes modifications dans la pratique. A vrai dire, à quelques exceptions près, rapportées par la Cour des comptes dans son rapport annuel [38], les communes s'étaient montrées très prudentes. Il y a eu peu d'aides communales à destination d'entreprises en difficulté et généralement - quand ce fut le cas - il y a eu intervention en partenariat avec d'autres collectivités publiques.

Il semble bien qu'il y ait toujours eu quelques interventions de ce type depuis 1988, la commune versant une subvention au département, affectée ensuite par ce dernier aux mesures de redressement ou agissant sur l'environnement de l'entreprise. A notre connaissance, il n'y a pas de déféré préfectoral en ce qui concerne ces pratiques qui, il est vrai, demeuraient très prudentes.

Il est vrai qu'on peut considérer que toutes les collectivités demeurent habilitées à intervenir en faveur des entreprises en difficulté, situées sur leur territoire, lorsqu'elles agissent dans un intérêt public local [39]. C'est notamment le cas quand elles cherchent un éventuel repreneur, afin de préserver l'activité économique locale et l'emploi [40].

De plus, les imprécisions entourant la notion d'entreprise en difficulté laissent une certaine latitude.

Précisément les élus souhaiteraient souvent disposer de critères sur lesquels s'appuyer pour accepter ou refuser l'aide. Il est important de repérer quels pourraient être les éléments de références.

a) Quelle définition retenir de « l'entreprise en difficulté » et des « intérêts économiques et sociaux de la population » ?

Cette question est d'importance puisque de ces notions découle un régime juridique spécifique, profondément différent des interventions en faveur du développement économique. Ici pour les régions comme pour les départements, les aides directes et indirectes sont libres. Chacune de ces collectivités peut les attribuer indépendamment.

La loi du 2 mars 1982 n'apporte aucune définition précise.

Dans le silence de la loi, à quel texte peut-on se reporter ?

- **Le plan intérimaire 1982-1983**, semble-t-il, dessinait un cadre d'intervention, s'agissant des entreprises en difficulté : « *Les collectivités territoriales pourront, à l'exclusion de toute participation au capital, venir librement en aide à une entreprise en difficulté,* ***soit à la suite d'un dépôt de bilan, soit lorsqu'elle aura été reconnue comme telle par une instance com-***

pétente. Il est néanmoins conseillé aux collectivités locales de n'intervenir que dans le cadre d'un plan de redressement technique, économique et financier, afin que soient assurées l'efficacité de l'aide en cause et la cohérence des différentes interventions » [41]. Ce texte n'envisage l'intervention que lors de la phase ultime. Il est sans doute plus proche du droit communautaire que ne l'est l'actuel droit interne. Mais le plan lui-même, on le sait, n'a qu'une valeur indicative. Et les précisions évoquées ne se retrouvent pas dans la loi approuvant le plan.

- **La circulaire n° 82-102 du 24 juin 1982** du ministère de l'Intérieur [42] et de la Décentralisation relative aux « *interventions des collectivités locales et des régions en faveur des entreprises en difficulté* » semble apporter plus de précisions.

Elle pose, en effet, d'abord, un principe : « *L'intervention n'est possible que lorsqu'il s'agit de contribuer au redressement d'une entreprise en difficulté* ». Pour définir celle-ci, elle propose, d'une part, **des critères juridiques** (cessation de paiement, suspension provisoire des poursuites, règlement judiciaire, liquidation des biens) et d'autre part, **des critères économiques** (diminution du carnet de commande, incidents de paiements à l'Urssaf notamment, diminution des horaires de travail et chômage technique).

Cependant, ce texte engendre lui-même deux types de difficultés.

Tout d'abord, **il s'agit simplement d'une circulaire** adressée aux préfets leur indiquant la manière dont ils doivent effectuer le contrôle de légalité. Elle ne saurait, bien évidemment, compléter la loi. En tout cas, elle ne s'impose pas directement aux collectivités locales.

Ensuite, quand bien même le voudrait-on, comment lui accorder une valeur normative du fait de son imprécision ? Certes les critères juridiques sont précis. Mais les étapes qu'ils évoquent semblent bien tardives pour déclencher une aide publique locale. On n'est pas très éloigné des subventions à fond perdu que tout le monde condamne. Quant aux critères économiques, ils sont, au contraire, extrêmement imprécis et difficiles, pour les collectivités, à apprécier. De nombreuses entreprises enregistrent une diminution des carnets de commandes et procèdent à des réductions d'horaires. Il peut s'agir de difficultés passagères ne nécessitant aucune intervention publique.

- **La circulaire du Premier ministre du 6 juillet 1982 relative à l'aide aux entreprises en difficulté** [43] n'apporte aucun élément de définition. Elle définit cependant une « philosophie » à laquelle les autorités locales pourront se référer pour justifier auprès de l'entreprise aussi bien des mesures précises qu'un refus. Il est précisé que les concours financiers aux entreprises ne sont envisagés que lorsqu'existent « ***des perspectives réelles de redressement** de l'équilibre* ». Les responsables doivent manifester leur confiance dans les plans de restructuration proposés. « *En toute hypothèse, l'engagement des fonds publics dans ces opérations doit se limiter à ce qui s'avère indispensable et **conserver un caractère subsidiaire*** ». L'intervention publique « *vise à proposer ou à maintenir des emplois durables **sans opérer de substitution de la responsabilité de la puissance publique à celle de l'initiative privée*** ».

- On peut considérer que le texte, annoncé lors des débats précédant la loi du 2 mars 1982 comme devant apporter la définition attendue, est **la loi du 1er mars 1984 sur la prévention des difficultés des entreprises** [44]. Elle propose notamment la formule du « règlement amiable », forme rénovée du concordat amiable homologué et, pour partie, de la suspension provisoire des poursuites, désormais applicable à « *toute entreprise com-*

merciale ou artisanale ». La procédure du règlement amiable est réservée aux entreprises qui répondent à deux conditions :

- le règlement amiable doit permettre la mise en œuvre de mesures de redressement ; un plan de redressement doit donc avoir été élaboré ;

- les comptes prévisionnels doivent faire apparaître des besoins qui ne peuvent être couverts par un financement adapté aux possibilités de l'entreprise.

Pour certains, on tiendrait là la définition de l'entreprise en difficulté. Il n'est pas interdit de le penser. La collectivité pourrait intervenir dans le cadre du plan de redressement. Cependant, il faut préciser que la définition vaut pour cette loi du 1er mars 1984. Elle n'est pas forcément transposable à la loi du 2 mars 1982. On doit donc considérer qu'il ne s'agit que d'une indication.

Par ailleurs, les critères proposés peuvent poser, semble-t-il, quelques problèmes d'interprétation[45]. Toutes les hésitations ne sont pas levées.

- **La loi du 25 janvier 1985 relative au redressement et à la liquidation judiciaires des entreprises**[46] définit la nouvelle procédure de traitement des difficultés des entreprises applicables au 1er janvier 1986. Elle s'applique « *à tout commerçant, à tout artisan et à toute personne de droit privé* ». L'extension aux artisans, par rapport à l'ancienne procédure, permet d'affirmer que toutes les entreprises, quelle que soit leur forme juridique, sont désormais concernées. Pour la première fois, le législateur donne une définition de la cessation de paiement : « *la procédure de redressement judiciaire est ouverte à toute entreprise* [...] *qui est dans l'impossibilité de faire face au passif exigible avec son actif disponible* ». La définition est, cette fois-ci, très précise, mais concerne manifestement des difficultés graves alors qu'il a été souligné, notamment au moment des débats parlementaires précédents la loi du 2 mars 1982, la nécessité d'agir avant cette phase ultime.

En fait la définition de l'entreprise en difficulté est introuvable. M. J. Roger-Machart le soulignait : « *Destinée à prendre continuellement des risques, sous peine de se laisser dépasser par la concurrence, l'entreprise est toujours susceptible de rencontrer des difficultés, d'avoir à surmonter des périodes délicates : cela doit être considéré comme normal, banal, voire un signe de dynamisme* »[47].

En refusant de définir avec précision l'entreprise en difficulté, le législateur laisse la collectivité juge de la situation. Cette position correspond à une double logique :

- Le législateur joue le jeu de la décentralisation. Il revient aux collectivités locales d'apprécier souverainement la situation, de faire réaliser les audits avant une éventuelle décision. Les textes cités ne sont que des points de repères.

- La grande souplesse dont bénéficie ce type d'intervention est justifiée par la recherche de l'efficacité : « *Une banalisation de la notion d'entreprise en difficulté serait paradoxalement favorable à une bonne prévention des difficultés dans les entreprises* » soulignait un parlementaire[48]. En effet, les collectivités locales peuvent intervenir avec intelligence et discrétion, au moment qui leur paraît opportun avec les aides qui leur paraissent, après étude, les plus efficaces.

Il convient d'ailleurs de souligner ce qui justifie l'intervention selon la loi : **la défense des intérêts économiques et sociaux de la population**. Des éléments, nous semble-t-il, constituent ces intérêts : la défense de l'emploi, la préservation du tissu économique constitutif du potentiel fiscal. Cet objectif placé en tête du dispositif (l'aide à l'entreprise n'est que le moyen pour l'atteindre) doit être compris, notamment, comme le moyen pour les élus de s'opposer à des demandes trop pressantes de certains entrepreneurs. Une intervention comportant trop de risque ne respecte pas forcément l'exigence de la protection des intérêts économiques et sociaux de la population.

Il faut prendre enfin en considération une autre difficulté pour les collectivités locales qui pourrait résulter à l'avenir de la récente décision du tribunal des conflits du 19 janvier 1998 [49]. Les droits des entreprises concurrentes paraissent désormais mieux préservés.

Nous évoquerons plus précisément cet arrêt lors des explications relatives au cadre communautaire.

Mais il est important d'en préciser dès à présent les conséquences s'agissant des aides attribuées aux entreprises en difficulté.

Il faut tout d'abord savoir que les interventions des entreprises publiques sont susceptibles d'être considérées comme étant des aides publiques au regard du droit communautaire. Elles doivent donc faire l'objet d'une notification aux services de la Commission et être suspendues, en vertu de l'art. 93 § 3 du traité de Rome, dans l'attente de la décision de ceux-ci.

Des entreprises privées ont contesté certaines de ces interventions directement devant le tribunal de commerce de Paris, en invoquant notamment la violation de l'art. 93 § 3 précité. Le tribunal des conflits a admis une bonne partie du raisonnement développé par les auteurs de cette demande et a ouvert une voie permettant au juge judiciaire d'être compétent afin d'apprécier les interventions dont les entreprises publiques pourraient être les auteurs, qui seraient considérées comme des pratiques déloyales au regard de la libre concurrence, en se fondant notamment sur l'article 1382 du Code civil.

Or, il arrive que dans le dispositif d'aides dont bénéficie une entreprise rencontrant des difficultés, il y ait, parmi d'autres, une intervention d'une entreprise publique. De plus, il est fréquent que les autres entreprises privées du même secteur acceptent mal que des aides soient attribuées à une entreprise en difficulté, souvent considérée comme mal gérée. Ces entreprises ont souvent l'impression que l'on ne respecte pas le droit de la faillite, sanction - éventuelle mais normale - du droit de la concurrence, et qu'en tout état de cause ces aides constituent pour elles un préjudice alors qu'elles sont bien gérées.

Il résulte de la décision du tribunal des conflits plusieurs observations :

- Comme le fait observer Jean-Yves Cherot, chaque fois qu'une intervention d'une entreprise publique ***prend la forme d'une aide*** *telle que l'entend la jurisprudence communautaire*, les entreprises qui se considéreraient comme lésées peuvent désormais demander au juge judiciaire compétent de lui ordonner de mettre fin à ces interventions, considérées comme déloyales. Or, le juge judiciaire est généralement considéré comme moins favorable aux aides publiques.

- Désormais également, les entreprises concurrentes des bénéficiaires d'une aide publique illégalement versée pourront agir directement contre ces bénéficiaires de l'aide afin que ceux-ci la remboursent à l'organisme qui l'a accordée. Cette action conduite devant le juge judiciaire risque bien d'être plus efficace et plus rapide qu'un recours devant la juridiction administrative visant à obtenir de l'administration qu'elle récupère l'aide auprès du bénéficiaire.

- L'action en concurrence déloyale peut également prendre la forme d'une demande de s'abstenir d'intervenir sur le marché en se servant d'une aide illicite. Il pourrait ainsi être demandé à une entreprise de ne pas participer à un appel d'offres ou à une convention de délégation de service public.

b) Les procédures d'intervention sont importantes. Il s'agit de préciser à quel moment l'aide locale peut intervenir et quelles formes elle doit respecter.

Les pouvoirs publics ont développé plusieurs systèmes d'aide aux entreprises en difficulté. En 1974, ont été créés les comités départementaux d'examen de financements des entreprises (CODEFI) qui ont compétence pour élaborer des plans de redressement. En 1984, les comités régionaux de restructurations industrielles (CORRI) ont été généralisés à l'ensemble du territoire, après une expérience dans 6 régions. Ils ont comme mission de faciliter les restructurations industrielles d'entreprises moyennes jusqu'à 400 personnes. Le cas des entreprises plus importantes étant traité au niveau national par le Comité interministériel de restructuration industrielle (CIRI). Existent également les concours de l'État attribués notamment par le canal du FDES et d'autres fonds, ainsi que des prêts participatifs Ils peuvent être engagés, sous certaines conditions, par le CIRI et les CORRI.

Il serait paradoxal et sans doute incohérent que les collectivités locales ne tiennent pas compte de ces différentes procédures. Leurs éventuelles interventions doivent s'intégrer dans les plans établis et se coordonner avec les engagements étatiques.

- **La loi du 1er mars 1984** prévoit un certain nombre de **systèmes d'alerte sur la situation financière de l'entreprise**. Le commissaire aux comptes est destinataire du compte de résultat prévisionnel et d'un plan de financement correspondant. Il a la possibilité d'attirer l'attention du chef d'entreprise sur certains aspects de la gestion. Cette procédure interne ne permet pas immédiatement une intervention locale. Cependant, cette même loi crée des **groupements de prévention agréés** dont la mission est de permettre aux entreprises, notamment les plus petites, d'accéder à un « centre de diagnostic » destiné à les prévenir de leurs difficultés. Il s'agit de personnes morales de droit privé [50]. Mais l'établissement de relations avec les collectivités locales est expressément prévu par les textes : « *Les groupements de prévention agréés peuvent bénéficier par ailleurs des aides directes ou indirectes des collectivités locales, notamment en application des articles 5, 48 et 66 de la loi n° 82-213 du 2 mars 1982* » [51]. Il est également prévu que ces groupements « *sont habilités à conclure, notamment avec les établissements de crédit et les entreprises d'assurance, des conventions au profit de leurs adhérents* » [52]. Cette formulation n'exclut pas que les collectivités locales soient signataires de tels contrats.

Dans la mesure où ces groupements établissent un diagnostic de la situation financière de l'entreprise, les collectivités locales bénéficient d'une information fiable et précoce. La formulation très souple de l'article 33, al. 4 (« *Les administrations compétentes prêtent leur concours* ») suggère l'établissement d'une coopération entre la collectivité et le groupement qui devra s'effectuer au cas par cas [53] et respecter les règles de confidentialité [54]. Notons que le groupement n'établit pas directement le plan de redressement et qu'il n'assure pas sa mise en œuvre. Il peut éventuellement proposer un expert.

Les collectivités locales peuvent espérer un suivi du dossier - donc une meilleure efficacité de l'aide - dans la mesure où le groupement assiste le chef d'entreprise et peut l'assister dans la procédure jusqu'au tribunal de commerce qui aura éventuellement à nommer **un conciliateur**.

La collectivité locale peut coordonner son intervention avec celle de l'État puisque le préfet peut solliciter l'intervention des administrations représentées au CORRI et au CODEFI [55].

- L'intervention locale pourrait également se situer **au moment du règlement amiable** notamment dans le cadre de la tentative effectuée par le conciliateur. Cette personne nommée par le président du tribunal, a effectivement « *pour mission de favoriser le redressement de l'entreprise notamment par la conclusion d'un accord entre le débiteur et les principaux créanciers de celui-ci sur des délais de paiement ou des remises de dettes* » [56]. Mais le texte n'est pas limitatif. Selon l'étendue de la mission qui lui est confiée, il peut également rechercher d'autres accords favorisant le redressement de l'entreprise [57]. L'intervention locale s'insérerait aisément dans ces accords dans la mesure où la loi du 1er mars 1984 ne confère aucune prérogative contraignante au conciliateur mais simplement une mission de « bons offices ».

- On peut aussi suggérer que l'intervention de la collectivité locale se situe **au moment de la période d'observation** créée par la loi du 25 janvier 1985 [58]. Elle se divise en deux phases : la période d'enquête puis l'élaboration du plan de redressement. Lorsque le tribunal, au vu du rapport d'enquête, estime qu'un plan de redressement est possible, il décide la poursuite d'activité. Les collectivités peuvent apporter leur contribution au plan de redressement.

A chacune de ces étapes, les collectivités territoriales ont la possibilité de faire valoir l'intérêt public dont elles ont la charge et d'étudier les conditions d'une éventuelle intervention. Plus on avance dans ces étapes, plus une coordination avec les interventions étatiques paraît nécessaire parce que les risques financiers sont souvent accrus.

Enfin **deux conditions de forme doivent être impérativement respectées.**

- D'une part, si une région ou un département décide d'intervenir en faveur d'une entreprise en difficulté, **la commune sur le territoire de laquelle elle se trouve doit être obligatoirement consultée**. Les formes de cette consultation demeurent libres. Si cette règle n'est pas respectée, on doit considérer que l'intervention régionale ou départementale est entachée d'illégalité. Toutefois, il ne s'agit pas d'un avis conforme. Un avis défavorable n'interdit pas l'intervention. Le département ou la région en apprécie l'opportunité.

- D'autre part, **l'aide d'une collectivité locale à une entreprise en difficulté doit faire l'objet de la signature d'une convention**. L'obligation légale est claire. Le juge s'est montré intransigeant quant à son respect [59].

En imposant cette obligation, la loi poursuit un double objectif.

Il s'agit, tout d'abord, de mettre au clair les conditions de l'intervention locale. Ainsi quelques conventions comportent une description de la situation financière de l'entreprise, toutes apportent des précisions sur le plan de redressement adopté et indiquent les engagements de chacun des partenaires. La convention a donc comme objectif d'officialiser l'intervention locale. Une négociation, donc une réflexion, doit avoir précédé la signature.

Ensuite, la convention atténue l'effet, peut-être défavorable, de la subvention à l'entreprise en difficulté. L'intervention se trouve orientée de façon différente : il s'agit d'un effort commun, collectivité locale et entreprise, pour préserver les intérêts économiques et sociaux de la population.

En retenant, ainsi, l'idée de la signature d'une convention, la loi n'innove pas réellement. Avant les textes de 1982, plusieurs collectivités locales qui avaient apporté des aides à des entreprises avaient signé des conventions avec celles-ci, voulant être sûres qu'elles respecteraient bien leurs obligations [60].

On doit a priori considérer ce contrat comme un contrat administratif. Telle était déjà la position du Conseil d'État avant la loi du 2 mars 1982 [61]. Le raisonnement se trouve renforcé après cette loi. En effet, le contrat d'aide a comme finalité l'exécution du service public d'intervention économique que les collectivités locales peuvent désormais librement instituer sur le fondement des dispositions du Code général des collectivité territoriales. Il n'est pas rare, non plus, que de telles conventions comportent des clauses exorbitantes de droit commun.

Toutefois, il faut observer qu'en raison de leurs stipulations particulières, le juge a été conduit à considérer comme relevant du droit privé certaines de ces conventions [62].

Mais généralement, les conventions par lesquelles les personnes publiques apportent des aides à des entreprises - qu'elles soient en difficulté ou non - sont qualifiées d'administratives dans la mesure où elles ont pour objet *« l'exécution même du service public assuré par l'autorité administrative cocontractante »* (CE 26 juin 1974, Société La Maison des Isolants de France [63]) ou parce qu'elles comportent des clauses exorbitantes du droit commun (TC 22 juin 1998, AJT c/Miglierina [64]).

Mais allant plus loin, très récemment (TC 23 octobre 2000, Matois c/Préfet Région Provence-Alpes-Côte d'Azur [65]), un arrêt a qualifié de contrat administratif la convention par laquelle l'État avait accordé à une entreprise ayant fait l'objet d'un plan de cession totale des actifs une subvention pour la mise en œuvre du plan social qui doit accompagner les licenciements collectifs pour motif économique prévus dans le cadre de la reprise d'actifs. Mais la motivation est assez surprenante par son caractère très général : elle est justifiée par le fait que la convention *« est financée par des ressources provenant du budget de l'État »*. Si cette solution est bien généralisée, on devra en conclure que toutes les conventions comportant des aides aux entreprises en difficulté, sont bien de droit public.

c) Il est enfin impératif d'attirer l'attention des autorités décentralisées locales sur un risque tout à fait particulier.

Du fait d'une intervention, **une collectivité territoriale ne risque-t-elle pas d'être considérée comme dirigeant de fait ou de droit d'une entreprise en difficulté** [66] ?
Une telle hypothèse aurait semblé saugrenue il y a quelque temps : une collectivité publique, du fait de ses interventions en faveur d'entreprises en difficultés peut-elle être considérée comme dirigeant de fait ? La question paraît, au contraire, aujourd'hui per-

tinente. Pour la première fois, en raison de ses interventions pour tenter d'empêcher la disparition d'une entreprise, l'État a été considéré comme dirigeant de fait d'une importante entreprise privée par le tribunal de commerce de Rouen dans l'affaire assez connue de « La Chapelle Darblay[67] ».

La conséquence est claire, en vertu de l'article 99 de la loi du 13 juillet 1967, **les pertes d'exploitation résultant de la continuation d'activité ne seront pas supportées par la masse mais par les dirigeants de fait.** La situation serait identique aux termes de l'article 180 de la loi du 25 janvier 1985 modifiée présentement applicable.

Le raisonnement est-il transposable au détriment des collectivités locales ? Observons que **d'autres juridictions ont estimé que les dispositions de l'article 9 étaient parfaitement applicables aux communes** membres du conseil d'administration d'une association dont les activités se rapprochaient de celle d'une entreprise classique[68]. Il s'agissait d'une « Association de restauration immobilière » (ARIM)[69]. Dirigeants de droit dans ce cas, ne pourraient-elles pas également être considérées comme dirigeants de fait dans le cas d'interventions précises et importantes dans le cadre d'un plan de sauvetage d'une entreprise ?

S'agissant de la responsabilité du dirigeant dc droit, il n'est pas rare que des associations se trouvent à la limite d'activités commerciales. Dans une nébuleuse particulièrement peuplée, d'autres associations se trouvent dans une situation proche de l'ARIM. De fait, la jurisprudence a appliqué l'action en comblement de passif à des clubs sportifs animant une équipe de joueurs professionnels, à une association gérant un centre médical, organisant des spectacles payants, des voyages et des ventes de marchandises. On pourrait également débattre de la situation de certaines associations, conseils en gestion, créées à l'initiative des collectivités locales, qui perçoivent des honoraires. Lorsqu'ils sont membres des conseils d'administration, communes, départements, régions sont bien dirigeants de droit.

Globalement, on peut considérer que pour que l'action en comblement de passif puisse être engagée, il faut :

- que l'association **sorte du cadre non lucratif** qui est normalement le sien et accomplisse de manière régulière et répété des actes de commerce ;

- que les collectivités apparaissent comme dirigeants de droit - donc membres du conseil d'administration - encore convient-il qu'elles participent effectivement à la gestion ; en effet, l'action en comblement de passif ne peut être poursuivie qu'à l'encontre « ***de ceux qui ont été régulièrement investis par les statuts et les organes sociaux de pouvoirs de direction ou de gestion*** »[70].

S'agissant de la responsabilité du dirigeant de fait, pour qu'une collectivité puisse être considérée comme assumant cette fonction, il faut qu'elle ait en fait exercé, avec la même indépendance, les mêmes fonctions et pouvoirs qu'un dirigeant de droit. Plus précisément, il faut trois conditions :

- la collectivité doit avoir eu une **activité positive** ; ainsi l'abstention ne suffit pas, il faut une participation effective à la gestion ;

- il faut une activité positive **de direction** ; ainsi, les prêts qu'un associé consent à la société ne confèrent pas à ce dernier la qualité de gérant de fait dès lors qu'il n'intervient pas dans la gestion de l'entreprise ; la collectivité devrait exercer des fonctions telles qu'elles la mettent en mesure de décider du sort commercial et financier de l'entreprise ;

- cette activité positive de direction doit avoir été **exercée souverainement**, en toute liberté et indépendance ; c'est le cas des personnes qui se trouvent en situation d'autorité à l'égard des organes de la société.

Quant aux actes dont l'accomplissement confère la qualité de dirigeant de fait, des exemples peuvent être tirés de la jurisprudence : le syndic doit établir que la personne poursuivie passait les marchés, achetait le matériel, souscrivait des emprunts.

Il convient de préciser que l'activité susceptible d'entraîner la qualité de dirigeant de fait est à situer dans le cadre de la **responsabilité civile**. Le syndic doit établir que le dirigeant de fait accomplit des opérations qui sont de nature à entraîner l'insuffisance d'actif, c'est-à-dire occasionner le préjudice. Il faut un rapport de causalité.

Pour que cette responsabilité soit mise en œuvre, **il faudrait donc que la convention par laquelle transite l'aide permette aux autorités locales d'imposer à l'entreprise en difficulté des obligations assez précises**. Ainsi lors de la rédaction de cette convention, il convient à la fois de « finaliser » les aides accordées afin que la collectivité soit sûre de la bonne utilisation de son effort financier, tout en se gardant d'imposer des obligations trop précises qui conduiraient, en cas d'issue funeste, à une éventuelle mise en jeu de la responsabilité des dirigeants de fait.

Il faut enfin préciser que ce risque pourrait désormais être limité, en raison des évolutions récentes de la jurisprudence :

- déjà en 1989, le tribunal des conflits avait jugé qu'une action en comblement de passif relevait de la compétence de la juridiction administrative lorsque l'État avait agi en qualité de dirigeant de fait (TC 23 janvier 1989, préfet de la Loire c/tribunal de commerce de Saint-Étienne [71]). La compétence des tribunaux de l'ordre judiciaire était donc écartée ;

- dans un arrêt de 1999 (TC 15 novembre 1999, comité d'expansion de la Dordogne [72]), le tribunal des conflits abandonne la jurisprudence adoptée en 1984 et nuancée en 1989. Il considère, en effet, que l'art. 180 de la loi du 25 janvier 1985 ne permet pas de rechercher devant le juge judiciaire la responsabilité de la puissance publique en raison des dommages imputés à des activités de service public administratif [73]. Or, c'est en principe une telle finalité que poursuit une collectivité qui se porte au secours d'une entreprise en difficulté, dans le cadre des articles L. 3231 et L. 4211-1 du CGCT.

2. Le maintien des activités en milieu rural

La procédure n'est pas sans comparaison avec celle évoquée précédemment : lorsque leur intervention a pour but d'**assurer le maintien de services nécessaires à la satisfaction des besoins de la population en milieu rural et que l'initiative privée est défaillante**, la loi du 2 mars 1982 (modifiée par la loi du 5 juillet 1989) permettait aux communes, départements et régions d'accorder **aussi bien des aides directes qu'indirectes**. Une **convention doit être conclue** avec le bénéficiaire de l'aide fixant les obligations qu'il doit remplir.

Présentement, ces dispositions sont codifiées à l'article L. 2251 (communes), L. 3231-3 (départements) et L. 4211-1 (régions) du Code général des collectivités territoriales.

A vrai dire, la loi du 2 mars 1982 ne crée pas réellement une compétence nouvelle. L'intervention d'une collectivité locale était déjà admise par la jurisprudence lorsque l'initiative privée était défaillante.

Ainsi, nous savons **comment il convient d'interpréter la notion de carence.**

- Il peut s'agir d'**une absence totale d'activité privée.** De la sorte, la ville de Reims a pu légalement créer des boucheries municipales durant la première guerre mondiale afin de pallier la disparition des boucheries privées (CE 24 novembre 1933, Zénard[74]).

- Il y a également carence **lorsque l'initiative privée déjà existante ne parvient pas à répondre complètement aux demandes de la population.** Il était ainsi parfaitement légal d'aménager un camping municipal, alors qu'existaient déjà sur le territoire de la commune d'autres campings exploités par des sociétés privées (CE 17 avril 1964, commune de Merville-Franceville[75]).

- Enfin la carence de l'initiative privée peut **résulter de prix trop onéreux pratiqués** qui ne permettrait pas à l'ensemble de la population d'accéder dans de bonnes conditions au service privé. Pour cette raison, la ville de Nanterre avait pu créer un service dentaire (CE 20 novembre 1964, ville de Nanterre[76]).

La loi applique donc au milieu rural une solution qui a déjà une portée générale ce qui n'exclut pas a priori le maintien de cette possibilité d'intervention en milieu urbain où il est vrai que la probabilité est plus rare dans ce cas.

Mais dans la mesure où il confirme cette possibilité d'intervention en milieu rural, le législateur a donc été amené à en préciser les conditions.

a) Que doit-on entendre par milieu rural ?

Plusieurs textes sont amenés à fixer des critères pour délimiter les espaces ou les populations ruraux.

- La loi du 4 février 1995 d'orientation pour l'aménagement le développement du territoire[77] définit à son article 42 « *les territoires ruraux de développement prioritaires* » à partir de critères économiques.

- La loi du 13 mai 1991 instituant une dotation de solidarité urbaine[78] définit les communes urbaines. On peut en déduire a contrario quelles sont les communes rurales.

- Plusieurs organismes (l'INSEE, la Caisse nationale du crédit agricole) ont défini les communes rurales dans différents documents plus ou moins officiels mais avec des critères variables de moins de 7 500 habitants à moins 2 000 habitants

Mais, la loi ici ne fait référence à aucun d'entre eux. Aucun des trois articles qui codifient désormais les dispositions législatives ne définit le milieu rural auquel est destinée l'intervention évoquée.

Les textes permettent donc une certaine souplesse d'application. On considère donc généralement qu'ils ne s'appliquent pas uniquement aux communes de moins de 2000 habitants, critère souvent cité pour délimiter les communes « rurales ». Ce serait d'ailleurs absurde. Il peut arriver qu'une commune de petite taille soit incluse dans une agglomération urbaine et n'appartienne évidemment pas au milieu rural. **Il semble bien d'ailleurs qu'une nette rupture avec le tissu urbanisé soit précisément déterminante.**

Ainsi, afin de maintenir un commerce d'alimentation au centre du bourg, une commune de 5 300 habitants avait décidé de prendre en location les murs d'un magasin, d'en acquérir le fonds et de le mettre en location-gérance après rénovation. Il s'agit du type d'intervention classique souvent souhaitée par le monde rural. Le Conseil d'État a néanmoins considéré que ce type d'intervention ne relevait pas de la catégorie des aides ayant pour finalité de maintenir des services en milieu rural, dans la mesure où la commune se trouve située dans l'agglomération de La Rochelle [79].

Mais, **il n'est pas nécessaire que l'intervention soit uniquement à destination de la population rurale.** Comme dans le cas du camping municipal de Merville-Franceville, elle peut satisfaire aussi les besoins d'une population touristique de passage que ceux de la population locale. Ainsi, le juge administratif a considéré comme parfaitement légale la création d'un café-hôtel-restaurant, améliorant la qualité de l'accueil touristique et contribuant à l'animation de la vie locale [80]. Le seul débit de boissons que comptait la commune ne fonctionnait qu'irrégulièrement. Il y avait donc bien carence de l'initiative privée !

b) La loi évoque les services nécessaires à la satisfaction des besoins de la population. En fait, il faut entendre ce terme de façon assez large.

Il faut comprendre en fait toutes les activités - publiques ou privées - qui participent à la satisfaction des besoins de la population.

En milieu rural l'éventail est donc inévitablement large.

Sont donc autorisées, comme nous l'évoquions ci-dessus, des aides visant à la création ou au maintien d'un café-tabac, d'un restaurant, d'un hôtel, d'un magasin d'alimentation [81], mais aussi comme déjà le prévoyait la jurisprudence classique d'avant 1982 des aides destinées à des cinémas [82], des stations-services, des cabinets dentaires, des cabinets médicaux.

En revanche, **des aides à des activités purement industrielles ou artisanales ne relèveraient plus de cette procédure, dans la mesure où elles n'ont plus comme finalité première la satisfaction des besoins de la population rurale.**

De même, la population rurale peut avoir accès à des services existant au niveau national et qui n'ont pas besoin d'être implanté localement, comme par exemple un cabinet d'assurances [83]. L'intervention d'une collectivité locale n'est donc pas justifiée.

c) Des précisions doivent être apportées sur les modalités d'attribution de l'aide.

Contrairement au cas des aides aux entreprises en difficulté, les communes ont ici conservé toutes leurs compétences, de façon identique aux départements et aux régions. La loi du 5 janvier 1988 n'a donc pas, dans le cas des aides aux activités en milieu rural, réduit leurs compétences.

En revanche, **trois similitudes complètes avec le cas des aides aux entreprises en difficulté** sont à relever :

- Toutes les aides - directes ou indirectes - sont possibles, sauf la participation au capital des sociétés commerciales. Il s'agit donc bien également d'**une procédure dérogatoire au droit commun** qui dans l'état actuel des textes réserve l'attribution des aides directes aux seules régions. Une liberté est reconnue à chaque collectivité dans le choix et les modalités d'attribution des aides, **à l'exclusion des garanties d'emprunt** qui demeurent soumises aux règles définies par les textes.

- **L'aide doit obligatoirement faire l'objet d'une convention.** Ce document définit également les éventuelles obligations du destinataire. Une absence de convention entacherait d'illégalité l'aide.

- Dans le cas où ce serait le département ou la région qui déciderait d'intervenir, **une consultation préalable de la commune** concernée est légalement nécessaire.

C - Les autres formes d'aides

Une lecture attentive des textes de 1982 montre clairement que ceux-ci ne régissent pas l'ensemble des interventions des collectivités locales.

Cette affirmation nécessite une explication. Il est indéniable que lorsqu'elle précise que « *la commune (le département ou la région) peut intervenir en matière économique et sociale* », la loi du 2 mars affirme un principe d'un caractère très général qui n'a comme nouveauté que la forme légale qu'il prend désormais.

En revanche lorsqu'elle ajoute que ces interventions s'effectuent « *dans les conditions prévues au présent article* », elle ne veut pas dire que les interventions doivent prendre obligatoirement l'une des formes évoquées dans l'article 5 de la loi du 2 mars et dans les autres textes auxquels elle renvoie, essentiellement, nous l'avons vu, la loi du 7 janvier 1982 (article L. 1511-1), mais que certains types d'interventions - celles évoquées dans ces textes - doivent se conformer à une réglementation.

D'autres règles encadrent donc les interventions locales.

1. Les aides spécifiques au milieu rural

a) La première loi relative à la répartition des compétences (la loi du 7 janvier 1983) confiait une responsabilité particulière au département s'agissant du développement et de l'équipement rural. Pour ce qui nous intéresse ici cette responsabilité prend deux formes particulières :

- Selon l'article 31 de cette loi, présentement codifié à **l'article L. 3232-1 du CGCT**, à partir des propositions qui lui sont adressées par les communes, il revient au département d'établir un programme d'aide à l'équipement rural. Pour mettre en œuvre ce programme, **le département a la possibilité d'accorder des subventions ou des aides**, à partir du moment où les prescriptions et procédures techniques sont respectées.

- Par ailleurs, cette même loi crée, à son article 106, désormais codifié aux **articles L. 3334-10 et suivants** du CGCT, une **dotation d'équipement des départements qui a comme finalité particulière d'assurer le financement de divers travaux en milieu rural ainsi que la modernisation de l'hôtellerie.** Il est précisé à l'article L. 3334-13 que cette dotation est inscrite à la section d'investissement du budget du département qui peut utiliser librement les montants inscrits au titre de sa première par. A ce titre le département peut affecter ces crédits « *soit pour réaliser des travaux d'équipement rural soit pour subventionner les différents maîtres d'ouvrage qui réalisent des opérations de même nature* ».

Il s'agit d'une **source juridique particulière d'aides**, distincte des articles L. 1511-1 et suivants du CGCT.

La démonstration en a été apportée dès la mise en œuvre de ces textes par l'exemple de la politique en faveur du milieu rural en Haute-Saône. Le conseil général de ce département avait décidé d'attribuer à une entreprise hôtelière [84] une prime [85] et une bonification d'intérêt [86] par une délibération du 1er octobre 1984. Le préfet avait contesté la légalité de cette intervention directe qui ne venait pas compléter les aides préalablement décidées et accordées par la région. Conformément aux conclusions du commissaire du gouvernement, le tribunal administratif a jugé que l'interdiction d'accorder des aides directes ne saurait concerner les interventions en faveur d'un projet s'inscrivant dans le programme d'aide à l'équipement rural, envisagé notamment par l'article 31 de la loi du 7 janvier 1983 [87]. Il est donc ainsi confirmé que ces dispositions constituent un fondement juridique des interventions locales, autonome par rapport aux textes de 1982, c'est-à-dire maintenant les articles L. 1511-1, L. 2251-1, L. 3231 et L. 4211-1 du CGCT.

Le Conseil d'État a confirmé ce jugement de première instance [88]. Le raisonnement est donc validé.

b) Plusieurs précisions importantes doivent être apportées quant à l'utilisation de cette forme d'aide à destination exclusive du milieu rural.

Il s'agit d'**aides libres**. L'intervention préalable de la région n'est pas nécessaire. Elles ne sont pas concernées par les règles de plafond s'appliquant aux aides régionales précitées. Les aides peuvent être aussi bien directes qu'indirectes.

Toutefois **deux conditions doivent être respectées** :

- puisqu'il est seul visé par les textes, **seul le département est compétent** pour attribuer ces aides, à l'exclusion de toute autre collectivité ;

- **les aides sont destinées au seul milieu rural**, sans que l'on dispose toutefois d'une définition précise de ce milieu ; on retrouve les mêmes hésitations que précédemment, à propos des interventions en faveur du maintien des services nécessaires à la population en milieu rural ;

L'interprétation des textes est souple dans la mesure où il ne semble pas nécessaire qu'un programme général d'aide à l'équipement rural ait été formalisé [89]. Toutefois, il ressort de la rédaction de l'article L. 3334-13 du CGCT que le département ne peut que subventionner des « *maîtres d'ouvrage* » publics ou privés qui « *réalisent des travaux d'équipement rural et d'aménagement foncier* ».

2. Les aides en faveur des Sociétés coopératives de production (SCOP)

La loi du 19 juillet 1978[90] autorisait déjà les collectivités locales à verser des subventions aux SCOP. Or, la loi du 2 mars 1982 n'abroge en rien ces dispositions qui sont d'ailleurs moins contraignantes, s'agissant des conditions de mise en œuvre, puisque l'intervention préalable de la région n'est plus une exigence et, dans le cas où les difficultés rencontrées par la SCOP justifient l'aide, la signature d'une convention ne paraît pas être une obligation.

Déjà un décret du 1er octobre 1931, puis le décret n° 59-1025 du 31 août 1959 instituaient des aides au profit des SCOP dans la mesure où ils leur réservaient des conditions d'accès plus favorables aux marchés de l'État et des collectivités locales.

Une image simplificatrice est accrochée aux SCOP : celles des ouvriers reprenant leur entreprise dans un contexte de faillite. En réalité, des activités très diverses s'exercent dans ce cadre juridique : des activités artisanales, des agences de publicité, des cabinets d'architecture. Elles sont très nombreuses en France. Les interventions dont elles peuvent bénéficier sont une composante déterminante de la politique de soutien à la création d'entreprises d'une collectivité locale.

Présentement, quelle forme peut prendre l'intervention de la collectivité territoriale[91] ?

a) Outre naturellement les différentes aides directes et indirectes dont peuvent bénéficier toutes les entreprises, l'intervention peut prendre la forme d'une subvention autorisée par la loi du 19 janvier 1978[92].

Mais **l'intervention peut être plus efficace en renforçant le capital de la SCOP.**

Précisons que lorsqu'elles sont constituées sous forme de sociétés anonymes coopératives, les SCOP peuvent émettre des titres participatifs. Il s'agit de valeurs mobilières d'un type nouveau. Elles sont assimilables à des fonds propres, remboursables soit à l'initiative de la SCOP émettrice, à l'issue d'un délai qui ne peut être inférieur à sept ans, soit en cas de liquidation de la société.

Les collectivités territoriales peuvent-elles souscrire à ces titres participatifs ? Il semble bien que l'on puisse répondre par l'affirmative. **La subvention prévue par la loi de 1978 pourrait prendre la forme d'une acquisition de titres participatifs.** La direction générale des collectivités locale paraît favorable à cette solution[93]. Elle permet de concilier des objectifs apparemment divergents. La collectivité territoriale peut réaliser une intervention qui n'est pas à fonds perdu. Elle peut suivre l'évolution de la SCOP. Les principes fondamentaux de la coopérative sont préservés : les producteurs seront toujours les décideurs.

En effet, la rémunération des titres participatifs comporte une partie fixe et une partie variable en fonction de l'activité ou des résultats de la société : les porteurs de titres participatifs sont informés de l'évolution de la société et leurs représentants assistent, sans droit de vote, à l'assemblée générale des actionnaires. Le titre participatif permet aux collectivités territoriales d'intervenir de façon plus importante que les aides classiques. Cette intervention conforte les fonds propres, donc la capacité d'emprunt de la coopérative auprès des banques. Elle a l'avantage de ne pas obérer définitivement les finances de la collectivité territoriale qui, quoi qu'il arrive, conserve le titre dans son patrimoine et percevra une rémunération d'autant plus élevée que la SCOP évoluera favorablement. De plus, la collectivité est informée de l'évolution de la coopérative aidée, sans pour autant engager sa responsabilité dans la gestion.

b) Le droit dont disposent les sociétés coopératives de créer des « unions de coopératives » constitue une autre voie d'intervention pour les collectivités territoriales.

En effet, selon l'article 67 de la loi du 30 juillet 1983 [94], les sociétés coopératives peuvent constituer pour la gestion des intérêts communs de leurs associés des unions appelées « unions d'économie sociale » qui ont le statut de sociétés coopératives.

Les collectivités territoriales peuvent apporter des aides indirectes sous la forme de services communs comme on peut l'observer dans les « pépinières d'entreprises ».

Elles peuvent également choisir de renforcer les fonds propres de certaines entreprises de l'économie sociale. L'article 67 de la loi du 30 juillet 1983 précise, avec une grande clarté, que ces unions de coopératives « *peuvent admettre comme associé toute personne physique ou morale* ».

Donc une commune, un département ou une région qui aurait obtenu l'autorisation par décret en Conseil d'État prévue par la loi du 2 mars 1982 (actuellement article L. 2253-1 du CGCT) pourrait très bien entrer dans le capital de ces unions d'économie sociale. Dans la pratique la difficulté que peut représenter cette autorisation a été contournée, en utilisant une institution-relais, par exemple une société d'économie mixte, contrôlée par la collectivité locale, qui est devenue associée d'unions. Or les unions d'économie sociale peuvent prendre, à leur tour, des participations dans des sociétés coopératives [95]. A partir, de ce raisonnement, en tenant compte toutefois des observations que nous formulons par ailleurs quant à l'utilisation des institutions-relais, on peut imaginer un montage financier par lequel les collectivités territoriales pourraient renforcer les fonds propres d'entreprises de l'économie sociale.

3. Le maintien d'interventions fondées sur les principes classiques de la jurisprudence administrative

Les textes législatifs et réglementaires de 1982 prolongent et organisent un certain nombre d'interventions économiques déjà admises par la jurisprudence. Toutefois, ils n'envisagent pas toutes ces interventions. Certaines d'entre elles trouvent toujours leurs fondements dans la jurisprudence traditionnelle du Conseil d'État.

a) Dès 1936, le Conseil d'État a considéré comme parfaitement légale l'exploitation par une commune d'un service commercial constituant l'accessoire indispensable, puis le prolongement logique d'un service public déjà existant [96].

Rapidement, l'interprétation de la notion fut assez souple [97]. Ainsi, la vente d'articles complémentaires à un service de pompes funèbres ou la vente de glace domestique à des particuliers par un abattoir municipal [98] sont permises.

L'interprétation de « service accessoire » parait plus large encore dans l'arrêt CE 18 décembre 1959 Delansorme [99].

La ville de Rouen avait créé un parc automobile en centre ville afin que les propriétaires de logement y garent leur véhicules (location d'emplacement sur une longue durée) et laissent libres les voies publiques urbaines, étroites dans le centre de cette ville. **Afin d'encourager la fréquentation du parc**, avait été installée une station assurant le ravitaillement, le nettoyage et l'entretien courant des véhicules, à l'exclusion de toute réparation mécanique ou électrique et de la fourniture d'accessoires.

Pour le Conseil d'État, naturellement, la construction du parc de stationnement correspond bien à un intérêt public. Mais encourager sa fréquentation n'en constitue que le complément normal. Pour cette raison, la station service n'est que le complément normal du parc.

Il est donc légalement possible d'adjoindre une activité commerciale, qui ne ferait pas complètement concurrence à une activité privée, à un service public afin d'en développer sa fréquentation.

Par ailleurs, la possibilité d'intervention publique, en cas de carence de l'initiative privée a été légalisée en 1982, dans le cas du milieu rural.

Même si l'hypothèse est a priori moins fréquente, une intervention en milieu urbain demeure possible sur le fondement de la carence de l'initiative privée définie par la jurisprudence.

b) Très tôt, des communes ont apporté leur aide à des exploitants cinématographiques.

Après une première annulation de ce type d'intervention qui peut s'expliquer par les conditions de l'espèce [100], rapidement le Conseil d'État a admis sa légalité, dès 1938 [101], reconnaissant la légalité de la création d'un cinéma dans une localité où il n'existait pas et la possibilité de le maintenir après la création d'un cinéma privé pendant tout le temps nécessaire à l'amortissement.

Or, ce type d'intervention intéresse toujours de nombreuses collectivités, en milieu rural ou dans les petites villes, où la disparition du cinéma ou le risque de fermeture sont ressentis comme un signe de déclin pouvant entraîner un handicap dans une politique d'accueil ou de développement d'activités économiques. Mais l'intérêt existe également dans les grandes villes où l'on s'emploie à éviter la fermeture de cinémas de quartiers pour les mêmes raisons.

Ce type d'intervention a donc perduré et s'est même développé jusqu'à la période tout à fait contemporaine, sur les fondements de la jurisprudence de 1938.

Le législateur a maintenant expressément prévu ce type d'intervention et l'a organisé.

En effet la loi du 13 juillet 1992 [102] (désormais codifiée aux articles L. 2251-4 et L. 3232-4 du CGCT) autorise les communes et les départements à attribuer des subventions « *à des entreprises existantes ayant pour objet l'exploitation de salles de spectacles cinématographique dans les conditions fixées par un décret en Conseil d'État* ». Un seuil est simplement fixé à cette aide : il faut que l'établissement destinataire de l'aide, quel que soit le nombre de salles, réalise en moyenne moins de 2 200 entrées.

Le texte annoncé par le législateur a été promulgué, il s'agit du décret du 29 décembre 1994[103]. Plusieurs conditions d'attributions sont fixées :

- L'établissement doit avoir obtenu l'autorisation d'exercice délivrée par le Centre national de la cinématographie. Il peut s'agir d'une exploitation ambulante comme d'ailleurs le juge l'admettait avant l'intervention du législateur (article 1er).

- Il revient à l'exploitant de présenter une demande avec les pièces établissant le respect des conditions requises (article 2).

- Une convention doit être signée avec l'exploitant. Elle fixe l'objet de l'aide, son montant, ses modalités ainsi que les objectifs du projet cinématographique (article 3).

S'il s'agit, non plus d'une aide à un établissement déjà existant mais d'**une création d'un établissement** de représentations cinématographiques, **les règles jurisprudentielles définissant la notion de carence continuent à s'appliquer**.

D - Le cas des aides aux sociétés d'économie mixte locales

Les aides aux sociétés d'économie mixte locales (SEML) relèvent-elles d'un régime particulier ? *A priori* non.

Il ressort de la lecture combinée des dispositions de l'art. 4 de la loi du 7 janvier et des art. 5, 48 et 66 de la loi du 2 mars 1982 (aujourd'hui codifiées à l'art. L. 1511-1 et suiv. et L. 2251-1 et suiv. du CGCT) d'une part, et de la loi du 7 juillet 1983 (aujourd'hui codifiée aux art. L. 1521-1 et suiv.) d'autre part, que le cadre juridique général définissant l'interventionnisme économique local s'applique également aux SEML.

En effet, bien que les collectivités locales soient nécessairement majoritaires au sein de leur capital, il ressort de l'art. 1er de la loi du 7 juillet 1983 que les SEML revêtent la forme de sociétés anonymes. Sauf exceptions expressément prévues par cette loi, elles relèvent donc du droit commun, c'est-à-dire qu'elles sont régies par la loi du 24 juillet 1964 sur les sociétés commerciales. Ainsi leur est applicable - comme à n'importe quelle société commerciale - le régime d'aide, issu des textes de 1982, précédemment analysé.

Les régions peuvent donc leur accorder les trois aides directes précitées (prime régionale à la création d'entreprise, prime régionale à l'emploi, prêt, avances et bonifications d'intérêts à des conditions plus intéressantes que celles du marché), tandis que communes et départements ne peuvent que compléter ces aides si elles n'atteignent pas les plafonds légaux et réglementaires. Quant aux aides indirectes, elles peuvent être librement accordées, sauf dans le cas des interventions en faveur de l'immobilier industriel et commercial et de la garantie d'emprunt où il convient de se conformer à la réglementation en vigueur.

Mais en même temps, nombreux sont ceux qui considéraient qu'il était impossible d'appliquer de façon trop rigide ce cadre, au risque de rendre difficiles les relations financières entre les SEML et leurs principaux actionnaires, les collectivités publiques. Après tout, les SEML prolongent souvent l'action des communes, départements et régions et de leurs établissements de coopération quand elles n'en sont pas directement les instruments. Par ailleurs, les collectivités locales ont raisonné par analogie avec les associés privés qui peuvent apporter librement des financements provisoires et complémentaires. Puisque les auteurs de la loi du 7 juillet 1983 voulaient qu'elles contrôlent les SEML, les collectivités locales ont souhaité disposer de moyens analogues afin de pas être les otages de ces personnes privées.

Ainsi, à plusieurs reprises, des collectivités locales ont procédé à des augmentations de capital, accordé des avances, des aides ponctuelles, garanti différentes formes de crédit, garanti tout ou partie du passif.

Naturellement, ces pratiques ont été à l'origine de débats au sein de la doctrine qui - pour une part - s'inquiétait de la liberté prise avec le cadre juridique défini en 1982 et des risques assumés, parfois importants.

L'arrêt du Conseil d'État, *Préfet du département des Alpes-de-Haute-Provence* du 17 janvier 1994 (également appelé *Commune d'Allos*) [104] a mis fin à certaines pratiques et rappelé quelques-uns des principes que devaient respecter les collectivités locales s'agissant des aides qu'elles accordent aux SEML. Le raisonnement ressortant des considérants de cet arrêt a été retranscrit par le ministère de l'Intérieur et de l'Aménagement du territoire dans une circulaire du 7 mars 1994 [105].

Ces principes tiennent en quelques points. Il est confirmé que les interventions locales en faveur des SEML doivent se conformer aux textes de 1982, aujourd'hui codifiés dans le CGCT. Toutefois, est reconnue la spécificité des relations entre les SEML et leurs principaux actionnaires : les collectivités publiques. En conséquence, deux séries d'exceptions au cadre juridique de droit commun sont acceptées : d'une part des interventions sur le capital de la société, et d'autre part des aides attribuées dans le cadre d'une convention par laquelle la collectivité locale donne mandat ou délègue à une SEML le soin de d'exécuter une mission de service public ou d'intérêt général.

Toutefois, l'arrêt du 17 janvier 1994 et la circulaire du 17 mars 1994 ne couvrent pas tout le droit des interventions locales en faveur des SEML. La question de la garantie de passif continue à se poser. Il semble qu'il s'agisse d'une aide illégale. Pourtant, dans la pratique, les collectivités continuent à être sollicitées pour des raisons qui peuvent se comprendre et des voies permettent, sans doute, de contourner l'interdit.

Enfin, des règles juridiques tout à fait particulières autorisent des dérogations qui permettent également d'échapper au régime de droit commun de l'interventionnisme économique local.

1. Les aides aux SEML doivent être conformes au droit commun de l'interventionnisme économique local

Cette règle générale réaffirmée par le Conseil d'État dans son arrêt du 17 janvier 1994, *Préfet des Alpes-de-Haute-Provence c/commune d'Allos* et rappelée par le ministère dans la circulaire du 7 mars 1994 précitée, confirme donc bien que les SEML sont - *a priori* - des entreprises comme les autres.

Elles n'échapperont au droit commun que dans le cas où il leur est demandé expressément dans le cadre d'une convention d'assumer une mission de service public ou lorsque leur actionnaire principal - la ou les collectivités - décide de modifier son apport dans le capital. Hormis ces circonstances, il convient de se référer au droit commun.

En effet, dans ce cas, une collectivité locale apporte une aide à une SEML dont elle n'est pas actionnaire ou lorsqu'elle intervient - bien qu'actionnaire - sans que son aide découle de cette qualité, le droit commun s'applique dans la mesure où la SEML n'est plus porteuse d'une mission de service public. On doit comprendre que, dans cette hypothèse, la collectivité intervient comme elle le ferait en faveur de n'importe quelle entreprise.

Donc, puisqu'elles ne sont pas autorisées par le droit commun, communes et départements ne peuvent apporter d'aides directes. Une commune ne peut en conséquence apporter une subvention ou une avance [106], pas plus qu'un prêt [107] ou des bonifications d'intérêts [108] qui constituent des aides directes que seules la région pourrait accorder si elles correspondaient bien à l'une des aides directes limitativement énumérées.

Communes et départements peuvent verser des aides indirectes qui sont en principe libres. S'agissant des deux aides indirectes réglementées, il convient, là aussi, de respecter strictement les dispositions en vigueur. Est donc illégale une garantie d'emprunt qui ne serait pas conforme aux règles de sécurité édictées par les textes [109] ou une aide à l'immobilier excédant les initiatives autorisées [110].

2. La légalité de l'apport en capital

Les collectivités peuvent légalement intervenir sur le capital de la SEML par un apport direct de fonds.

a) Par définition, l'apport en capital s'inscrit dans une relation – normale et quasiment obligatoire – entre un actionnaire et l'entreprise dont il possède donc une partie du capital.

Lorsque l'entreprise connaît un fort développement, il est logique de l'accompagner par une augmentation du capital, afin d'en consolider les bases et lui permettre d'assurer dans les meilleures conditions possibles de nouveaux investissements. Mais - comme le rappelle Christine Maugüe et Jacques-Henri Stahl [111] - le raisonnement est aussi valable lorsque l'entreprise connaît des difficultés : l'apport en capital permet de combler un éventuel passif, de recapitaliser l'entreprise. Il s'agit d'une forme de soutien classique lorsque les actionnaires ne souhaitent pas voir disparaître l'entreprise.

Pourtant, l'apport en capital, par rapport à l'ébauche de définition qui commence à émerger et que nous évoquions précédemment, ne peut qu'être considéré que comme une aide directe. En effet, on s'accorde désormais à considérer comme directe, l'aide qui se traduit par un apport financier qui s'inscrit directement dans les comptes de l'entreprise. Telle est bien la nature de l'apport en capital : il se présente comme un apport financier transcrit immédiatement dans les documents comptables de l'entreprise, en l'occurrence le bilan.

Si l'on applique le régime général de l'interventionnisme local, cette aide directe serait donc interdite. Cela conduirait naturellement à une situation absurde et contradictoire. La raison même des sociétés d'économie mixte locales est précisément d'organiser un régime spécial des sociétés dont le capital est donc partagé entre collectivités publiques et apporteurs privés de capitaux.

On doit donc indéniablement considérer que la loi du 7 juillet 1983 introduit une exception dans le cadre juridique de l'interventionnisme économique local.

b) Toutefois, tous les problèmes ne sont pas pour autant résolus.

La loi du 7 juillet 1983 organise bien l'entrée des collectivités locales dans les SEML et encadre leur présence, notamment en précisant que les personnes publiques doivent détenir au moins 50 % de leur capital, tandis que les personnes privées doivent se situer au moins à hauteur de 20 %. La loi ne s'intéresse donc qu'à la situation initiale. En revanche, elle n'envisage pas la question des augmentations de capital. On pouvait tout de même difficilement interpréter le silence du législateur comme un interdit, à moins de considérer que les collectivités se désintéressent de l'évolution de la société. Bien au contraire, l'intention des auteurs de la loi du 7 juillet 1983 est de permettre aux collectivités publiques de mieux contrôler la gestion des SEML, et de suivre précisément les conditions de leur développement, ce que traduit d'ailleurs directement la règle des 50 % évoquée. Des raisons tout autant juridiques qu'économiques tendaient à envisager comme légales les augmentations de capital. Plus précisément, il n'est pas rare dans la pratique que soient mises en œuvre des opérations dites en *« coup d'accordéon »*, consistant en des apports successifs en capital, accompagnés simultanément de réductions de capital afin de financer les pertes d'exploitation.

Il faut tout de même admettre qu'un sérieux doute subsistait puisque les augmentations de capital se présentaient clairement comme des aides directes, manifestement contraires au régime général de l'interventionnisme local. C'était d'ailleurs le raisonnement qu'avait développé le commissaire du gouvernement Martine Denis-Lindon dans ses conclusions sur l'arrêt CE 17 janvier 1994, *Préfet du département des Alpes des Haute-Provence*. Notamment, dans cette affaire, la commune détentrice de 80 % du capital avait justement procédé à une opération de type *« coup d'accordéon »*[112].

L'arrêt du Conseil d'État du 17 janvier 1994, sur ce point contraire aux conclusions du commissaire du gouvernement, est venu apporter d'utiles précisions. Il en ressort que :

- puisque les collectivités locales peuvent librement créer des SEML, acquérir ou recevoir des actions, elles peuvent également décider de modifier leur participation au capital autant qu'elles le jugeront nécessaire ;

- ces interventions peuvent prendre la forme de *« coup d'accordéon »*, opération consistant à procéder successivement à des augmentations puis à des diminution de capital, afin de dégager des financements nécessaires pour couvrir d'éventuelles pertes d'exploitation ;

- toutefois, les modifications apportées au capital doivent respecter le cadre général de la participation des collectivités locales tel qu'il est défini par la loi, c'est-à-dire demeurer inférieur à 80 %, et se situer en permanence au dessus de la barre des 50 %.

Il faut donc en conclure que les opérations sur le capital échappent aux prescriptions du régime juridique général de l'interventionnisme local. La circulaire du 7 mars 1994, précitée, semble écarter toute possibilité d'opérations *« coup d'accordéon »*, en estimant qu'il s'agit d'une forme d'aide directe illégale. Il nous semble qu'il convient de ne pas tenir compte de la circulaire sur ce point précis, la jurisprudence ayant bien validé ce type d'intervention.

3. Les aides accordées dans le cadre de conventions de délégation de compétences à une SEML

Les collectivités locales peuvent accorder certaines aides aux SEML dans le cadre de conventions par lesquelles elles leur confient le soin d'exécuter une mission de service public ou, plus largement, des missions d'intérêt général.

a) Ce second type d'intervention faisant exception au régime général de l'interventionnisme économique local, résulte de l'art. 5-1 de la loi du 7 juillet 1983 (art. L. 1523-2 du CGCT).

Il y est précisé que lorsqu'il ne s'agit pas de prestations de services, les relations entre les collectivités locales et les SEML donnent lieu à une convention qui définit les obligations de chacune des parties, dont le montant de leur participation financière, et notamment

« les conditions dans lesquelles la collectivité, le groupement ou la personne publique contractant fera l'avance de fonds nécessaire au financement de la mission ou remboursera les dépenses exposées pour son compte et préalablement définies ».

La circulaire du 7 mars 1994 a bien confirmé que *« ne sont autorisées ni les subventions, ni les prises en charges de pertes d'exploitation, les avances d'associés, les avances de trésoreries, sauf celles accordées dans le cadre d'un contrat de concession ou de mandat conclu soit en application de l'article 5 de la loi du 7 juillet 1983 relative aux sociétés d'économie mixte locales soit en vertu de l'article 5b de la loi 85-254 du 12 juillet 1985 relative à la maîtrise d'ouvrage publique et à ses rapports avec la maîtrise privée ».*

b) Il convient, tout d'abord, de préciser les conditions dans lesquelles peut jouer cette exception.

Une première précision doit être apportée : **cette exception au régime général de l'interventionnisme économique local ne peut concerner que les interventions des collectivités actionnaires des SEML auxquelles elles souhaitent apporter une aide.** En effet, les relations entre les SEML et les personnes non présentes dans leur capital relèvent de l'art. 4 de la loi 7 juillet 1983 (art. L. 1523-1). Cet article doit être compris comme couvrant de manière exhaustive l'organisation et le déroulement de ces relations. Or, il ne prévoit pas d'exception permettant d'apporter des aides - fut-ce dans le cadre de conventions - dérogatoires au régime général de l'interventionnisme local.

La deuxième précision concerne **l'obligation de la signature d'une convention**. Cette obligation doit être comprise comme une condition absolument nécessaire. Il ne suffit donc pas que la collectivité soit actionnaire pour que joue l'exception prévue présentement à l'art. L. 1523-2 du CGCT. Il faut impérativement que cette collectivité ait bien signé une convention par laquelle elle confie à la SEML le soin d'exécuter une mission de service public. Tel est le rappel auquel procède le Conseil d'État dans son arrêt du 13 septembre 1995 [113]. Un département avait apporté une avance de trésorerie à une SEML dont il était actionnaire. Cette société d'aménagement et de rénovation avait reçu la mission d'aménager un parc floral. Mais le département lui-même n'était pas signataire de la convention par laquelle cette mission de service public avait été confiée à la SEML. Si les collectivités signataires de la convention pouvaient, elles, apporter une aide à la SEML, ce n'était pas le cas du département.

Il reste que cette condition nécessaire résultant de l'obligation de signer une convention n'est pas sans poser de questions au regard de la pratique. Si bon nombre des actions conduites par les SEML s'inscrivent effectivement dans le cadre de conventions signées avec les SEML, il arrive également que la mission confiée à la société résulte de son statut, sans qu'il soit nécessaire qu'une convention en précise les modalités. Il semble bien que l'absence de convention tel l'entend l'art. 5-1 de la loi (art. L 1523-2 du CGCT) interdise les aides n'entrant pas dans le régime général de l'interventionnisme économique local. **Concrètement, les collectivités locales ont tout intérêt à signer des conventions, reprenant un certain nombre de dispositions d'application afin de se donner la possibilité de verser des aides non prévues aux art. 1511-1 et suiv. et L. 2251-1 et suiv. définissant le cadre juridique de l'interventionnisme économique de droit commun**, et ainsi disposer des mêmes moyens que les porteurs privés de capitaux pour financer la SEML.

La troisième précision a trait à **la relation qui doit exister entre l'aide accordée et la mission de service public confiée à la SEML**. En clair, l'aide doit exclusivement se rapporter à cette mission. Cette restriction découle de la rédaction de l'art. 1523-2 ; la convention établit les conditions de financement supportées par la collectivité, compte tenu des obligations à la charge des parties résultant de la mission de service public que doit assumer la société. Ainsi, un département ne pouvait aider une SEML à rembourser des dettes [114] ou à surmonter les difficultés financières [115] que devait affronter une SEML, alors que celles-ci n'étaient pas la conséquence de la mission dont il l'avait chargée par convention.

Enfin - quatrième précision -, l'art. L. 1523-2 (tel qu'il résulte de la rédaction de l'art. 5-1 de la loi du 7 janvier 1983) précise bien que l'exception au régime général des interventions économiques découlant d'une convention signée avec la SEML doit bien concerner l'exécution d'une mission de service public, ou plus globalement d'une mission d'intérêt général. **L'art. L. 1523-2 exclut expressément la simple prestation de service.** La règle est claire. Si la distinction peut parfois être délicate, elle s'apprécie au cas par cas. Mais le Conseil d'État en a fait une stricte appréciation. Ainsi, la simple réalisation d'études par une SEML n'a pas été considéré comme une mission de service public ou même une collaboration au service public [116].

c) Il convient ensuite de préciser – autant que possible – la nature des aides que permet cette exception.

Il n'est pas certain que le débat soit définitivement tranché sur cette question.

Apparemment, la rédaction de l'art. 5-1 de la loi du 7 juillet 1983 (art. L. 1523-2 du CGCT) ouvre la voie à un nombre assez large de possibilités.

En effet, il est simplement précisé que la convention fixe *« le montant des participations financières de chacune des parties, l'état de leur apport en nature, ainsi que les conditions dans lesquelles la collectivité fera l'avance des fonds nécessaires ou remboursera les dépenses exposées pour son compte et préalablement définie »*. En outre, la convention indique *« les modalités de la rémunération de la société »*.

A priori, quant à la nature de l'aide, toutes les formes paraissaient autorisées, à la seule condition donc que ces aides soient affectées à la mission de service public confiée à la SEML et qu'elles figuraient bien dans la convention relative à cette mission. On estimait généralement que les collectivités locales pouvaient ainsi accorder des bonifications d'intérêts, une prise en charge des pertes d'exploitation, des subventions, des avances en compte courant, des avances de fonds nécessaires au financement de la mission de service public déléguée à la SEML. Telle était bien l'opinion généralement exprimée par la doctrine, malgré quelques réserves [117]. Tel était également le raisonnement auquel se référait également le juge administratif [118].

Il semble bien que l'étendue des aides soit beaucoup plus limitée. Dans un arrêt du 24 septembre 1996, la cour administrative d'appel de Paris [119], cherchant à combiner le régime général des interventions économiques locales, défini par les lois des 7 janvier et 2 mars 1982 (codifié aux art. L. 1511-1 et suiv. et 2251-1 et suiv. du CGCT) et les dispositions particulières applicables aux aides aux SEML prévues par l'art. 5 de la loi du 7 janvier 1983 (codifiées à l'art. 1523-2 du CGCT), affirmait que *« les communes qui ont confié une mission à une société d'économie mixte dont elles sont actionnaires peuvent lui consentir une avance de trésorerie pour l'exécution de cette mission, qu'elles ne peuvent en revanche accorder légalement d'aides directes ou indirectes à une société d'économie mixte locale qui est régie par les dispositions de la loi sur les sociétés commerciales, qu'en respectant les dispositions de la loi du 7 janvier 1982 et du mars 1982 »*.

Ainsi, l'exception prévue à l'art. 5-1 de la loi du 7 janvier 1983 ne permettrait d'accorder aux SEML que des avances de trésorerie, à l'exclusion de toute autre forme d'intervention qui, elles, relèveraient du régime général défini par les lois des 7 janvier et 2 mars 1982. En conséquence, les aides directes - autres que les avances - seraient donc interdites.

Cette interprétation paraît, toutefois, contestable. La loi, en effet, dans sa rédaction même, semble laisser la voie ouverte à diverses possibilités, sans lier les collectivités par une forme d'aide trop précise.

4. Les apports en compte courant d'associés

Les dérogations possibles dans le cadre des conventions prévues à l'article 5 de la loi du 7 juillet 1983 (art. L. 1523 du CGCT) que nous venons d'évoquer au paragraphe précédent demeurent très limitées. La lecture de ce texte l'indique assez précisément et le Conseil d'État a eu l'occasion de préciser que les avances de trésorerie étaient, certes licites mais à trois conditions :

- l'objet de l'aide ne doit pas être une prestation de service ;
- l'apport doit être consenti dans le cadre d'une convention ;
- et surtout, l'aide doit uniquement porter sur la réalisation de la mission confiée à la SEM.

Donc, les collectivités locales actionnaires étaient autorisées - avant la loi du 2 janvier 2002 - à accorder des avances de trésorerie uniquement pour contribuer au financement d'une mission spécifiquement confiée à la SEM.

En aucun cas, une avance ne pouvait avoir comme finalité de rembourser la dette de la SEM ou de lui permettre de faire face à des difficultés sans lien avec la mission que lui avait confiée la collectivité.

En conséquence, si elles peuvent entrer dans leur capital puis souscrire ensuite à son éventuelle augmentation, les collectivités locales n'ont le droit d'accorder aux SEM que les seules aides directes ou indirectes autorisées par le CGCT. Il en résulte que du fait de leur actionnariat majoritairement public, les SEM se trouvent dans une situation discriminatoire, dans la mesure où elles ne peuvent bénéficier des aides habituellement consenties par les actionnaires majoritaires.

La pratique l'a montré : effectivement, il arrive qu'une SEM se trouve dans une situation délicate que peut éviter une société classique, notamment lorsqu'il y a une étape délicate à franchir et que le concours de banquiers ne saurait être accru. Dans une société anonyme classique, les actionnaires sont autorisés à apporter un soutien par d'autres moyens qu'une augmentation de capital, opération souvent lourde à conduire.

Précisément, le droit régissant les relations entre les collectivités locales et leurs SEM vient de connaître une intéressante évolution.

La loi du 2 janvier 2002 tendant à moderniser le statut des sociétés d'économie mixte locales [120] autorise les collectivités locales à « ***allouer des apports en compte courant d'associés aux sociétés d'économie mixte locales*** ». À cette fin, elle procède à une réécriture des articles L. 1522-4 et L. 1522-5 du CGCT.

Effectivement, au sein du droit des sociétés, un droit des comptes courants d'associés a commencé à émerger, d'abord défini par la jurisprudence, avant que le législateur n'en précise davantage les contours. Or, il a été démontré que ce type de concours financier rend d'indéniables services, s'agissant aussi bien de la trésorerie de l'entreprise que de son financement [121].

Les apports en compte courant d'associé peuvent prendre plusieurs formes. L'actionnaire avance des fonds à la société et verse une somme déterminée dans la caisse sociale. Il peut également laisser à disposition de la société des sommes dont celle-ci est débitrice à son endroit. Par exemple, il ne retire pas immédiatement ce qui lui est dû ou il renonce momentanément à percevoir des rémunérations ou dividendes que la société devait lui payer.

Le mécanisme du compte courant d'associé est d'un usage très répandu dans les petites et moyennes entreprises. Il leur procure une souplesse de financement, s'agissant du montant de l'avance, de ses conditions de remboursement ou de l'absence de formalité qui l'entoure. Il arrive même qu'il devienne un instrument de financement permanent, complémentaire de l'apport en capital. L'entreprise profite ainsi d'un crédit généralement moins coûteux qu'un prêt bancaire.

Le cas des SEM demeure tout de même particulier et le législateur a pris soin d'édicter des règles de prudence :

- il a notamment précisé que ces avances ne pouvaient servir à rembourser une avance précédente ;
- afin d'avoir l'assurance que les collectivités locales assument cette intervention en toute connaissance de cause, est exigée une convention - approuvée par l'assemblée délibérante - qui en précise le montant, la durée, l'échéancier du remboursement, ainsi que la rémunération éventuelle ;
- le bilan de sa mise en œuvre doit être présenté par la SEM, en annexe du compte rendu annuel ;
- l'apport en compte courant d'associés ne peut être consenti par les collectivités territoriales et leurs groupements d'actionnaires pour une durée supérieure à deux ans, éventuellement renouvelable une fois ;
- au terme de cette période, l'apport est remboursé ou transformé en augmentation de capital ;
- la convention peut expressément prévoir la transformation de l'avance en augmentation de capital ;
- aucune nouvelle avance ne peut être consentie par la même collectivité - ou le même groupement - avant que la précédente n'ait été remboursée, transformée ou incorporée au capital ;
- en aucune manière, l'incorporation dans le capital n'autorise un dépassement du seuil légal (85 % du capital peut être détenu par une ou des personnes publiques depuis la loi du 2 janvier 2002) ;
- en tout état de cause, l'assemblée délibérante de la collectivité ou du groupement est appelée à se prononcer sur l'octroi, le renouvellement ou la transformation en capital d'un apport en compte courant d'associés ;
- à cette fin, elle doit disposer de deux documents essentiels à son information : tout d'abord, un rapport d'un représentant de la collectivité locale ou du groupement au conseil d'administration ou au conseil de surveillance de la SEM, ensuite une délibération du conseil d'administration ou du conseil de surveillance de la société d'économie mixte locale exposant les motifs rendant nécessaire un tel apport et justifiant son montant, sa durée, ainsi que ses conditions de remboursement.

Il faut également noter que le législateur édicte deux règles de prudence, au regard d'une situation financière difficile que pourrait connaître, soit la collectivité locale, soit la SEM :

- une collectivité ou un groupement ne peut consentir une nouvelle avance à une SEM si la totalité des avances déjà consenties par leur soin, ajoutée à cette nouvelle avance excède 5 % des recettes réelles de la section de fonctionnement du budget de la collectivité ou du groupement ;

- aucune avance ne peut être accordée par les collectivités ou leurs groupements si, du fait des pertes constatées dans les documents comptables, les capitaux propres de la société d'économie mixte sont devenus inférieurs à la moitié du capital propre.

Ainsi, sans disposer de tous les moyens de l'actionnaire majoritaire classique, les collectivités locales pourront tout de même à l'avenir consentir des avances en compte courant, ce qui est de nature à aider une SEM devant surmonter des difficultés passagères. Il est ainsi mis fin aux discriminations les plus criantes entre les différents actionnaires, publics et privés.

Certains auraient souhaité que la collectivité locale actionnaire dispose exactement des mêmes moyens que les actionnaires de droit commun. Il paraissait peu probable que le législateur accède à une telle demande. Cette position devrait être maintenue, au moins à moyen terme quelles que soient les majorités parlementaires.

En effet, si l'éventail dont disposent les actionnaires de droit commun est effectivement très large, c'est parce qu'ils agissent avant tout dans le but de réaliser des bénéfices. Quoi qu'il ait pu être dit, il ne saurait naturellement en être de même pour une collectivité locale qui agit dans un intérêt public. Une mauvaise appréciation des risques pourrait avoir de graves conséquences budgétaires. Le droit communautaire, par ailleurs, encadre assez strictement les aides publiques aux entreprises.

Ce sont les raisons pour lesquelles les avances du nouveau statut demeurent prudentes.

Il faut tout de même souligner que la formule des apports en compte courant d'associé est de nature à faciliter les relations financières entres les collectivités actionnaires et leur SEM et à résoudre l'essentiel des problèmes qui se posent dans la pratique. Le soutien qu'elles pourront leur apporter dans ce cadre, peut s'avérer déterminant.

5. La question de la garantie de passif

Une collectivité locale peut-elle garantir l'éventuel passif que serait amenée à connaître une SEML ? A cette question, le juge administratif a répondu - par deux fois récemment - par la négative [122]. *A priori*, une telle réponse semble s'imposer tant au regard des conséquences financières que du refus de voir les collectivités locales jouer un rôle qui ne paraît pas être le leur.

Le débat n'est cependant pas tout à fait clos. Des doutes demeurent quant à la légalité de l'attribution d'une telle aide dans le cadre d'une convention de délégation de service public, selon les modalités évoquées ci-dessus. Plusieurs collectivités ont effectivement accordé certaines formes de garanties de passif, sans que les tribunaux administratifs n'annulent de telles interventions [123]. Pourtant, plus récemment, une cour administrative d'appel a estimé, au contraire, que l'art. 5 de la loi du 7 juillet 1983 pourrait avoir un caractère limitatif n'autorisant que les avances et excluant ainsi la garantie de passif des aides pouvant être légalement accordées [124].

a) Quelles formes peut prendre la garantie de passif ?

Concrètement, elle revêt deux formes principales. Très souvent, elle est la condition nécessaire à des cessions de parts sociales ; mais elle est aussi parfois accordée plus globalement.

- Il est arrivé qu'une collectivité locale accorde une garantie de passif, indépendamment d'une éventuelle cession des parts sociales ou des actions qu'elle peut détenir dans une société d'économie mixte. Selon les modalités de l'engagement pris, la totalité du passif a parfois été garantie, ou simplement certaines dettes.

La prise en charge de tout ou partie du passif est naturellement de nature à faciliter la poursuite d'activité d'une SEM qui traverserait des difficultés. C'est à cette fin qu'est généralement accordée une garantie de passif, en dehors de l'hypothèse d'une cession des parts par la collectivité locale.

- Mais le plus souvent, la garantie de passif accompagne la cession d'actions et de parts sociales. La recherche de sécurité a conduit, lors de telles opérations, à l'insertion de clauses par lesquelles les vendeurs s'engagent auprès des acquéreurs à supporter les conséquences patrimoniales de la découverte d'éléments de passif qui apparaîtraient après la cession mais qui se rapporteraient à la période antérieure.

En conséquence, il est maintenant d'usage que des acquéreurs exigent, au moment de la reprise d'une entreprise, des garanties conventionnelles telles qu'une clause d'actif net, une clause de résultat ou encore une clause de garantie de passif.

De telles pratiques peuvent se comprendre : les garanties légales paraissent bien souvent insuffisantes lorsqu'il s'agit d'acquérir, non pas exactement l'entreprise mais simplement des droit sociaux. La cession des parts sociales ne peut être assimilée à la vente d'un fonds de commerce, la Cour de cassation l'a clairement rappelé [125]. Il en résulte que le vendeur doit simplement garantir l'existence des parts. il n'est pas tenu légalement de garantir le passif, pas plus simplement que la solvabilité de l'entreprise ou l'absence de déficit qui ne serait pas immédiatement visible dans la comptabilité. On comprend que les acquéreurs aient cherché à se prémunir contre ces risques auprès du vendeur par voie conventionnelle.

b) Une forme d'aide interdite

Dans l'affaire ayant conduit au jugement du TA de Grenoble du 19 novembre 1998 précité, une commune avait concédé à une entreprise privée, constituée sous forme de société anonyme, un domaine thermal ainsi que les sources qui l'alimentent. Cette société anonyme ayant connu des difficultés, elle fut transformée en société d'économie mixte, au sein de laquelle la commune détenait 75 % du capital. Mais pour les responsables locaux, il ne s'agissait que d'une solution transitoire et ils cherchèrent un repreneur. Une entreprise privée se montra effectivement intéressée. Toutefois, ainsi qu'il est donc d'usage dans de telles opérations, l'acquéreur demanda à ce que la commune garantisse une situation nette sur le plan comptable et, plus précisément, s'engage à supporter tout supplément de passif ou toute insuffisance d'actif. La commune pensait être en droit d'accepter de tels engagements puisque la garantie consentie se limitait à la période durant laquelle elle était effectivement actionnaire majoritaire et qu'elle correspondait parfaitement aux pratiques en usage dans le droit des sociétés.

Destinataire de la délibération adoptée en ce sens par le conseil municipal, le représentant de l'État, doutant de sa légalité, l'a déférée devant le juge administratif. Le raisonnement développé par le TA de Grenoble est sans ambiguïté. Il annule la délibération, estimant, en effet, que la garantie de passif se présente comme une aide directe, non prévue par l'art. L. 1511-12 du CGCT et, en tout état de cause, constitue un mode d'intervention interdit à une commune. Ce faisant, le tribunal administratif de Grenoble reprend ainsi l'argumentation retenue par le Conseil d'État [126] : la garantie de passif ne constitue pas une augmentation de la participation de la commune au capital de la société d'économie mixte locale. Elle s'analyse donc comme une aide directe à cette société, dès lors qu'elle se traduit par un redressement partiel de ses comptes. Or, cette aide directe est accordée en méconnaissance des lois des 7 janvier et 2 mars 1982 (aujourd'hui codifiées dans le CGCT aux art. L. 1511 et suiv. et L. 2251 et suiv.), elle est donc illégale et, en conséquence, prohibée.

c) Dépasser l'interdit ?

Est-il concevable de dépasser l'actuel interdit ? Indéniablement, l'interdiction générale des garanties de passif qui résulte de l'actuelle jurisprudence n'est pas sans poser de problèmes dans la pratique, et on peut espérer que le législateur apporte des solutions utiles munies de règles de sécurité [127]. Mais, il faut l'admettre, les collectivité locales n'ont pas toujours saisi l'importance des risques auxquelles elles s'engageaient en signant une convention de garantie de passif. Dans l'immédiat, sans attendre l'intervention du législateur, des solutions pratiques sont actuellement utilisables, avec des risques modérés.

On peut parfaitement comprendre l'interdit qui résulte de l'actuelle jurisprudence car il y a bien un risque important qui résulte des règles du droit des sociétés et qu'en réalité, nombre de collectivités ont mal mesuré.

En effet, lorsqu'une partie seulement des parts ou des actions sont vendues, certains détenteurs les conservant, le cédant - donc la collectivité locale dans le présent raisonnement - n'en doit pas moins supporter la totalité du passif découvert ultérieurement à la cession. Il y a bien eu des tentatives de quelques juges pour réagir contre une telle situation, considérée comme inique, en limitant l'obligation du ou des cédants, proportionnellement à la part du capital cédé [128], mais cette interprétation n'a pas été retenue [129]. Le fait qu'il y ait un important contentieux ne change rien à cet état de fait et de droit [130], évidemment favorable à la société et à ses créanciers.

Il est un peu trop facile d'attendre des collectivités publiques, évidemment solvables, le soin d'assumer la totalité du passif. Certaines d'entre elles ne l'avaient pas forcément compris lorsque les cessionnaires leur avaient fait signer de telles clauses de garanties.

Dans l'attente d'éventuelles modalités nouvelles définies par le législateur, **il convient dans l'immédiat de s'abstenir de signer d'éventuelles conventions de garantie de passif, aussi bien en raison des rigueurs de la jurisprudence que des risques importants pris par la collectivité locale.**

Dans le cas précis de la garantie de passif accordée à l'occasion d'une cession de part sociale, il semble bien qu'une autre voie puisse être empruntée par la collectivité locale cédante, sans enfreindre la légalité.

Les garanties conventionnelles demandées par les acquéreurs peuvent prendre une autre forme. Plutôt qu'une garantie de passif, il est possible de prévoir une clause ayant comme finalité de réévaluer le prix de la cession dans le cas où les titres subiraient une moins-value, conséquemment à une réévaluation du passif. Les effets d'une telle clause permettent effectivement d'assurer une garantie au profit de l'acquéreur, sur la valeur des parts ou des actions dans la mesure où le vendeur s'engage à combler les moins-values subies.

A notre sens, une telle clause n'est pas concernée par les dispositions du Code général des collectivités territoriales [131], puisqu'il ne s'agit pas d'une aide. La collectivité prend simplement un engagement sur la valeur des titres ou des actions cédés. Il s'agit donc de réajuster le prix, compte tenu de la situation réelle de l'entreprise, de sa valeur, qui pourrait s'avérer différente ultérieurement. Finalement, la collectivité s'engage simplement à céder les parts ou les titres à leur juste prix. Il convient simplement qu'une telle clause prévoit un comblement de perte ne dépassant pas naturellement le prix de la cession. Il s'agirait dans le cas contraire d'une aide, puisque elle aurait pour conséquence une acquisition gratuite pour le cessionnaire.

6. Des règles relatives à certains cas particuliers

a) Le cas des SEM gérant un SPIC

A priori, un régime nettement plus rigoureux s'applique lorsque la SEM exploite un service public à caractère industriel et commercial, en vertu des art. L. 2224-1 et suiv. (s'agissant des communes) ainsi que L. 3241-4 et 3241-5 (s'agissant des départements).

Les dispositions de l'art. L. 2224-1 sont sans ambiguïtés : « *Les budgets des services publics à caractère industriel ou commercial exploités en régie, affermés ou concédés par les communes, doivent être équilibrés en recettes et en dépenses* ». L'article L. 2224-2 prolonge ce principe, en en tirant une conséquence : « *Il est interdit aux communes de prendre en charge dans leur budget des dépenses au titre des services publics visés à l'article L. 2224-1.* »

L'objectif de ces dispositions est clair : il s'agit de mettre fin à une pratique consistant pour certaines collectivités locales à prendre directement en charge quelques-unes des dépenses d'exploitation des SPIC, de manière à proposer aux usagers un tarif faible. Appliquées rigoureusement, les articles précités du CGCT interdisent pratiquement toutes formes d'aides aux SEM gérant un SPIC.

Effectivement, le Conseil d'État a été amené à annuler - parce qu'illégales - différentes formes d'intervention comme des subventions d'exploitation destinées à assurer l'équilibre ou la prise en charges des annuités d'emprunt (capital ou intérêts) [132]. Toutefois, ces rigueurs ont été atténuées par deux lois.

- **La loi du 5 janvier 1988** d'amélioration de la décentralisation autorise la prise en charge des dépenses des SPIC par les budgets communaux dans trois cas, présentement insérés à l'art. L. 2224-2 du CGCT :

  * lorsque la commune impose des exigences de service public qui occasionnent des contraintes ayant des conséquences financières ;

  * lorsque des investissements importants sont nécessaires pour un bon fonctionnement du service public, alors que leur coût exclut un financement par la seul augmentation des tarifs ;

  * lorsqu'une augmentation trop importante des tarifs serait susceptible d'intervenir à l'issue d'une période de réglementation des prix.

Les pratique antérieures des communes correspondant à ces trois exceptions ont été validées par cette même loi.

Il faut toutefois souligner que ces exceptions - ainsi que la validation des pratiques antérieures - ne concernent que les communes [133].

- **La loi du 12 avril 1996** portant diverses dispositions d'ordre économique et financier apporte une autre dérogation. Le législateur insère, à cette occasion, un nouvel alinéa à l'art. L. 2224-2. Les dépenses des SPIC peuvent être désormais prises en charge « *pour les services de distribution d'eu potable et d'assainissement dans les communes de moins de 3 000 habitants et les groupements composés de communes dont la population ne dépasse pas 3 000 habitants* ».

Il n'en demeure pas moins qu'il est difficile de concilier les règles générales d'aides aux SEML avec ces dispositions particulières relatives au financement des SPIC.

Selon Christine Mangüe et Jacques-Henri Stahl la combinaison des règles pourraient être la suivante [134] :

- Si une commune se trouve dans une situation correspondant à l'une des dérogation prévues à l'art. L. 2224-2 du CGCT (loi du 5 janvier 1988 ou loi du 12 avril 1996), elle peut prendre en charge des dépenses exposées par les SEM, alors même qu'il s'agirait d'une aide directe au sens de l'art. 1511-2 du CGCT (loi du 2 mars 1982).

- En revanche, s'il s'agit d'une aide autorisée par les dispositions générales du CGCT en matière d'intervention économique (art. L. 1511-1 et suiv., L. 2251-1 et suiv., L. 3231-1 et suiv, art. 4253-1 et suiv., c'est-à-dire les dispositions combinées des lois des 7 janvier et 2 mars 1982), elle pourra être légalement attribuée à la SEM alors même que celle-ci gérerait un SPIC.

b) Le cas des SEM mandataires d'une collectivité maître d'ouvrage

La loi du 12 juillet 1985 a précisé les conditions dans lesquelles les maîtres d'ouvrage publics peuvent confier certaines de leurs attributions à un mandataire qui agit au nom et pour le compte du maître d'ouvrage.

Trois conditions fixées par cette loi doivent être appelées dans la mesure où elles constituent un cadre juridique précis :

- Parce que le législateur a souhaité éviter un dessaisissement total de la collectivité, ne pourra être confié au mandataire que l'exercice de compétences limitativement énumérées à l'art. 3 de la loi du 12 juillet 1985.

- Le mandat est la seule modalité possible pour la délégation de maîtrise d'ouvrage et les SEML figurent parmi les personnes privées susceptibles d'en bénéficier.

- Les rapports entre le maître d'ouvrage et le délégataire doivent être définis par une convention, sous peine de nullité (art. 5 de la loi du 12 juillet 1985). Cette convention définit le mode de financement de l'ouvrage, ainsi que *les conditions dans lesquelles le maître d'ouvrage fera l'avance des fonds nécessaires à l'accomplissement de la convention ou remboursera les dépenses exposées pour son compte et préalablement définies.*

Il résulte de ce cadre juridique que les collectivités locales peuvent consentir des avances aux SEML ou leur rembourser les dépenses qu'elles ont exposées pour leur compte.

Toutefois, ainsi que le rappellent Christine Maugüe et Jacques-Henri Stahl, ces dispositions ne s'appliquent pas à la réalisation des ouvrages d'infrastructure réalisés dans le cadre d'une ZAC.

Il convient dans ce cas de se reporter aux dispositions de l'art. R. 321-20 du Code de l'urbanisme qui autorise des avances et remboursements aux SEML chargées au nom de la collectivité locale et pour son compte de procéder à des acquisitions ou à l'exécution de travaux.

c) Les garanties d'emprunts et avances pour la construction de logements aidés

Il reste enfin une dernière dérogation possible au cadre général lorsqu'une SEML a comme objet la construction d'immeubles à usage principal d'habitation.

Il est précisé à l'art. L. 312-3 du Code de la construction et de l'habitation : *« Les départements, les communes et leurs groupements peuvent soit garantir les emprunts contractés par des sociétés ou des organismes ayant pour objet la construction d'immeubles à usage principal d'habitation n'excédant pas les normes de surface et de prix exigées pour l'octroi des prêts prévus par l'article L. 351-2 (1° et 3°), soit exceptionnellement leur allouer des avances ».*

Il convient de se reporter aux dispositions des articles R. 312-8 à R. 312-13, s'agissant des conditions dans lesquelles peuvent être accordées ces garanties et avances.

Notes

1. Les dispositions relatives à l'Alsace-Lorraine sont codifiées aux articles L. 2542-28 et suivants et à la Corse aux articles L. 4253 et suivants du Code général des collectivités territoriales.
2. Article 5, al. 1er (article 48 et 66) : « *Néanmoins sous réserve du respect [...] des règles de l'aménagement du territoire définies par la loi approuvant le Plan, la commune (le département ou la région) peut intervenir en matière économique et sociale dans les conditions prévues au présent article* ».
3. « Lorsque son intervention a pour objet de favoriser le développement économique, la commune (le département ou la région) peut accorder des aides directes ou indirectes dans les conditions prévues par la loi approuvant le plan ».
4. Décret n° 2001-607 du 9 juillet 2001 modifiant le Code général des collectivités territoriales et relatif à certaines aides directes et indirectes aux entreprises, *JO* du 11 juillet 2001, p. 11048.
5. Circulaire du 17 août 2000, relative aux aides des collectivités locales aux entreprises.
6. Décret n° 2001-312 du 11 avril 2001, relatif à la prime d'aménagement du territoire, *JO* 13 avril 2001, p. 5704 ; Hervé Groud, « La prime d'aménagement du territoire : une nouvelle réforme », Alerte, *La Lettre du cadre Territorial*, n° 212, 15 mai 2001, p. 49-51.
7. Par exemple, TA Lyon, 21 avril 1983, Préfet du Rhône c/Ville de Lyon, Rec. P. 553 ; TA Paris 8 avril 1994, Préfet de Seine-Saint-Denis, *Droit Administratif*, 1994, n° 432 ; CE 30 novembre 1994, Préfet de la Meuse, *Rec.* p. 518.
8. CE 15 février 1993, région Nord-Pas-de-Calais, *Dr. Adm.*, 1993 n° 154.
9. TA Clermont-Ferrand, 17 novembre 1987, préfet de l'Allier c/commune de Montluçon, requête n° 87492.
10. TA Lyon 21 avril 1983, préfet du Rhône c/ville de Lyon, *Rec.* CE p. 553 ; TA Paris, 8 avril 1994, préfet de Seine-Saint-Denis, *Dr. Adm.*, 1994, n° 432.
11. Décret n° 92-389 du 10 mai 1982, relatif aux pouvoirs des préfets et à l'action des services et organismes de l'État dans les départements.
12. Loi n° 94-504 du 22 juin 1994, portant disposition budgétaires et comptables relatives aux collectivités locales, *JO* 16 juillet 1994.
13. Loi n° 96-314 du 12 avril 1996, portant diverses dispositions d'ordre économique et financier, *JO* 13 avril 1996.
14. Pour un bilan : CRDT, Univ. de Reims, « L'évaluation des compétences économiques des collectivités locales », rapport établi pour le compte de la DGCL, ministère de l'Intérieur, 1993 ; Cour des comptes, « Les interventions des collectivités territoriales en faveur des entreprises », rapport public particulier, novembre 1996, les éditions du *Journal Officiel*.
15. Claude Deves et Jean-Yves Gouttebel, « Que reste-t-il du dispositif d'aides de janvier-septembre 1982 », *Revue d'économie régionale et urbaine*, 1988, n° 2, p. 207.
16. En ce sens, Jean-Claude Douence, « L'action économique locale », in n° spécial « Décentralisation : bilan et perspectives », *AJDA* n° spécial 20 avril 1992, p. 68 ; Hervé Groud « L'encadrement juridique des dépenses économiques des collectivités locales », communication au colloque du CURAPP, université d'Amiens, 21 janvier 1994, publié in « Le financement du développement local », PUF, 1995.
17. CE 17 janvier 1994, préfet du département des Alpes-de-Haute-Provence ; *AJDA* juin 1994, p. 470, note Claude Deves, *RFDA*, sept.-octobre 1994, p. 900, note J.-C. Douence (cet arrêt est également appelé par certains commentateurs « commune d'Allos »).
18. CE 6 juin 1986, département de la Côte-d'Or, *Rec.* 1986, p. 156.

19. CE 1er octobre 1993, commune de Vitrolles, *Petites Affiches* 19 octobre 1994, p. 23, note F. Chouvel.
20. CE 6 juin 1986, département de la Côte-d'Or, précité.
21. Conclusions sur CE 18 novembre 1991, département des Alpes-Maritimes, *RDP*, 1992, p. 533.
22. Conseil d'État, Section de l'Intérieur, avis n° 358 447, 19 décembre 1995, *EDCE*, 1995, p. 430.
23. TC 19 janvier 1998, préfet de la région d'Ile-de-France, préfet de Paris c/ tribunal de commerce de Paris, Syndicat français de l'Express international (SFEI) et cinq sociétés c/ La poste et autres, *AJDA*, 1998, p. 530. Pour plus de précisions : Jean-Yves Cherot, « Le juge judiciaire et l'article 93, paragraphe 3, du traité de Rome », *AJDA*, juin 1998, pp. 467-472.
24. Pour les aspects communautaires, lire : Jean-Claude Fourgoux, « L'obligation de l'État membre de récupérer l'aide illégalement versée », note sous CJCE, 20 mars 1997, Land Rheinland-Pfalz c/Alcan, Dalloz, 1998, jur. pp. 258-260.
25. Ceci a été confirmé par le Conseil d'État dans l'arrêt précité CE 17 janvier 1994, précité.
26. Il convient dans ce cas de se reporter aux textes spécifiques.
27. Mis en place par la circulaire du 14 novembre 1996.
28. Circulaires des 27 avril et 4 décembre 1990.
29. Circulaire des 27 avril et 4 décembre 1990.
30. Loi n° 2002-276 du 27 février 2002 relative à la démocratie de proximité, *JO* 28 février 2002, p. 3808, art. 102.
31. Règlement du Conseil n° 659/1999 du 22 mars 1999, *JOCE*, série L, du 27 mars 1999.
32. Ces trois règlements sont publiés au *JOCE* L 10 du 13 janvier 2001, p. 20.
33. Loi n° 96-659 du 26 juillet 1996 de réglementation des télécommunications, *JO* 27 juillet 1996, p. 11384.
34. TA Nancy, 18 mars, SA France Télécom et Syndicat sud PTT, *Concession et délégation de service public*, juin 1999, p. 121 ; *Droit administratif*, juin 1999, p. 11. Pour une information plus large sur ce sujet : Herbert Maisl, « La nouvelle réglementation des télécommunications », *AJDA*, octobre 1996, p. 762 ; Pierre Cambot, « Collectivités locales et initiative privée en matière de télécommunications », *AJDA*, décembre 1999, p. 965 ; Gabriel Eckert, « L'intervention des collectivités territoriales en matière d'infrastructures de télécommunications : difficultés nouvelles et solutions anciennes, commentaire de la loi du 25 juin 1999 », *RFDA*, janv.-fév. 2000, p. 139 ; Mary-Yvonne Benjamin, « Collectivités locales et télécommunications », *Droit administratif*, juin 1999, p. 8.
35. Rapport d'activité de l'ART, 1998, tome 1, p. 59.
36. Loi n° 2001-624 du 17 juillet 2001 portant diverses dispositions d'ordre social, éducatif et culturel, *JO* 18 juillet 2001, p. 11496. Hervé Groud, « Infrastructure de télécommunications : un nouveau cadre juridique », *La Lettre du cadre territorial*, n° 215, 1er juillet 2001, p. 58.
37. Lors des débats le ministre a lui-même précisé : « Les aides indirectes restent possibles. On peut continuer à aider les entreprises en difficulté et donc garantir des emprunts, mais de façon encadrée ou responsable », Ass. nat. 1re séance du 15 décembre 1987, *JO* déb. parl. Ass. nat., 16 décembre 1987, p. 7419.
38. Essentiellement rapport 1983, p. 84 ; rapport 1987, p. 199.
39. En ce sens commentaire sous article L. 3231-3, Code Dalloz, 1998.
40. CE 10 mai 1985, société Boussac Saint-Frères, Rec. p. 145 ; *AJDA*, 1985, p. 434, concl. Cazin d'Honincthun ; *RFDA*, 1986, p. 74, note Hubrecht et Melleray.
41. Plan intérimaire, chap. 4.3.1. « Les interventions économiques des collectivités territoriales », texte publié in *AJDA*, mars 1982, p. 145.
42. Circulaire du ministre de l'Intérieur, n° 82-102 du 24 juin 1982, Moniteur des TP, textes officiels, 16 août 1982, p. 15.
43. Circulaire du 6 juillet 1982, *JO* 8 juillet 1982, p. 2167.
44. Loi n° 84-148 du 1er mars 1984, relative à la prévention et au règlement amiable des difficultés des entreprises, *JO* 2 mars 1984, p. 751.
45. Ph. Peyramaure, intervention au colloque du Centre de recherches fondamentales, université de Paris-I, 4 février 1985, citée in Dictionnaire Permanent, « Difficultés des entreprises », Fasc. Règlement amiable, p. 1124.
46. Loi n° 85-98 du 25 janvier 1985, relative au redressement et à la liquidation des entreprises, *JO* 26 janvier 1985, p. 1097.
47. Séance du 4 juillet 1983, *JO* Déb. parl. Ass. Nat., 5 juillet 1983, p. 3472.
48. J. Roger-Machart, rapport n° 1526, Ass. Nat. 1983.
49 TC 19 janvier 1998, préfet de la région d'Ile-de-France, préfet de Paris c/tribunal de commerce de Paris, Syndicat français de l'express international (SFEI) et cinq sociétés c/La poste et autres, *AJDA*, 1998, p. 530. Pour une information complète sur cette question lire : Jean-Yves Cherot, « Le juge judiciaire et l'article 93, paragraphe 3, du traité de Rome », *AJDA*, juin 1998, pp. 467-472.
50. Décret n° 85-910 du 27 août 1985, *JO* 30 août 1985, p. 10016, article 2.
51. Loi du 1er mars 1984, article 33, 4° al.
52. Loi du 1er mars 1984, article 33, 4° al.
53. Décret du 27 août 1985, article 9.
54. Loi du 1er mars 1984, article 38 ; décret du 27 août 1985, article 7.
55. Loi du 1er mars 1984, article 34 et 37.
56. Loi du 1er mars 1984, art 35.
57. Dictionnaire permanent, « Difficulté des entreprises », Fasc. « Règlement Amiable », n° 18.
58. Loi n° 85-98 du 25 janvier 1985 relative au redressement et à la liquidation des entreprises, chapitre premier.
59. TA Grenoble, 23 mars 1983, COREP du département de la Savoie c/commune de Saint-Rémy de Maurienne, req. n° 19798 ; CE 18 novembre 1991, département des Alpes-Maritimes c/association Agriculture 06, Rec., 396, *RDP* 1992, p. 531, concl. Pochard, *AJDA* 1992, p. 231, note C. Deves.
60. Par ex. la commune d'Aunay-sur-Odon avec la Sté Maison des isolants de France (CE 26 juin 1974) ; la ville de Besançon avec la société Superior, sans qu'il y ait eu de contentieux.

61. CE 26 juin 1974, Sté Maison des isolants de France, *Rec.* 1974, p. 365.
62. TA Paris, sté Boniface Frères c/État français, *Gazette du Palais,* 14-15 mai 1986, p. 13 ; TA Paris, 15 mai 1984, Etabl. Constant et autres, *Leb.*, 1984, p. 532. De même dans l'arrêt sté anonyme Boussac-Saint-Frères (CE 10 mai 1985, *RFDA*, janvier-février 1986, p. 74, note Hubrecht et Melleray), le Conseil d'État, s'il estime légale l'intervention économique communale, ne préjuge pas de sa qualification juridique se montrant ainsi plus prudent par rapport à une jurisprudence antérieure (sté Plage de la Forêt, sté Maison des isolants de France, précités).
63. CE 26 juin 1974, Sté La Maison des Isolants de France, *Rec.* p. 365.
64. TC 22 juin 1998, AJT c/Miglierina, *Gazette du Palais,* 1999, n° 2.
65. TC 23 octobre 2000, Matois c/Préfet de la Région Provence-Côt- d'Azur, Préfet des Bouches-du-Rhône, *Droit administratif,* janvier 2001, p. 12, note Gabriel Eckert.
66. Pour plus d'information : Hervé Groud, « La responsabilité des collectivités territoriales du fait de leurs interventions économiques auprès des entreprises », in Actes du Colloque de l'AIUFRAL, *Les Cahiers de l'Administration territoriale*, Presses univ. de Reims, n° 10, 1987, pp. 75-145 et « Les responsabilités des collectivités locales du fait de leur interventions économiques » in Actes du Colloque National, « Les collectivités entre le droit public et le droit privé », Châlons s/M. 5-6 décembre 1991, Ordre des avocats, pp. 85-101.
67. Trib. com. Rouen, 10 mars 1981, *Rev. Jur. Com.* 1982, 153, note Mestre ; D. 81, Inf. Rap. 337, obs. Vasseur ; *Rev. Franç. Compt.* 1982, 40 obs. Viandier ; D. 82, 391, note Amselek ; Rev. Soc. 1982, 575, note Guyenot ; Banque 1982, 1137, obs. L.M. Martin ; *JCPI* 11307, n° 23, obs. Cabrillac et Vivant.
68. TGI Orléans 14 juin 1983, *Rev. trim. dt. com.*, 1983, 573, n° 17, obs. Alfandari et Jeantin.
69. La loi du 4 août 1962 sur la « restauration immobilière » avait comme objectif de favoriser la modernisation d'immeubles anciens tout en respectant leur caractère historique ou esthétique. Assez souvent, les pouvoirs publics ont cherché à favoriser la réalisation de telles opérations « spontanées » en permettant aux propriétaires ou aux collectivités locales de bénéficier du concours d'organismes spécialisés telles que les ARIM.
70. Paris, 6 janvier 1977, D.S. 1977, p. 144, note Vasseur.
71. TC 23 janvier 1989, préfet de la Loire c/tribunal de commerce de Saint-Étienne, *Leb.* p. 291.
72. TC 15 novembre 1999, comité d'expansion de la Dordogne c/département de la Dordogne, *AJDA*, décembre 1999, p. 1042.
73. Pour plus de précisions, lire : Pascale Fombeur et Mattias Guyomar, « Chronique générale de jurisprudence administrative française », *AJDA* décembre 1999, p. 992.
74. CE 24 novembre 1933, Zénard, *Rec.* 1100, Sirey, 1934.3.105.
75. CE 17 avril 1964, commune de Merville-Franceville, Rec. 251, *AJDA*, 1964, p. 288.
76. CE 20 novembre 1964, ville de Nanterre, Rec. 563, *AJDA*, 1964, p. 686.
77. Loi n° 95-115 du février 1995 d'orientation pour l'aménagement et le développement du territoire, *JO*, 5 février 1995, p. 1973.
78. Loi n° 91-429 du 13 mai 1991 instituant la dotation de solidarité urbaine, *JO* 14 mai, p. 6329.
79. CE commune de Lagord, 30 novembre 1994, *Rec.* T. p. 804.
80. TA Clermont-Ferrand, 21 octobre 1983, M. Hugues Tay, *AJDA*, 1984, p. 166.
81. CE 25 juillet 1986, commune de Mercœur c/Morand, *Dr. Adm.* 1986, n° 489 ; TA Besançon, 22 juin 1983, COREP département du Jura.
82. CE 12 novembre 1938, Goldberg et Lichtenberg, *Rec.* p. 822.
83. CE 11 juin 1958, syndicat des agents d'assurances de la Marne, *Rec.* p. 335.
84. Un investisseur avait manifesté l'intention de créer un ensemble hôtelier et de loisirs dans le parc du château de Pin (426 habitants). Ce projet prévoyait un hôtel de 44 chambres, un bar-restaurant, des salles de conférences, un « centre de bien-être », une piscine couverte, des courts de tennis.
85. 1 000 F par chambre.
86. Le conseil général proposait de prendre en charge une bonification d'intérêt de 3 % sur le montant d'un prêt de 500 000 F susceptible d'être consenti par le Crédit d'équipement aux petites et moyennes entreprises.
87. TA Besançon, 15 mai 1985, préfet, commissaire de la République de la Haute-Saône c/département de la Haute-Saône, note F. Mallol, *RFDA*, n° 2, mars-avril 1986, pp. 208-212.
88. CE 11 juillet 1991, préfet de la Haute-Saône, Rec. 1991, p. 284, *AJDA* 1991, p. 822, note C. Deves.
89. Cela ressort de l'arrêt précité, CE 11 juillet 1991.
90. Loi n° 78-763 du 19 juillet 1978, *JO* du 20 juillet 1978, p. 2883, article 53.
91. Hervé Groud, « Quelles interventions financières des collectivités locales à l'égard de l'économie sociale ? », *La Revue de l'Economie Sociale*, octobre 1987, pp. 99-118.
92. Rappelons que l'article 53 de la loi du 19 juillet 1978 est ainsi rédigé : « *Les sociétés coopératives ouvrières de production et leurs unions sont autorisés à recevoir des dons et des legs. Elles peuvent également recevoir de l'État des encouragements spéciaux sous forme de subventions et d'avances. Elles peuvent recevoir des subventions des collectivités locales.* »
93. Telle est l'impression qui ressort de la lecture du manuel pratique, « Les aides des collectivités locales aux entreprises », La Documentation française, 1984, p. 81.
94. Loi du 20 juillet 1983 relative au développement de certaines activités de l'économie sociale, *JO* 21 juillet 1983.
95. Loi du 20 juillet 1983, article 67. Ajoutons que la loi n° 85-703 du 12 juillet 1985 (modifiant la loi du 20 juillet 1983) confirme que les unions d'économie sociale sont des sociétés coopératives pouvant admettre comme associé toute personne physique et morale. Toutefois dans ces unions, trois quarts au moins du capital et des droits de vote doivent être détenus par des sociétés ou organismes du secteur de l'économie sociale.
96. CE 29 mai 1936, syndicat des entrepreneurs de couverture, *Rec.* p. 622 ; CE 12 juillet 1939, chambre syndicale des maîtres buandiers de Saint-Étienne, *Rec.* p. 478.
97. CE 4 juin 1954, dame Berthod, *Rec.* p. 336.
98. CE 4 octobre 1957, ville de Charleville, *Rec.* p. 504.

99. CE 18 décembre 1959, Delansorme, *Rec.* p. 693.
100. CE 27 févr. 1931, Giaccardi, *Rec.* p. 225. Le conseil municipal de Draguignan avait créé et concédé un service de représentation cinématographique. Peu de temps après le célèbre arrêt CE 30 mai 1930, commerce de détail de Nevers, le Conseil d'État estime qu'il n'y avait pas d'intérêt public à une telle intervention.
101. CE 12 novembre 1938, Goldberg et Lichtenberg, *Rec.* p. 822.
102. Loi n° 92-651 du 13 juillet 1992, relative à l'action des collectivités locales en faveur de la lecture publique et des salles de spectacles cinématographiques, *JO* 16 juillet 1992.
103. Décret n° 94-1218 du 29 décembre 1994, *JO* du 20 décembre 1994.
104. CE 17 janvier 1994, préfet des Alpes-de-Haute-Provence, *Lebon*, p. 18. Cet arrêt a fait l'objet de nombreux commentaires : S. Agbayissah et M. Lecerf, *Petites Affiches*, 1994, n° 87, p. 38 ; J. Moreau, *JCP* éd. géné. 194, II, 22311 ; J.C. Douence, *RFDA*, 1994, p. 900 ; C. Deves, *AJDA* 1994, 470 ; B. Alibert et G. Durand, *Rev. des soc.* 1994, p. 764.
105. Circulaire du 7 mars 1994, *Le Moniteur des TP*, 13 mai 1994, p. 261.
106. TA de Clermont-Ferrand, 12 avril 1991, préfet de l'Allier c/ommune de Vichy, *Dr. adm.* n° 529.
107. TA de Paris, 8 avril 1994, préfet de Seine-Saint-Denis, *Dr. adm.*, n° 432, 1994.
108. CE 20 mars 1998, département de Seine-Saint-Denis, *Dr. adm.* n° 370, 1998, note Benjamin, *JCPE* 1998, 1547, note Chouvel.
109. CE 16 janvier 1995, ville de Saint-Denis, *Revue fr. de la décentralisation*, n° 1 sept. 1995, p. 113.
110. CE 6 avril 1998, communauté urbaine de Lyon, *Dr. adm.* n° 210, 1998.
111. Christine Maugüe et Jacques-Henri Stahl, « Le cadre juridique des relations financières entre les sociétés d'économie mixte et les collectivités locales », *AJDA*, juillet/août 1996, p. 475.
112. Entre autres interventions, la commune d'Allos avait procédé à deux augmentations successives de capital de 1 720 000 F, puis de 13 940 000 F. En fait, ces augmentations n'avaient pas donné lieu au versement d'une somme équivalente mais avaient été réalisées par compensation avec une créance détenue par la commune sur la société, représentant des avances de trésorerie. Mais, il s'agit donc bien d'une opération sur fonds propres. Ensuite, la commune a accepté une réduction de capital social d'un montant de 13 494 000 F afin de financer les pertes d'exploitation cumulées. Elle a abandonné la créance qu'elle détenait à hauteur de 15 214 000 F.
113. CE département des Alpes-Maritimes, 13 sept. 1995, *Dr. adm.* déc. 1995, n° 761, note Claude Deves, *AJDA*, 1996, p. 223.
114. T.E. de Clermont-Ferrand, 12 avril 1991, préfet de l'Allier c/commune de Vichy, *Dr. adm.*, 1991, n° 529.
115. TA de Marseille, 25 novembre 1994, sté Aubasem.
116. CE 20 octobre 1995, M. Lefèvre, association Vivre ensemble à Sanary, req. n° 152186 ; commentaire Claude Deves, *RFDA*, n° 3, janvier 1996, p. 84
117. Notamment Maire-Pierre Chanlair, « Quelles aides les collectivités locales peuvent-elles octroyer aux sociétés d'économie mixte ? », note sous TA de Paris, 21 avril 1994, préfet de la Seine-Denis, *Les Petites Affiches*, 2 juin 1996, n° 66, p. 19. Toutefois, Christine Maugüe et Jacques-Henri Stahl, recherchant l'intention du législateur, observaient « *L'article 5 (de la loi du 7 juillet 1983) n'a donc pas pour objet, selon les travaux préparatoires, de desserrer les contraintes pesant sur les aides que les collectivités publiques sont en droit d'accorder aux SEM* » (article cité).
118. TA de Paris, 21 avril 1994, *Dr. adm.* 1994, n° 433 ; obs. Claude Deves, *Le Moniteur des TP* 23 sept. 1994, p. 61 ; note Chanlair, précitée. Ce jugement a été rendu contrairement aux conclusions du commissaire du gouvernement.
119. CAA de Paris, 24 septembre 1996, commune de Sevran et autres, *Dr. adm.* 1997, n° 63 ; *RFDA*, mai-juin 1997, note Marie-Pierre Chanlair, p. 483 ;
120. Loi n° 2002-1 du 2 janvier 2002 tendant à moderniser le statut des sociétés d'économie mixte locales, *JO* 3 janvier 2002, p. 121, art. 2.
121. Pour plus d'information, lire : Isabelle Urbain-Parleani, « Les comptes courants d'associés » *LGDJ*, 1986 ; Didier Danet, « Compte courant d'associés : pour en finir avec un apartheid juridique », *RTD Com.* n° 46, janv.-mars 1993, p. 55.
122. CE 6 novembre 1995, commune de Villenave-d'Ornon c/M. Pujol, *AJDA* mars 1996, p. 224, note Claude Deves. TA de Grenoble 19 novembre 1998, concl. de M. Christian Cau, commissaire du gouvernement *RGCT*, mai-juin 1999, p. 235.
123. TA de Paris, 21 avril 1994, préfet de Seine-Saint-Denis, *Dt adm.* 1994, n° 433 ; *Le Mon. des TP*, 23 sept. 1994, p. 61 obs. Deves ; *Petites Affiches*, 2 juin 1995, note Chanlair, n° 66, 2 juin 1995, p. 19. TA de Paris, 19 déc. 1995, préfet de Seine-Saint-Denis, *Dt adm.*, 1996, n° 185.
124. CAA de Paris, 24 septembre 1996, commune de Sevran et autres, *RFDA*, mai-juin 1997, p. 483, note Marie-Pierre Chanlair.
125. Cass. com., 23 janvier 1990 ; 12 décembre 1995.
126. Dans l'arrêt précité, CE 6 novembre 1995.
127. Hervé Groud, « Les collectivités locales et la question de la garantie de passif », *Droit administratif*, février 2000, pp. 4-9, éditions du Juris-classeur.
128. T.G.I. de la Seine, 22 mars 1965, *JCP*, 1966, II, 14 574, note J.R.
129. Cass. Com., 16 juin 1970, *bull., civ.* IV, n° 202, p. 177 ; *Rev. soc.* 1971, p. 45, note J.H.
130. Anne Gallia-Beauschene, « Les clauses de garantie du passif dans les cessions d'actions et de parts sociales », *Revue des sociétés*, 1980, p. 27.
131. En ce sens également, semble-t-il, les conclusions de M. Jean Cau, précitées.
132. CE 9 novembre 1988, commune de Piseux, *Rec CE*, p. 397, *RFDA*, 1989, p. 748, concl. de la Verpillière, *ACL* 1989, n° 24
133. Initialement, la loi du 5 janvier 1988 a été insérée dans le Code des communes. Les art. L. 3241-4 et L. 3241-5 du CGCT qui fixent présentement les dispositions relatives aux départements reprennent la règle, sans évoquer les dérogations et la validation.
134. Christine Maugüe et Jacques-Henri Stahl, article cité.

II ▪ Le cadre communautaire

Dans ce domaine comme dans d'autres existent des règles communautaires qu'il convient naturellement de respecter. L'Europe s'étant construite dès le « marché commun » à partir de préceptes se référant au libéralisme, on peut imaginer que d'éventuelles interventions des collectivités locales dans des secteurs laissés traditionnellement à la libre entreprise, n'aient pas été considérées a priori avec bienveillance. Et il est vrai qu'émerge de la réglementation communautaire un principe général qui peut tout simplement s'analyser comme un interdit.

Mais peut-être que ce cadre communautaire n'a pas toujours été parfaitement compris localement. En fait, l'apparente rigueur des textes européens n'interdit pas les interventions des communes, départements et régions.

Il n'en demeure pas moins que des risques subsistent, notamment au regard d'éventuels cumuls d'aides - nationales et européennes notamment - qui conduirait à dépasser le cadre communautaire.

A - L'analyse du cadre communautaire

Précisons-le d'emblée, malgré les doutes exprimés par certains parlementaires, lors des débats ayant précédé l'adoption des lois des 7 janvier et 2 mars 1982, les aides que les collectivités locales peuvent consentir au secteur productif sont globalement compatibles avec le droit communautaire [1].

Pourtant, une telle affirmation ne relève pas de l'évidence, tant les dispositions européennes paraissent, au premier abord, restrictives. Et quelques difficultés ne sont pas à écarter.

1. L'apparente rigueur des textes...

Les articles 92 à 94 du Traité de Rome sont traditionnellement évoqués.

L'article 92 paraît bien fixer un interdit d'une portée générale :

« *Sauf dérogation prévue par le Traité, sont incompatibles avec le marché commun, dans la mesure où elles affectent les échanges avec les États membres, les aides accordées par les États ou au moyen de ressources d'État, sous quelque forme que ce soit, qui faussent ou menacent de fausser la concurrence en favorisant certaines entreprises ou certaines productions* ».

Cette rédaction appelle immédiatement plusieurs observations préalables.

- Sont expressément visées dans ce texte, les aides accordées par les États. En fait, chacun en a rapidement convenu, il faut comprendre que sont concernées par cette formulation, les aides accordées par les personnes publiques, en général, dont y compris,

1. Les références aux appels de note numérotés se trouvent en fin de chapitre, p. 87

en droit français, les collectivités locales. La Cour de justice des Communautés européennes a eu effectivement l'occasion de préciser qu'étaient visées l'ensemble des interventions publiques [2] et notamment les aides locales et régionales [3]. Sur ce point la jurisprudence est constante.

Il apparaît même qu'une aide publique distribuée par une institution semi-publique ou qui ne ferait que transiter par une personne privée avant de parvenir à son véritable destinataire, entre bien dans le champ défini par l'article 92 [4].

- Ce qui frappe également à la lecture de l'article 92, c'est l'ampleur du champ d'application. Il s'agit bien de toutes les aides publiques quelle que soit la forme que peut prendre l'aide « directe ou indirecte » pour reprendre la formulation qui a cours en France.

La Commission a eu l'occasion, à plusieurs reprises, de préciser, notamment dans sa communication sur les régimes d'aides à finalité régionale (*JOCE*, 3 février 1979), que le terme « aide » recouvrait une notion extrêmement large. Des interventions très diverses ont effectivement été considérées comme entrant dans cette désignation [5].

Très tôt dans un arrêt du 23 février 1961, la C.J.CE a souligné que : « *La notion d'aide* [...] *comprend non seulement des prestations positives, telles que les subventions elles-mêmes, mais également des interventions qui sous des formes diverses, allègent les charges qui normalement grèvent le budget d'une entreprise et qui, par là, sans être des subventions au sens strict du mot, sont de même nature et ont des effets identiques* ».

On ne saurait être plus clair. Importe donc peu la forme que peut prendre l'aide, subvention, exonération fiscale [6], prêts, garantie d'emprunt ou bonification d'intérêts [7], fourniture de biens meubles ou immeubles, ou prestation de services à des conditions préférentielles [8]. Et - nous l'avons précisé - que l'aide soit indirecte ne change rien à l'affaire, même si l'on prend soin de la faire attribuer par une personne privée.

L'interdit, manifestement d'une portée très générale, ne laisse, semble-t-il qu'une marge de manœuvre extrêmement réduite aux collectivités locales françaises. Et les raisons de cet interdit sont clairement précisées : l'aide, quelle que soit donc la forme qu'elle prend, risque de favoriser une entreprise au détriment des autres, donc de fausser la concurrence à l'intérieur d'un État mais, surtout entre les producteurs des différents États composant l'Union, donc d'affecter les échanges entre les États membres.

D'une certaine manière, on retrouve donc là, transposés en droit communautaire, les principes bien français d'égalité devant la loi et d'égalité devant les charges publiques. Mais ce principe paraît renforcé du fait que le Traité de Rome a comme finalité d'établir une libre concurrence, une libre circulation des biens et des services, à l'intérieur de l'ensemble de la communauté. L'Acte Unique et le Traité sur l'Union européenne - concrétisant l'objectif initial - semblent bien rendre plus impérieux encore le respect d'un tel principe.

2. ...n'interdit pas les interventions économiques des collectivités locales

a) Par les exceptions qu'il prévoit, le Traité laisse, en réalité, une large place aux initiatives locales. Ces facilités sont toutefois d'importances diverses.

Les auteurs de l'article 92 CEE prévoyaient bien quelques exceptions dans le 2e alinéa, mais elles ont un caractère extrêmement limité (aides sociales destinées aux consommateurs individuels, s'il n'y a pas de discrimination quant à l'origine du produit ; aides destinées à remédier aux dommages causés par les colorants naturels) ou sont devenues caduques (aides attribuées à l'économie de certaines régions de la RFA, affectées par la division de l'Allemagne).

De manière plus importante, certaines aides dans le 3e paragraphe de cet article 92 sont considérées comme compatibles avec l'idéal de libre échange du Marché commun.

Une première exception prend en compte la qualité du lieu. Il s'agit d'« *aides destinées à favoriser le développement économique des régions dans lesquelles le niveau de vie est anormalement bas ou dans lesquelles sévit un grave sous emploi* ».

Les départements d'Outre-Mer et la Corse sont - pour la France - concernés par cette exception. Ces collectivités locales disposent donc d'un régime dérogatoire. La Commission avait prévu - pour éviter les surenchères entre États, voire au sein de chaque État, des mesures visant à coordonner ces régimes d'aides régionales (notamment le taux maximum). Il ne semble pas que cette condition ait été, pour l'instant, remplie de manière satisfaisante. Mais il faut admettre que cette exception n'a qu'un champ d'application très limité.

Un deuxième type d'exception est prévu au 3e alinéa de l'article 92. Ne sont pas pris en compte, cette fois, certaines zones défavorisées mais des projets présentant un caractère communautaire. Il peut s'agir d'infrastructures communes à plusieurs États mais également de mesures de relances pour faire face à des perturbations économiques ou plus largement à la crise économique. C'est, par exemple, ce qui avait été admis en 1974-1975. Cette exception ouvre une voie plus importante.

Le troisième type de dérogation prévu au même article est, finalement, le plus utilisé en pratique : il s'agit d'aides destinées à faciliter le développement de certaines activités ou de certaines régions économiques, à condition que ces aides n'altèrent pas les échanges dans une proportion qui serait contraire à l'intérêt commun. Une telle formulation permet, il faut le reconnaître, des interprétations assez larges.

Ainsi, la prime d'aménagement du territoire (PAT) versée par l'État (mais aussi par les régions de 1981 à 1986) entre dans cette dérogation. C'est également de cette dérogation dont bénéficient les aides locales. C'est toujours dans ce cadre qu'entrent, finalement, la plupart des aides locales évoquées précédemment. En effet, la commission admet, à ce titre, les aides qui ont comme finalité de corriger les déséquilibres régionaux, peut-être les aides aux entreprises en difficulté, en tout cas les aides qui accompagnent les réductions d'activités propres à certains secteurs et les reconversions.

Enfin, le Traité de Maastricht apporte une **quatrième exception**, en ajoutant une disposition supplémentaire à l'article 92 § 3, autorisant « *les aides destinées à promouvoir la culture et la conservation du patrimoine, quand elles n'altèrent pas les conditions des échanges et de la concurrence dans la communauté dans une mesure contraire à l'intérêt commun* ».

b) *Mais c'est peut-être par l'intermédiaire des règles de procédure que s'est ouverte la brèche la plus grande dans ce qui paraissait bien être un interdit.*

En effet, il est confié par l'article 93 § 1 à la Commission le soin de procéder à l'examen permanent des systèmes d'aides mis en place dans les différents États de l'Union européenne. Cette mission a conduit la Commission à préciser sa position au regard des systèmes d'aides nationaux et locaux.

Il ne saurait être question ici de développer cette procédure. Précisions simplement que les États membres sont tenus de notifier à la Commission les nouveaux systèmes d'aides (article 93 § 1), mais également les systèmes d'aides existants, ainsi que les modifications qui pourraient leur être apportées (article 93 § 1).

Les **nouveaux systèmes d'aides** doivent être notifiés avant leur application, ce qui paraît logique, même si cela conduit à réintroduire une certaine forme de contrôle a priori pourtant prohibé par les lois des 2 mars et 22 juillet 1982. La réponse de la Commission intervient dans un délai de deux mois. Elle peut être immédiatement positive mais il n'est pas rare que la Commission demande à l'État considéré des explications et justifications supplémentaires, selon les procédures prévues à l'article 93 § 2. Intervient alors une publication au *JOCE* qui permet aux autres États membres d'être informés. Ils ont, dès lors, la possibilité de faire valoir leurs propres observations. A l'issue de cet échange, la Commission prend sa décision[9]. Mais cette procédure fait apparaître une série d'arguments qui permet de se faire une opinion des raisons justifiant la décision de la Commission.

Les **régimes d'aides déjà existants** font l'objet d'une surveillance permanente de la part de la Commission. Si elle considère que les aides attribuées posent des problèmes de compatibilité, dans le cadre d'une concertation avec l'État concerné, la Commission propose, éventuellement, des mesures utiles pour modifier le système d'aides. Elle peut, également, demander sa suppression.

Dans plusieurs communications, la Commission a eu l'occasion de préciser sa position afin de « cadrer » ces procédures. Or, elle paraît, tout de même, assez tolérante à l'égard des systèmes d'aides tels que ceux que les collectivités locales françaises sont susceptibles de mettre en place.

Citons quelques exemples saillants.

Dans une communication du 20 février 1990[10], la Commission a indiqué qu'elle ne soulèverait pas d'objection en ce qui concerne les aides d'importance mineure lorsque l'entreprise bénéficiaire n'emploie pas plus de 150 personnes et que son chiffre d'affaire ne dépasse pas 15 millions d'écus. Il convient d'ajouter trois autres critères à ce premier plafond :

- l'aide ne doit pas dépasser 7,5 % de la valeur de l'investissement,
- l'aide doit être limitée à 3 000 écus par emploi,
- le volume global de l'aide ne doit pas dépasser 200 000 écus[11].

Dans sa communication du 20 mai 1992[12] relative aux aides en faveur des PME, après avoir relevé les difficultés auxquelles se heurte fréquemment ce type d'entreprise (difficulté d'accès aux financements, incidences plus élevées des charges fiscales) - alors que dans la situation actuelle, elles ont un rôle essentiel à jouer - la Commission s'est prononcée en faveur d'une application généralisée de ces PME, visées par l'article 92 et évoquées ci-dessus.

Les aides inférieures à 50 000 écus (euros), par grandes catégories de dépenses, sur une durée de trois ans, ont été dans un premier temps dispensées de notification. Puis ces seuils ont été révisés en mars 1996 et portés à 100 000 écus (euros) [13] et la nouvelle communication de 1997 a naturellement intégré ces nouveaux plafonds [14]. Pour la Commission, il ne fait aucun doute que seules les aides qui ont un effet sensible sur la concurrence relèvent de l'article 92. Cependant, il faut noter que le juge communautaire s'est refusé à consacrer l'existence d'une règle *de minimis* [15]. Quelle que soit l'importance de l'aide, il examinera la nature des troubles éventuels apportés à la concurrence [16].

Enfin, il faut noter que le contrôle des aides publiques exercé par les services de la Commission, en vertu des art. 92 et 93 du traité CEE a connu un fort développement ces dernières années, en raison d'une part de l'augmentation des dépôts de dossiers d'aides, et d'autre part de la multiplication des plaintes contre des aides considérées comme illégales. Il en résulte une croissance considérable du contentieux communautaire relatif à ces questions.

Pour tenter de résoudre ces problèmes, le Conseil et la Commission se sont finalement résolus à recourir au pouvoir réglementaire, prévu à l'art. 94 du traité. Par un premier règlement, le Conseil a décidé de décentraliser le contrôle relatif à certaines aides publiques. En conséquence, à condition de respecter les critères de compatibilité qui seront arrêtés par la Commission, les États membres et leurs administrations internes pourront dorénavant verser certains types d'aides, sans avoir à obtenir l'accord préalable de la Commission. On espère ainsi que la Commission pourra, à l'avenir, se décharger sur les tribunaux nationaux, du contrôle de compatibilité des aides versées avec la réglementation communautaire [17]. Il faut toutefois savoir que l'un des effets de cette réforme pourrait être une révision par la Commission, dans un sens plus restrictif, de ses paramètres d'évaluation des aides publiques à finalité régionale.

B - Les aides locales françaises - créées en 1982 - sont-elles bien conformes aux normes européennes ?

1. Les notifications n'ont pas posé de difficultés majeures

Apparemment, les aides locales françaises ne posent pas de problème majeur de compatibilité avec les dispositions européennes.

Les lois des 7 janvier et 2 mars 1982 avaient fait, à l'époque, l'objet d'une notification de la part du gouvernement français. La Commission a, semble-t-il, donné implicitement son accord.

Conformément à l'article 93 § 3, les décrets du 22 septembre 1982 concernant les aides directes régionales ont été transmis à la Commission afin que celle-ci vérifie qu'elles correspondaient bien à l'une des dérogations prévues à l'interdit général. Ainsi, la prime régionale à l'emploi et la prime régionale à la création d'entreprise, actuellement définies par les décrets du 15 janvier 1988, modifiant très partiellement les décrets du 22 septembre 1982, ont été formellement approuvées par la Commission [18].

Il n'a pas été notifié d'observation défavorable à leur encontre.

Le gouvernement français avait pris soin de fixer dans ces textes des règles de plafonds et de zonages en référence aux règles du Traité [19].

Le décret relatif aux aides à l'immobilier commercial et industriel [20] n'a pas soulevé plus de difficulté [21]. Il en est de même des aides destinées aux pépinières d'entreprises et des services communs mis à disposition des artisans et commerçants [22]. Les dispositions successives relatives à l'exonération de taxe professionnelle ont également été notifiées [23]. La Commission n'a pas soulevé d'objection.

La Commission n'avait pas pu se prononcer sur le décret relatif aux prêts, avances et bonifications d'intérêt dans la mesure où ce texte renvoyait à un arrêté ministériel qui n'était pas encore intervenu au moment de la notification. Mais cet arrêté du 14 janvier 1983 répond manifestement aux exigences du droit communautaire [24].

Hormis les garanties d'emprunt et les interventions en faveur des bâtiments industriels, les autres aides « indirectes » dans le système de 1982 sont libres. Donc, par définition, il n'a pas été établi de réglementation qui aurait pu être transmise à Bruxelles.

On exprime assez souvent à la Commission que les aides à finalité régionale sont une nécessité dans la mesure où demeurent dans tous les États membres de profonds déséquilibres locaux. Et il est exact que dans le système de 1982, les régions ont la charge de définir les zones ou les activités qu'il convient plus précisément d'aider.

Aussi bien la finalité, l'aménagement régional, que la procédure, définition des règlements par le conseil régional et attribution par le président, font des interventions définies par les textes de 1982 des aides spécifiquement régionales, tendant à favoriser le développement économique. De plus, le montant modéré de ces aides ne permet guère de considérer qu'elles altèrent réellement les conditions des échanges. Des observations analogues peuvent être formulées quant aux aides indirectes locales, attribuées directement par les communes et les départements. Également, cet objectif apparaît assez clairement dans le cas de l'exonération de la taxe professionnelle puisqu'elle ne peut être accordée que dans des zones particulières définies par l'autorité réglementaire.

Les diverses modifications postérieures à 1982, quelles que soient les aides, n'ont pas soulevé plus de problèmes majeurs.

Pourtant dans la pratique, de réels risques existent dont il convient de prendre l'exacte mesure.

2. Pourtant des risques d'incompatibilités existent

Il convient d'attirer l'attention des autorités locales sur une série de risques d'incompatibilité d'aides locales avec les règles communautaires.

a) Ce n'est pas parce que les aides indirectes, non réglementées dans le dispositif français, n'ont pas fait l'objet d'une notification à la Commission qu'elles seraient, de facto, insusceptibles de poser des problèmes au regard du droit européen.

Elles revêtent des formes tellement différentes dont certaines se rapprochent des primes classiques. On pense notamment à des aides à la recherche, à la promotion de produits, à la participation à des foires internationales. Ces appellations diverses montrent que pour une bonne part les collectivités locales se sont, en réalité, affranchies du dispositif de 1982, ainsi que nous le signalions, alors que le Conseil d'État estime qu'il a pourtant conservé toute sa valeur juridique.

Tout le problème réside dans l'imprécision - en droit interne - de la notion d'aide indirecte :

- D'une façon classique il s'agit d'interventions relatives à l'environnement de l'entreprise : raccordement à des réseaux de communication, réalisation de travaux routiers, financements de stages de formation pour le personnel. Si de telles facilités bénéficient à un ensemble d'entreprises sans distinction particulière, il n'y a pas a priori de problèmes d'incompatibilités avec le droit communautaire.

- Mais à partir du moment où on considère comme indirectes toutes les aides qui ne sont pas directes au sens des lois de 1982, on ouvre un large champ de possibilités d'interventions. Légales en droit interne, il est clair qu'elles ne sont pas toutes forcément compatibles avec les règles communautaires exposées ci-dessus. On pourrait penser logiquement qu'une notification à la Commission avant mise en œuvre s'imposerait, notamment pour les aides qui semblent bien être des primes déguisées.

En fait, c'est surtout l'importance financière modérée de la plupart des aides indirectes locales qui leur permet de demeurer en deçà des limites au-delà desquelles la Commission considérerait que les règles de la concurrence sont faussées.

b) S'agissant des aides aux entreprises en difficulté, droit interne et droit européen ne paraissent pas non plus parfaitement coïncider.

En droit interne, les collectivités locales peuvent donc faire bénéficier les entreprises rencontrant des difficultés de toutes formes d'aides qui leur paraissent opportunes, dès que - condition peu contraignante - l'intérêt économique et social de la population l'exige. Seule condition à respecter, nous l'évoquions, une convention doit être signée avec l'entreprise destinataire des aides. De plus, depuis la loi du 5 janvier 1988, les communes ne peuvent donc plus verser d'aides directes à ces entreprises, ce qui ne leur interdit pas de joindre une aide indirecte aux interventions départementales, régionales, voire étatiques.

En revanche, la Commission semble bien n'admettre ce type d'intervention que dans des circonstances très strictes [25].

Contrairement à ce qui est parfois affirmé, le droit communautaire ne prohibe pas les aides aux entreprises en difficulté. Mais seules des raisons sociales graves peuvent les justifier et elles ne sont admises que pour une période permettant la préparation et la mise en œuvre d'un plan de restructuration ou de sauvetage, en tout état de cause limitée, en principe, à six mois.

Les différentes circulaires qui tentent de définir ces interventions en droit français fixent manifestement un cadre, à la fois plus souple et plus vague, sans aucunement intégrer les critères dégagés par la Commission. D'ailleurs, ils demeurent, encore aujourd'hui, le plus souvent méconnus de la plupart des collectivités.

Sans être exceptionnelles, les interventions en faveur des entreprises en difficultés ne constituent pas la part prépondérante des politiques économiques et sociales locales. Et l'examen de la pratique laisse apparaître la grande prudence dont ont fait preuve les collectivités dans la plupart des cas. Il convient donc de relativiser le problème. Toutefois les observations de la Commission concernant des interventions étatiques de ce type montrent qu'il existe bien.

Globalement, il est possible de se référer au principe suivant : pour qu'une aide à une entreprise en difficulté pose des difficultés lors de sa notification aux services de la Commission, il faut qu'elle affecte le commerce entre les États membres. Se sont donc les aides aux grandes entreprises, accordées par les États (pour la France les cas de Air France ou du Crédit lyonnais, par ex.) qui peuvent éventuellement poser problème. Or, les aides des collectivités locales sont très généralement destinées aux PME. Toutefois, nous l'évoquions précédemment, pour le juge communautaire, il n'y a pas vraiment de seuil minimum. Il se réfère aux troubles apportés à la libre concurrence. Des difficultés pourraient exister s'agissant d'aides à une PME assez isolée dans son secteur et qui pourrait de ce fait se trouver directement en concurrence avec d'autres entreprises intervenant sur le même secteur dans d'autres États membres de l'Union européenne.

Il faut enfin formuler une dernière observation. Il est fréquent que le traitement des aides aux entreprises en difficulté laisse apparaître des divergences entre les objectifs et les pratiques, internes d'une part, et communautaires d'autre part. Des conflits sont inévitables.

Mais conformément aux principes habituels, le droit communautaire en sort vainqueur. Car s'il existe des dérogations au principe d'interdiction posé par l'art. 92 § 3 CEE, celles-ci ne sont accordées que pour des raisons propres au droit communautaire [26].

c) Mais le risque majeur concerne les cumuls de diverses aides locales, et éventuellement nationales et européennes, dont pourrait bénéficier une même entreprise.

Dans ce cas, le principe de transparence mais aussi les plafonds définis par la Commission risquent d'être mis à mal.

Etant donné la surenchère à laquelle se livrent les collectivités locales entre elles et les pratiques de certains entrepreneurs, il n'est pas rare effectivement que plusieurs aides, ayant une finalité différente, se combinent ou s'additionnent au profit du même destinataire.

Chacune des aides, prise isolément, est parfaitement conforme au droit français, et peut-être même au droit communautaire, mais leur cumul entre en infraction avec les dispositions établies par la communauté.

Cette contrainte demeure mal connue des autorités des collectivités locales. Il est vrai qu'elles n'ont pas une vue complète des dispositifs d'aide dont bénéficie une même entreprise. C'est cette dernière qui devra assumer les conséquences d'une éventuelle transgression des règles. Mais en France, comme dans d'autres États de la communauté, il est clair que des autorités locales participent à des cumuls d'aides en toute connaissance de cause.

Il n'en demeure pas moins qu'une collectivité doit prendre soin de s'informer auprès du représentant de l'État des éventuelles aides perçues par une entreprise, afin de s'assurer que sa propre décision d'accorder une aide ne soit pas entachée d'illégalité.

Mais ce problème de cumul d'aides est, avant tout, le révélateur d'un échec des systèmes de coordination qui avaient été imaginés.

Il faut bien le reconnaître, si de mauvaises habitudes ont été prises, c'est que jusqu'à une période récente (1988), il n'y avait pas de véritable intégration des **interventions communautaires.** Comme le fait observer Catherine Pourre[27], plusieurs fonds et plusieurs programmes pouvaient effectivement intervenir sur une même zone en se superposant, sans que soit assuré un suivi des procédures, permettant de connaître les entreprises déjà bénéficiaires de certains avantages. C'est, en grande partie la raison pour laquelle l'Acte unique pose le principe d'une réforme des principaux fonds structurels. La réforme des fonds structurels de 1989 aurait dû permettre de surmonter ces problèmes puisqu'elle est organisée à partir d'un partenariat entre les différentes autorités locales, nationales et communautaires, d'une programmation des projets, d'un suivi de l'application des fonds structurels, notamment de leur additionnalité avec les financements étatiques et locaux. Dans la réalité, les comités de suivi - dont le fonctionnement n'est pas toujours parfait - ont le plus grand mal à suivre le cheminement exact des différents financements.

En droit interne, il revient à l'État d'assurer la coordination des aides publiques locales et étatiques, entre elles et avec les interventions communautaires, puisqu'il a la responsabilité de la conduite de la politique économique et sociale, de la politique d'aménagement du territoire et qu'il peut préciser dans la loi approuvant le plan les conditions de mise en œuvre des aides locales. De plus, il fixe par décrets les plafonds relatifs aux aides directes versées par les régions. Mais on le sait, ce système, qui avait théoriquement sa cohérence, ne fonctionne pas concrètement. La planification est tombée en déshérence. Si les contrats de plan État-régions évoquent des aides étatiques et européennes, à destination de certains secteurs économiques, ils n'assurent qu'une coordination très ponctuelle. Par ailleurs, la plupart des aides indirectes étant « libres » au regard de la législation interne, elles ne sont pas soumises à des principes de complémentarité.

Il est donc difficile de reprocher aux autorités décentralisées la faillite d'un système dont elles n'ont pas la responsabilité. Toutefois les défaillances des systèmes étatiques de coordination n'exonèrent pas les collectivités locales de toutes responsabilités. **L'examen des procédures de contrôle**, auquel il sera procédé ci-dessous **permet de dégager quelques règles plus précises auxquelles il est possible de se référer**, même si en droit interne les autorités responsables du contrôle de légalité n'ont pas toujours l'impression d'une vision complète des interventions économiques et même si les sanctions demeurent - il faut le reconnaître - peu fréquentes.

On ne peut donc que conseiller aux autorités des collectivités locales de s'informer auprès des préfets des risques d'éventuels cumuls d'aides avant toute décision.

d) Il convient enfin d'attirer l'attention des autorités locales sur les conséquences de deux arrêts récents de la Cour de justice des Communautés européennes (CJ CE 16 juillet 1996, SFEI [28]) et du tribunal des conflits (TC 19 janvier 1998, préfet de la région Ile-de-France, c/SFEI [29]), portant sur la même affaire.

Il est difficile pour l'instant de bien mesurer toutes les potentialités de ces décisions, notamment de celle du tribunal des conflits. Le cas de figure évoqué concerne, certes, avant tout, les interventions de l'État. Mais les conséquences des décisions sont loin d'être négligeables pour les collectivités locales.

L'affaire est relativement simple. Il était reproché, par des entreprises de messagerie rapide et par leur syndicat (le SFEI), à la Poste d'apporter des aides à certaines de ses filiales

(SFMI et Chronopost) sous la forme d'une assistance logistique et commerciale. Le syndicat et ses entreprises membres considéraient cette intervention comme illégale, essentiellement au regard du droit communautaire, mais demandait également que la Poste cesse ces pratiques, les considérant comme déloyales sur le fondement de l'art. 1382 du Code civil.

Il ressort des deux décisions citées une série d'observations :

- Il est tout d'abord confirmé que les interventions et diverses mesures prises par les entreprises publiques et imputables à une personne publique doivent être considérées comme étant des aides publiques. Ce point semblait déjà acquis [30]. Il est ainsi confirmé. Il en résulte que, comme n'importe quelle aide, ces interventions doivent donc faire l'objet d'une notification par l'État - et non par l'entreprise publique - aux services de la Commission. Dans l'intervalle - et notamment lors de la procédure précontentieuse (art. 93 § 2 du traité instituant la CEE) -, les États membres doivent veiller à ce que la mise en œuvre de l'aide soit suspendue (art. 93 § 3).

- Curieusement, le syndicat et ses entreprises membres avaient évoqué la violation de l'art. 3 § 3 directement devant le tribunal de commerce de Paris, afin de mieux souligner les pratiques de la Poste, considérées comme déloyales. Le tribunal des conflits, dans l'arrêt cité, a ouvert une voie, permettant au juge judiciaire de se reconnaître compétent pour répondre à de telles démarches.

- Comme le fait observer Jean-Yves Cherot, désormais, chaque fois que le comportement d'une entreprise publique sera considéré comme une aide publique au sens de la jurisprudence de la CJCE, les entreprises lésées pourront demander au juge judiciaire compétent de lui ordonner de cesser ces pratiques ***au titre de l'action en cessation des pratiques déloyales.*** Il n'est pas nécessaire que ces pratiques aient été approuvées par un acte administratif.

- Par ailleurs, s'ouvre la possibilité pour les entreprises concurrentes des bénéficiaires d'aides publiques - qui seraient illégalement versées - d'agir en concurrence déloyale, directement contre le bénéficiaire de l'aide afin d'obtenir de ce dernier qu'il rembourse l'aide à l'entreprise qui l'a accordée. Ainsi que le fait observer Jean-Yves Cherot, cette action est plus directe - donc plus efficace - qu'une action devant la juridiction administrative demandant à l'autorité de tutelle de l'entreprise publique de récupérer l'aide en question.

e) La Commission européenne a eu l'occasion d'apporter une série de précisions qui nous permettent de disposer désormais d'un cadre de référence beaucoup plus clair que dans le passé.

En effet, nous l'évoquions, le Traité CE confie à la Commission le pouvoir exclusif d'apprécier la compatibilité des aides aux entreprises avec les règles communautaires. Dans une finalité de « transparence » et afin que les États connaissent ses critères d'appréciation, la Commission fait régulièrement connaître par voie de publication au Journal officiel des Communautés européennes (JOCE) les principes qui gouvernent ses décisions.

Comme on le sait, ces publications prennent la forme de communications, de lignes directrices ou d'encadrements qui suscitent bien des débats quant à leur réelle valeur juridique. Il est sûr qu'ils ne constituent pas des normes juridiques directement applicables en droit interne, contrairement aux règlements, décisions ou directives. Mais cet ensemble permet de connaître la « philosophie » communautaire, s'agissant notamment des aides des collectivités locales aux entreprises.

Sans être exhaustif, il est utile d'évoquer ici quelques précisions qui en ressortent.

- Nous l'indiquions, les interventions économiques des collectivités locales sont, avant tout, destinées aux PME Il existe désormais une *définition de référence* de ce type d'entreprise, à laquelle il convient de se référer. En effet, la Commission a fixé les conditions de validité des aides aux PME dans un encadrement en 1992 [31], afin que celles-ci soient compatibles avec le droit communautaire. La Commission a revu cette définition dans une recommandation du 3 avril 1996 [32] qui a été suivi d'un encadrement le 23 juillet de la même année [33].

En conséquence, entrent dans la catégorie des PME :

* d'une part, les petites entreprises qui emploient moins de 50 salariés dont, soit le chiffre d'affaires annuel n'excède pas 7 millions d'euros (45 millions de francs), soit le total du bilan annule n'excède pas 5 millions d'euros (32 millions de francs) et qui ne sont pas détenues directement ou indirectement pour 25 % ou plus de leur capital ou des droits de vote par une ou plusieurs entreprises ne satisfaisant pas à ces conditions ; il s'agit d'éviter que les grands groupes ne constituent artificiellement des filiales pour accéder aux aides locales ;

* d'autre part, les entreprises moyennes qui emploient moins de 250 salariés, dont, soit le chiffre d'affaires annuel n'excède pas 40 millions d'euros (260 millions de francs), soit le total du bilan annuel n'excède pas 27 millions d'euros (177 millions de francs) et qui ne sont pas directement ou indirectement détenues à 25 % ou plus de leur capital ou des droits de vote par une ou plusieurs entreprises ne satisfaisant pas à ces conditions.

- La Commission a adopté en matière d'aides locales et régionales aux PME de nouvelles lignes directrices applicables à partir du 1er janvier 2000. C'est la raison pour laquelle le gouvernement français a été amené à modifier le régime de certaines aides directes (PRCE et PRE). Il en découle le régime N199/99 approuvé par la Commission. Sa lecture nous apporte **une seconde série de précisions en ce qui concerne le type de dépenses des entreprises pouvant bénéficier d'une aide** au regard du droit communautaire. Il s'agit :

* des investissements matériels qui comprennent les terrains, bâtiments et les équipements et, en cas de reprise, le rachat de ces actifs ainsi que la rénovation d'équipements touristiques ;

* des investissements immatériels qui comprennent les dépenses liées aux transferts de technologies opérés sous la forme d'acquisition de brevets, de licences d'exploitation, de connaissances techniques brevetées et non brevetées, et des frais résultant des études directement liées au projet d'investissement ;

* des loyers dus dans le cadre de l'exécution d'un contrat de crédit-bail contracté pour le financement d'un investissement.

▶ Une **troisième série de précisions** découle du règlement de la Commission du 12 janvier 2001 [34], concernant l'application des articles 87 et 88 (anciennement 92 et 93) du Traité CE aux aides aux petites et moyennes entreprises. Si ces articles posent bien comme principe qu'il interdit d'aider les entreprises, le règlement du 12 janvier 2001 confirme que les régimes d'aides en faveur des PME bénéficient d'un régime dérogatoire, tout simplement parce que le Conseil et la Commission ont très généralement considéré qu'il y avait peu de risque que les aides en faveur des PME troublent réellement les règles de concurrence. Surtout ils ont constaté qu'elles avaient leur utilité au même titre que les aides en faveur d'activités dans les régions en retard de développement ou souffrant de sous-emploi.

Quels critères convient-il de respecter pour entrer dans ce régime dérogatoire ? La Commission dans son règlement fixe clairement **les limites acceptables en matière d'aides aux PME.**

- S'agissant des aides à l'investissement dans les immobilisations corporelles et incorporelles, elles ne peuvent dépasser 15 % du coût de cet investissement pour les petites entreprises et 7,5 pour les moyennes entreprises.

- S'agissant des aides sous forme de services de conseil - souvent prisées par les PME - celles-ci ne peuvent excéder 50 % du coût afférent à ces services, qui ne peuvent avoir un caractère permanent ni couvrir les dépenses de fonctionnement normales de l'entreprise, telles que des services réguliers de conseil fiscal, juridique ou de publicité. Le même pourcentage est admis pour les aides finançant la participation aux foires et expositions.

- Pour échapper à l'obligation de notification (lire ci-après), le total des aides individuelles obtenues doit se situer en dessous de 15 millions d'euros.

C - Quelles démarches doivent entreprendre les collectivités locales ?

Soyons parfaitement clairs : il ne revient pas aux autorités locales décentralisées de notifier directement à la Commission un éventuel dispositif d'aide ou de présenter une demande préalablement à l'attribution d'une aide. Seul l'État est compétent pour établir ce type de relation avec la Commission et plus précisément, au sein du gouvernement, cette tâche revient au Secrétariat général du comité interministériel pour les questions de coopération économique européenne (désigné communément par le sigle SGCI).

Plus précisément, deux hypothèses sont à envisager :

- Lorsqu'un **dispositif d'interventions économiques a été notifié** à la Commission et que cette dernière a bien donné son accord, estimant qu'il n'y avait pas incompatibilité avec les règles évoquées précédemment, concrètement les aides pourront être attribuées aux entreprises ou aux autres destinataires, sans qu'il soit nécessaire de faire transiter chaque dossier par Bruxelles. Répondant à une question précise sur point d'un parlementaire, le ministre de l'Intérieur a eu l'occasion d'officialiser clairement cette position [35]. Tel est donc le cas, nous venons de le voir, du dispositif d'aides locales créé en 1982. Les autorités locales n'ont donc pas d'initiatives particulières à prendre vis-à-vis de la Commission.

Simplement l'appréciation de la Commission étant fondée sur des modalités précises, il convient que ce règlement soit respecté dans chaque cas concret. D'ailleurs le préfet serait éventuellement fondé, dans ce cas, à relever une possible illégalité et à déférer la décision d'attribution de l'aide au juge administratif. De plus, la Commission demande généralement que lui soit présenté chaque année un rapport, retraçant les conditions d'application du dispositif d'aides. Elle serait donc à même de détecter les éventuels écarts avec les règles qui lui avaient été initialement transmises.

- Lorsqu'il s'agit d'**une aide spécifique** ne ressortissant pas d'un dispositif préalablement notifié, il est logiquement nécessaire que, préalablement à l'attribution, la Commission soit saisie. La collectivité locale ne peut donc le faire directement. Elle doit informer le préfet des modalités de l'aide qu'elle envisage d'attribuer. Celui-ci saisira à son tour le SGCI qui transmettra à la Commission. C'est le SGCI, ensuite, qui informera la collectivité locale de la réponse de la Commission, via le préfet. C'est également le SGCI qui informera la collectivité qu'un éventuel silence de la Commission vaut approbation.

Il convient de suivre la même procédure, dans le cas d'une aide qui dérogerait au règlement qui a été initialement notifié à la Commission. Il en est de même si l'aide attribuée se cumule avec d'autres au profit du même destinataire ou du même projet.

Naturellement, l'importance financière résultant du cumul serait de nature à fausser la concurrence, alors que les règles examinées par la Commission ne le laissaient pas apparaître.

Toutefois, une souplesse existe s'agissant des aides de faible importance, telles qu'elles ont été définies ci-dessus à partir de l'interprétation faite de la communication du 20 février 1990. Dans ce cas une simple « notification-information » suffit. La compatibilité est présumée. Il n'y a donc pas lieu d'attendre de réponse. Or l'examen de la pratique montre qu'une majeure partie des aides attribuées entre dans cette catégorie.

Il est utile ici d'apporter une dernière précision.

Le nouveau règlement du 12 janvier 2001, évoqué ci-dessus, concernant les aides aux petites et moyennes entreprises comporte d'importantes mesures de simplifications.

Nous l'indiquions, le Conseil et la Commission ont un *a priori* favorable à l'égard des PME. Et ils considèrent très généralement qu'il y a peu de risques que les aides dont elles bénéficient troublent réellement les règles de la concurrence. Au contraire, ils sont plutôt convaincus de leur utilité, comme les aides destinées aux régions en retard de développement ou souffrant de sous-emploi. En conséquence, ils ont cherché, au fil des années, à simplifier les procédures.

Il est, désormais, possible d'exempter ces régimes de l'obligation de notification.

En effet, afin d'éviter une multiplication des procédures entre la Commission et les États membres, relatives à des régimes d'aides considérés comme secondaires, le Conseil a adopté le règlement n° 994/98 du 7 mai 1998, sur l'application des articles 87 et 88 du Traité. Il en ressort que la Commission peut décider - à son tour par voie de règlement - que certaines catégories d'aides, à partir du moment où elles respectent quelques critères généraux, sont automatiquement compatibles avec le marché commun et, de ce fait, n'ont pas à être notifiées préalablement. Il restait à concrétiser cette possibilité, expressément prévue s'agissant des aides en faveur des PME.

C'est précisément à cette simplification que vient de procéder la Commission par son règlement du 12 janvier 2001. Est désormais posé comme principe que les aides individuelles aux PME sont dispensées de notification. La précision est importante pour les collectivités locales : c'est presque exclusivement aux petites et moyennes entreprises que sont destinés leurs dispositifs d'aides.

Rappelons donc qu'il convient de respecter les plafonds fixés en matière d'aides aux PME (voir ci-dessus), à savoir :

- s'agissant des aides à l'investissement, 15 % du coût de cet investissement pour les petites entreprises et 7,5 % pour les moyennes ;

- s'agissant des aides sous forme de conseils, celles-ci peuvent atteindre 50 % des coûts afférents à ces services ;

- pour échapper à l'obligation de notification, **le total des aides individuelles obtenues doit se situer en dessous de 15 millions d'euros.**

Notes

1. Vincent Coussirat-Coustere, « Les aides locales aux entreprises face au droit communautaire », *AJDA,* avril 1985, p. 171.
2. CJCE, 22 mars 1977, Steinicke et Weinling c/Allemagne, aff. 78/76, *Rec.* p. 597.
3. CJCE 14 octobre 1987, Commission c/République italienne, aff. 169/82, *Rec.* p. 1603 ; CJCE RFA c/Commission, aff. 284/84, *Rec.* p. 4036. Dans ce dernier cas, il s'agissait d'un régime d'aide institué par un Land.
4. Affaire Steinicke et Weinling précitée. Il en est ainsi d'une taxe parafiscale transitant par une organisation professionnelle qui en assure sa redistribution.
5. Ce que la doctrine a maintes fois souligné : O. Montalto et P. Medina Palomino, « Aides d'État et moyens de défenses des entreprises », *Rev. Marché unique européen,* n° 4, 1991, p. 11 ; Jacques Biancarelli, « Le contrôle de la Cour de justice des Communautés européennes en matière d'aides publiques », *AJDA,* juin 1993, p. 412.
6. CJCE 12 juillet 1973, Commission c/République fédérale d'Allemagne, n° 47/69, *Rec.* p. 713
7. CJCE 7 juin 1988, République hellénique c/Commission aff. n° 57/86, *Rec.* p. 2855 ; CJCE 13 juillet 1988, France c/Commission, aff. n° 102/87, *Rec.* p. 4067.
8. CJCE 25 juin 1970, France c/Commission, n° 47/69, *Rec.* p. 487.
9. Naturellement, l'État a la possibilité de contester la décision de la Commission dans un délai de deux mois devant la Cour de justice des Communautés européennes
10. Citée *in* ministère de l'Intérieur, « L'action économique des collectivités locales », La Documentation française, 1992.
11. En l'absence d'investissements spécifiques ou d'objectifs en matière d'emplois.
12. Communication de la Commission, 92/C 213/02, du 20 mai 1992, *JOCE,* C 213, 19 août 1992.
13. Communication de la Commission relative aux aides de minimis, *JOCE,* C, 68, 6 mars 1996.
14. Lignes directrices de 1997, pt. 2 et 3.
15. Laurence Idot, « Les aides aux entreprises en difficulté et le droit communautaire », *RTD eur.* 34(3), juill.-sept. 1998, pp. 295-315.
16. Par ex. TPI 30 avril 1998, Vlaanse Gewest, aff. T-214/95, *Rec.* p. II- 717.
17. Pour plus d'information sur ces nouvelles procédures et les conséquences qui en résultent, lire : Jean-Paul Keppenne, « (R)évolution dans le système communautaire de contrôle des aides d'État », *Revue du Marché unique européen,* n° 2/1998, pp. 125-156.
18. Approbation le 22 décembre 1987.
19. C'est le cas du décret n° 82-807 du 22 septembre 1982, relatif à la prime régionale à l'emploi et du décret n° 82-809, de la même date, relatif aux aides à l'achat ou à la location de bâtiments qui fixent des plafonds différenciés suivant un zonage. Le décret n° 82-806 ne fixe pas exactement un plafond brut assorti d'une condition de création d'emploi que détermine le conseil régional. Ce texte répond donc aux règles arrêtées par la Commission.
20. Décret n° 82-806.
21. Approbation le 10 octobre 1984.
22. Approbation le 27 septembre 1990.
23. On relève une approbation le 10 octobre 1984.
24. Il est notamment précisé dans ce texte que le taux des prêts et avances à long terme ou bonifiés par les régions, est au minimum égal au taux moyen des obligations à long terme pour les emprunts du secteur public de 1re catégorie.
25. Communication de la Commission européenne 97/C 283/02 relative aux lignes directrices communautaires pour les aides d'État au sauvetage et à la restructuration des entreprises en difficulté, *JOCE,* C 283 du 19 septembre 1997.
26. Pour plus d'information, lire : Laurence Idot, « Les aides aux entreprises en difficulté et le droit communautaire », *RTD eur.* n° 34 (3), juill.-sept. 1998, pp. 295-315.
27. Catherine Pourre, « Le cumul d'aides », *AJDA,* juin 1993, p. 444. Ces observations demeurent tout à fait valables.
28. C.J.CE 16 juillet 1996, SFEI, aff. C-39-94, *Rec.* p. I-3 547.
29. TC 19 janvier 1998, préfet de la région d'Ile-de-France, préfet de paris c/tribunal de commerce de Paris, Syndicat français de l'Express international (SFEI) et cinq sociétés c/La Poste et autres, req. n° 3084, *AJDA* 1998, p. 530. Lire surtout à ce sujet l'article de Jean-Yves Cherot, « Le juge judiciaire et l'article 93, paragraphe 3, du traité de Rome », *AJDA* juin 1998, p. 467.
30. Pour plus de développement sur l'imputabilité à l'État des avantages accordés par les entreprises publiques : CCE 5 mai 1985, Van der Kooy, aff. jtes 68/85 et 70/85, *Rec.* p. 1315 ; TPI CE 12 décembre 1996, Air France c/Commission, aff. T-358/94, *Rec.* p. II-2109. Sur cette jurisprudence : Anne Wachsmann, « Les aides de l'État doivent-elles encore avoir une origine étatique ? », *Europe,* avril 1997, pp. 4-6 et Jean-Yves Cherot, « Les aides d'État dans les communautés européennes », Economica, 1998.
31. *JOCE* C 213 du 19 août 1992, p. 2.
32. Recommandation 96/280/CE du 3 avril 1996, *JOCE* L. 107 du 30 avril 1996, p. 4.
33. Encadrement communautaire pour les aides aux petites et moyennes entreprises, *JOCE* C 213 du 23 juillet 1996.
34. Règlement (CE) n° 70/2001 de la Commission du 12 janvier 2001, concernant l'application des articles 87 et 88 du traité CE aux aides d'État en faveur des petites et moyennes entreprises, *JOCE* L 10/33 du 13 janvier 2001. Hervé Groud, « Aides en faveur des PME : le nouveau régime communautaire », Alerte, *La Lettre du Cadre Territorial,* n° 210, 15 avril 2001, p. 51-52.

35. Le ministre de l'Intérieur a expressément déclaré : « *L'article 93 du traité de Rome n'implique pas, dans le cas des interventions directes ou indirectes des collectivités territoriales en matière économique, al communication de chacune des délibérations correspondantes prises par celles-ci* » (JO Ass. Nat. 19 mars 1984, p. 1287).

III ▪ Les contrôles

Si la loi du 2 mars 1982 a supprimé les tutelles administratives et financières et allégé la tutelle technique, elle a logiquement maintenu un contrôle de légalité puisque l'indivisibilité de la République exige de s'assurer que les collectivités locales respectent bien la loi, ainsi que l'a rappelé le Conseil constitutionnel dans ses décisions du 25 février 1982.

L'article 72 de la Constitution confie, plus précisément, au représentant de l'État, c'est-à-dire au préfet, le soin d'effectuer ce contrôle.

Ce rôle essentiel des préfets recouvre la vérification du respect des normes internes comme des normes communautaires puisque le Conseil constitutionnel a eu l'occasion de préciser que ce contrôle avait comme finalité d'« *assurer le respect des lois et, plus généralement, la sauvegarde des intérêts nationaux auxquels, de surcroît, se rattache l'application des engagements internationaux contractés à cette fin* ». De plus, la loi du 6 février 1992, relative à l'administration territoriale de la république confie (article 5) aux préfets de région la charge de mettre en œuvre les politiques nationales « communautaires » concernant le développement économique et social et social et l'aménagement du territoire.

Toutefois, le contrôle à caractère général effectué par les préfets n'exclut pas l'intervention des institutions communautaires lorsqu'il s'agit de vérifier le respect des règles qu'elles ont émises.

L'examen des procédures de contrôle laisse apparaître de larges insuffisances, qu'il s'agisse du droit interne ou du droit communautaire. Les faiblesses du contrôle ont été plusieurs fois soulignées et critiquées [1]. Il faut reconnaître que les procédures allant jusqu'à leur terme ne sont pas fréquentes. Peut-être doit-on considérer que dans leur fonctionnement actuel, les procédures de contrôle ont autant comme finalité de mettre en œuvre une pédagogie que d'appliquer des sanctions, ainsi que semble le démontrer la concertation régulière entre le SGCI et les services de la Commission, qu'il s'agisse des règles générales applicables en matière d'aide ou d'affaires précises. La procédure de concertation, préalable au déféré préfectoral, relève du même objectif et permet de faire connaître à la collectivité concernée la manière dont les services étatiques et communautaires interprètent les textes et donc la manière dont la collectivité locale concernée peut rectifier sa décision.

Qu'elles aillent jusqu'à leur terme - décision du juge administratif ou de la CJCE - ou qu'elles s'arrêtent à la phase « pédagogique », les procédures de contrôle ont en tout cas permis d'apporter des précisions quant à certaines pratiques faisant l'objet de critiques.

1. Les références aux appels de note numérotés se trouvent en fin de chapitre, p. 101

A - L'examen des procédures de contrôle

1. Le contrôle des règles de droit interne

a) Il revient donc aux préfets d'assurer le contrôle de légalité

Les règles de droit commun s'appliquent [2]. Les décisions relatives aux interventions économiques sont donc exécutoires de plein droit, dès qu'elles ont été transmises à la préfecture et publiées.

S'agissant de la procédure, il convient simplement d'apporter les précisions suivantes :

- Comme on le sait, la circulaire du 22 juillet 1982 invite les préfets à informer, préalablement à la saisine du juge administratif, des illégalités entachant l'acte. Le juge a eu l'occasion de rappeler qu'il n'y avait aucune obligation légale à cette démarche [3]. Toutefois, selon les études que nous avons eu l'occasion de réaliser, cette pratique est quasi automatique dans le cas des interventions économiques locales. Or dans son célèbre arrêt du 18 avril 1986 [4], le Conseil d'État a notoirement encouragé cette démarche puisqu'il a estimé que les observations adressées par un préfet à une collectivité locale sur la légalité de l'un de ses actes avaient le caractère d'un recours gracieux et prorogeaient, de ce fait, le délai du recours contentieux ouvert par le préfet. Le règlement du litige par une voie non contentieuse se trouve ainsi favorisé.

  Cette phase de concertation permet généralement une meilleure information des autorités locales quant au contenu d'un droit parfois complexe. Nous avons pu observer que des élus locaux prennent parfois l'initiative de cette démarche afin de disposer, avant une décision définitive, de toutes les assurances de conformité, relativement au droit communautaire.

- Compte tenu des impératifs constitutionnels, le législateur a institué un double mécanisme de contrôle. D'une part, le préfet défère au tribunal administratif les actes qui lui ont été transmis et qu'il estime contraire à la légalité mais, d'autre part, le législateur a également souhaité permettre à tout intéressé (outre le recours pour excès de pouvoir classique dont il dispose) de demander au préfet de mettre en œuvre cette procédure de contrôle de légalité. Les études que nous avons eu l'occasion d'entreprendre montrent que **cette possibilité est assez largement utilisée dans le cas des interventions économiques locales par des entreprises concurrentes ou par d'autres demandeurs d'aides dont les dossiers ont été écartés. C'est, à notre sens, le principal risque de contestation des décisions relatives aux interventions économiques locales.**

Rappelons que le juge a eu l'occasion de préciser les modalités de cette intervention de toute personne ayant un intérêt auprès du préfet.

Dans un premier temps, le Conseil d'État avait jugé qu'une demande adressée au préfet, afin que ce dernier défère au juge administratif un acte d'une collectivité locale, ne prolongeait pas le délai dont dispose le préfet pour exercer lui-même un recours contre une décision [5]. Il avait également estimé qu'un refus de déférer constituait un acte susceptible de recours [6].

Un revirement de jurisprudence est intervenu par l'arrêt « Brasseur » de 1991[7]. Dans cette décision - qui n'a pas été remise en cause - le Conseil d'État considère que la décision de refus n'est pas un acte susceptible de recours mais elle proroge le délai de recours dont dispose l'intéressé pour former directement un recours contre ledit acte. Encore une fois l'examen de la pratique montre que les entreprises concurrentes mettent à profit ce délai pour préparer un recours contre la décision locale après l'abstention fréquente du préfet.

S'agissant du fond, il semble bien que les préfets répugnent, le plus souvent, à déférer les délibérations ayant trait aux interventions économiques des collectivités locales, dans la mesure où ces décisions ont assez souvent comme finalité première l'emploi. Toutefois en raison des critiques engendrées par ce comportement, on peut observer des déférés à l'encontre des illégalités les plus criantes.

Les déférés préfectoraux concernant des décisions relatives à des interventions économiques locales constituent une faible proportion. Mais d'un point de vue général, les observations faites par le Conseil d'État dans son rapport public pour 1993[8] nous semblent parfaitement s'appliquer au cas du contrôle des interventions économiques des collectivités locales.

Sont relevées d'indéniables différences géographiques quant à la manière dont est exercé le contrôle de légalité. Dans un département, une interprétation très large de la notion d'aide aux entreprises en difficulté peut-être tolérée, au point que tout un secteur économique (l'artisanat) pourra bénéficier d'intervention, tandis que dans un autre département on exigera l'identification précise, préalable, des entreprises bénéficiaires de telles aides. Il n'est pas rare non plus qu'un changement de préfet occasionne de sensibles modifications d'interprétation.

b) Les juridictions financières sont également amenées à examiner les interventions économiques locales.

Comme on le sait, les chambres régionales des comptes exercent trois séries de compétences : le jugement des comptes, l'examen de la gestion et le contrôle budgétaire.

Dans le cadre de ce dernier contrôle, les CRC sont amenées à être saisies dans quelques cas se rapportant à des interventions économiques. Deux hypothèses nous paraissent prépondérantes :

- Dans le cas d'une garantie d'emprunt ou d'un cautionnement accordé à une entreprise, si l'appel en garantie vient à jouer, il s'agit légalement d'une dépense obligatoire. Il revient au juge administratif de se prononcer quant à l'absence d'une dépense obligatoire dans un budget local. Mais la CRC sera saisie afin de proposer une solution permettant de dégager des crédits suffisant pour le mandatement de cette dépense obligatoire.

- Il pourrait arriver qu'en raison d'interventions hasardeuses, il soit difficile de présenter et voter le budget en équilibre. La CRC pourrait être saisie afin de proposer les mesures propres à rétablir l'équilibre.

Le **jugement des comptes** peut conduire une CRC à sanctionner la gestion de fait résultant de la gestion des aides publiques dans le cadre d'une institution-relais[9].

Mais c'est surtout dans le cadre de l'examen de la gestion que les CRC sont amenées à examiner plus globalement les interventions économiques locales. Elles ont à apprécier à la fois **la régularité des aides mises en œuvre et les modalités des dispositifs d'aides aussi bien au regard du droit que de leur efficacité**. On pourra se reporter à une synthèse éclairante de ces travaux des CRC [10]. Naturellement, ce sont les cas « pathologiques » qui sont relevés. Il convient don de relativiser les observations relatées. On peut néanmoins relever que les CRC s'inquiètent d'une insuffisance fréquente des études préalables, d'un contrôle insuffisant des obligations imposées parfois au destinataire de l'aide, d'une évaluation insuffisante par les collectivités des résultats acquis.

La Cour des comptes a moins l'occasion d'apprécier directement les interventions économiques des collectivités locales. Il faut tout de même rappeler que son rapport annuel comporte désormais des observations relatives à la gestion locale, fondées sur les travaux des CRC. Plus précisément, en 1996, elle a publié un rapport public particulier consacré aux « *Interventions des collectivités territoriales en faveur des entreprises* » [11] élaboré à partir d'enquêtes auprès de 16 chambres régionales. Outre les observations relatives à un insuffisant suivi, on retiendra une critique du cadre juridique trop souvent transgressé par les autorités décentralisées.

2. Le contrôle des règles communautaires

a) Ainsi que nous l'indiquions ci-dessus, il revient au préfet d'apprécier globalement la légalité des décisions locales, y compris au regard des normes communautaires et de déférer au juge administratif - après en avoir éventuellement averti la collectivité et tenté d'en obtenir rectification dans le cadre d'une concertation - celles qu'il estime contraires au droit.

Il est arrivé que le juge administratif puisse se référer directement à une norme communautaire. La démonstration en a été apportée dans un jugement relativement récent du tribunal administratif de Rennes [12].

Les faits sont relativement simples. Le département des Côtes d'Armor avait, par une délibération du 18 janvier 1990, fixé le barème de la vignette automobile correspondant à l'année 1991, comme le font tous les départements. Il ressortait de ce barème que les véhicules de plus de 16 CV fiscaux étaient assez lourdement taxés. Or il n'y a pas de véhicule de ce type fabriqué en France. On pouvait donc éventuellement en conclure que le département des Côtes d'Armor cherchait à décourager l'importation et l'achat de véhicule de ce type, en tout cas dans ce département, et donc à apporter une aide à l'industrie automobile hexagonale. Cette impression était effectivement corroborée par le fait que la tranche des 12 à 16 chevaux dans laquelle il y a des véhicules de fabrication française était nettement moins onéreuse.

A vrai dire, au regard de la loi française, la délibération ne paraissait pas illégale. Effectivement, le CGI laisse une grande liberté aux départements pour fixer le barème. Donc le département des Côtes d'Armor pouvait prévoir une tranche plus onéreuse s'agissant des véhicules de plus de 16 CV, d'ailleurs le Conseil constitutionnel admet qu'en raison de la décentralisation, le poids de la fiscalité ne soit pas partout le même.

Mais le TA de Rennes s'est référé directement à une norme européenne qu'il a considérée comme suffisamment claire pour être interprétée directement, en raison des précisions apportées par des arrêts de la Cour de justice des Communautés à propos précisément de taxes portant sur les véhicules à moteurs [13].

La légalité de la délibération a été appréciée directement par rapport au Traité et, plus précisément, par rapport à son article 95 [14].

Il est vrai que ces dispositions avaient été explicitées par la C.J.CE Elle avait en particulier estimé que l'établissement des tranches d'imposition était discriminatoire pour les véhicules de plus de 16 CV, dès lors que ceux-ci sont tous de fabrication étrangère et étaient plus fortement taxés que les véhicules de fabrication française.

C'est la démonstration qu'une juridiction administrative de première instance n'hésite pas à faire application directe d'une norme communautaire. C'est également la démonstration de la pénétration du droit communautaire en droit interne français. Il s'agit bien sûr de la suite logique du célèbre arrêt Nicolo [15].

Toutefois, **cette jurisprudence a été possible parce que la Cour de justice avait fait une interprétation extrêmement précise des dispositions** auxquelles contrevenait la délibération.

Tel n'est pas le cas général. Hormis l'obligation pour les États de ne pas mettre en œuvre des aides non préalablement notifiées ou qui seraient en cours d'examen dans les services de la Commission, **la Cour de justice estime que les articles 92 et suivants n'ont pas d'effet direct**. Le Conseil d'État a fait la même interprétation [16].

En conséquence, seule la Commission peut mettre en œuvre les procédures de l'article 93 visant à faire constater l'incompatibilité de l'aide.

Se prononçant sur déféré préfectoral, le juge administratif ne pourra généralement qu'apprécier les obligations relatives à la procédure ou sur les quelques dispositions de droit communautaire incorporées en droit interne, comme les règles de zonages ou les plafonds.

Généralement, s'ils estiment qu'une décision locale, sans être contraire au droit interne, ne respecterait pas une règle de droit communautaire, les préfets simplement attirent l'attention des collectivités locales sur les conséquences du maintien d'une telle décision, sans, le plus souvent, saisir le juge administratif. En revanche, à l'issue d'une procédure engagée par la Commission concluant à l'incompatibilité de l'aide, les préfets sont amenés, en principe à demander le retrait du système d'aides mis en place par la collectivité.

b) Il n'est pas rare, semble-t-il, que la Commission soit alertée par une entreprise concurrente ou par ses propres services du versement d'aides incompatibles avec les dispositions du Traité.

Il arrive également que la consultation de la presse ou le dépouillement des documentations distribuées par les collectivités locales ou leurs partenaires attirent son attention sur d'éventuelles irrégularités.

Généralement, le non-respect des articles 92 et 93 du Traité résulte de deux hypothèses :
- l'État ou la collectivité ne se sont pas conformés aux dispositions de la décision faisant suite à la procédure de notification ;
- ou bien l'État n'a pas notifié le système d'aides préalablement à son attribution.

Les services de la Commission sont donc amenés à intervenir directement.

D'une manière générale, **le Traité confie aux institutions communautaires des pouvoirs de sanctions à l'encontre des États** qui ne respecteraient pas ses stipulations. Plus précisément en matière d'aides, l'article 93 al. 3 du Traité définit une procédure qui n'est pas sans rappeler ce que l'on peut observer en droit interne.

La Commission établit un constat argumenté établissant la non compatibilité de l'aide et en informe l'État. Une concertation peut mettre fin à la difficulté. Les services de la Commission ont d'ailleurs tenté de prévenir ce type de conflit en demandant au moment où est approuvé un système d'aides la production de rapports réguliers sur son application. Le perfectionnement et la généralisation de ce dispositif devraient conduire à terme à un suivi permanent évitant tout contentieux. Rien n'interdit aux collectivités locales françaises d'en prendre l'initiative, via les préfets.

Mais en cas d'échec à l'issue de cette concertation, **la Commission peut saisir la Cour de justice** pour manquement de cet État aux obligations lui incombant en vertu des articles 92 et 93 du Traité.

Il convient ici de noter une précision importante : **le recours devant la Cour de justice est engagé exclusivement contre l'État et non contre la collectivité locale** qui a attribué une aide dans le non respect des dispositions du Traité. C'est à l'État qu'il reviendra ensuite d'engager les actions qui lui paraissent nécessaires à l'encontre de cette collectivité.

Se pose d'ailleurs ici une question de fond qui n'est pas encore parfaitement résolue. La notification est une mesure qui, ainsi que le précise l'article 189 du Traité, « *est obligatoire en tous ses éléments pour **les destinataires qu'elle désigne*** ». Or elle est notifiée exclusivement au gouvernement. Elle n'a pas d'autre destinataire que l'État. **Dans quelle mesure est-elle opposable, en droit interne, à une collectivité locale ?** On peut estimer qu'elle s'impose à toutes les administrations composant l'État, quelle que soit l'organisation choisie, centralisée, décentralisée, fédérale. La solution mériterait d'être précisée en droit interne, tant elle engendre des hésitations.

c) Depuis 1973, si une aide a été versée en infraction avec les dispositions des articles 92 et 93 du Traité, la Commission peut assortir sa décision d'incompatibilité d'une obligation de restitution.

En effet ce principe de récupération a été posé par la Cour de justice dans son arrêt du 12 juillet 1973, Commission c/Allemagne 17. La pratique montre que la Commission en fait usage d'une façon quasi-systématique.

Cette procédure appelle deux remarques :

- **L'entreprise destinataire de l'aide litigieuse ne peut pas se prévaloir d'un droit acquis.** Dès novembre 1983, dans une communication[18], la Commission a insisté sur le caractère précaire de l'aide en précisant que « *tout bénéficiaire d'une aide octroyée illégalement, c'est-à-dire sans que la Commission ait abouti à une décision définitive sur sa compatibilité, peut être amené à restituer l'aide* ». Les États membres ne peuvent ignorer cette conséquence : elle est désormais rappelée régulièrement par les services de la Commission, notamment lors des décisions faisant suite aux notifications de systèmes d'aides. La Cour de justice a renforcé la position de la Commission en confirmant à plusieurs reprises que l'entreprise ne pouvait se prévaloir d'une présomption de régularité de l'aide [19], ce qui a mis fin à tout débat.

- Si l'État est seul destinataire de la décision, **elle s'adresse à tous ses organes internes qui ont pu attribuer des aides dans des conditions litigieuses.** Cette position de la Commission a également été confirmée par la Cour de justice. Un État ne peut donc, en principe, mettre en avant les modalités de son organisation administrative pour justifier l'impossibilité de récupérer l'aide illégalement accordée.

Toutefois la restitution de l'aide peut effectivement poser quelques problèmes en droit interne. L'État français en est responsable vis-à-vis des institutions communautaires mais il dispose de peu de moyens de pression à l'égard de la collectivité locale qui pourrait se montrer peu empressée de récupérer l'aide auprès de l'entreprise, notamment en raison des conséquences économiques et sociales que cela est susceptible d'occasionner.

Il ne semble pas qu'il y ait en droit français de moyen de pression adapté.

Une seule solution paraît pouvoir être mise en œuvre. Le préfet doit officiellement demander à la collectivité de procéder à la récupération de l'aide versée. Si elle s'abstient de le faire, cette décision expresse ou tacite de la collectivité devrait ensuite être déférée devant le juge administratif. Observons simplement que d'un point de vue général, les préfets répugnent à contester la légalité des décisions locales relatives à des interventions économiques.

d) Il peut être utile d'apporter quelques dernières remarques en conclusion de ce raisonnement.

On l'a compris, en droit communautaire, il y a très peu d'obligations qui s'imposent directement aux collectivités locales. La raison est simple : les traités ignorent, pour l'essentiel, les distinctions entre personnes publiques. On peut simplement constater qu'existe un ensemble d'obligations qui s'imposent indifféremment à l'ensemble des autorités publiques.

S'agissant plus précisément des aides publiques aux entreprises, elles sont dénommées *« aides accordées par les États »*, parce qu'elles sont financées sur fonds publics, sans qu'il y ait lieu de distinguer entre l'État et les collectivités locales.

Il n'en demeure pas moins qu'en cas d'infraction, la responsabilité de l'État pourrait être engagée. Il lui revient donc de vérifier que les dispositifs locaux sont bien conformes au droit communautaire.

C'est la raison pour laquelle lorsqu'il a fallu mettre en conformité les principales aides directes (PRCE et PRE) et certaines aides indirectes (aides à l'immobilier principalement), l'État français pour tenir compte des nouvelles lignes directrices adoptées par la Commission et applicables à partir du 1er janvier 2001 a dû préparer une réforme des articles réglementaires du CGCT. Le gouvernement français ayant présenté les principales dispositions (devant être adoptées par décret ensuite), il a résulté le régime N198/99 approuvé par la Commission européenne. Le décret du 9 juillet 2001 intègre l'essentiel de ses modalités. Il revient enfin à l'État français de veiller - notamment dans le cadre du contrôle de légalité ou par le biais des conventions qu'il signe - que les collectivités locales respectent bien ce texte.

Certes, nous l'évoquions précédemment, le règlement du 12 janvier 2001 dispense de notification, les aides aux PME qui ne dépassent pas les seuils évoqués dans ce texte, mais il faut préciser que lorsqu'il y a doute, un État a toujours la possibilité de notifier un régime d'aide à la Commission, afin de s'assurer que l'ensemble de ses modalités ne fait pas problème.

Enfin, s'agissant des dispositions présentes dans le régime N198/99 mais non reprises par le décret du 9 juillet 2001, si l'État propose aux collectivités qui souhaitent les mettre en œuvre, de passer une convention avec lui, c'est, en premier lieu pour leur assurer une sécurité juridique et vérifier la compatibilité avec les dispositions communautaires.

B - Les précisions apportées sur certaines pratiques

1. Une mise en garde quant à l'utilisation d'institutions-relais

Avant même les textes de 1982, les collectivités locales, notamment les grandes villes, les départements et les régions avaient fréquemment signé des conventions avec des partenaires - comités d'expansion, chambres consulaires, institutions financières - afin de les associer à leur politique d'interventions économiques et parce qu'elles avaient besoin de leur compétence d'expert.

Après 1982, cette pratique a continué à se développer, des collectivités de moindre importance y ayant également recours.

S'il s'agit bien de bénéficier de la capacité d'expertise de ces partenaires, il n'y a pas lieu de s'inquiéter.

En revanche si l'utilisation d'institutions-relais a comme finalité principale de contourner certains interdits ou d'éviter les quelques rigueurs maintenues par les procédures, **il convient d'attirer l'attention des élus sur les risques pris.** Il n'est pas rare en effet, avant comme après 1982, qu'un partenaire, souvent privé, soit destinataire d'une subvention globale dont il fait bénéficier ensuite, en dehors du cadre légal et réglementaire, des entreprises.

Il n'est pas toujours aisé de distinguer entre un « pseudopode »[20] et un véritable partenaire. **Désormais, le juge administratif, comme le juge financier n'hésitent plus à condamner les cas les plus flagrants de détournement de procédures et à en tirer toutes conséquences pour les élus.**

a) Dans un jugement du 1er décembre 1987, le tribunal administratif d'Amiens [21] a annulé deux délibérations (des 13 octobre et 21 novembre 1986) du conseil général de l'Oise.

La première définissait le rôle d'une institution d'intervention économique, l'agence pour le développement de l'Oise (ADO), association régie par la loi de 1901 et présidée par le président du conseil général. La seconde autorisait un transfert de crédit d'environ 1 500 000 F au profit de cette agence.

Le TA a estimé que le conseil général ne pouvait légalement confier ses compétences en matière d'intervention économique, et notamment le budget global de ces interventions, à une agence départementale, simple association de droit privé. Le juge retient comme argument majeur que le conseil général ne peut déléguer, aux termes de la loi, l'exercice d'une partie de ses attributions qu'au profit de son bureau, ce qui exclut le transfert de son pouvoir de décision à une personne morale de droit privé distincte des organes du département lui-même.

Il est intéressant de noter que le conseil général avait tenté de justifier son intervention en arguant du fait qu'il conservait le contrôle de ses attributions en votant annuellement les crédits d'intervention économique et en délibérant sur les différents types d'aides à créer. Le président du conseil général avait notamment souligné que les conseillers généraux siégeaient au conseil d'administration de l'agence et, plus précisément, dans le comité des engagements. Le juge s'en est tenu à une stricte application du critère organique, refusant de reconnaître aux organes de l'agence un droit à décider et à agir à la place de ceux du département. Il a manifestement voulu sanctionner le caractère général et global du transfert de compétences.

b) La chambre régionale des comptes de Franche-Comté a eu l'occasion de se prononcer sur un deuxième cas assez proche et en tiré toutes les conséquences pour les autorités locales [22].

Un département avait créé un « comité d'expansion économique » chargé de la gestion d'un « fonds d'aide à l'innovation » permettant d'attribuer des subventions à des entreprises selon des règles édictées par l'assemblée délibérante de la collectivité. Estimant la procédure irrégulière, le trésorier-payeur général avait saisi la chambre régionale des comptes.

Non seulement **le président du conseil général a été effectivement déclaré comptable de fait par la chambre régionale mais aussi le président du comité d'expansion et le représentant de l'État dans le département**. En l'occurrence, la chambre régionale des comptes a relevé que les subventions versées aux entreprises par le comité d'expansion étaient attribuées selon des règles impérativement fixées par le seul conseil général. Les fonds ne faisaient, dès lors, que transiter par **le comité qui n'avait été mis en place, selon la cour, que pour s'affranchir des règles légales**. De nombreux exemples identiques pourraient être cités [23].

c) On peut, ensuite, rapprocher ces deux décisions d'une jurisprudence montrant que le Conseil d'État tente maintenant, chaque fois qu'il le peut, de rechercher les véritables autorités administratives derrière les associations-écrans.

Ainsi dans un arrêt du 11 mai 1987 [24], il a estimé recevables les demandes tendant à l'annulation de décisions verbales du président d'une association, pure émanation de la ville de Paris. En effet, étant donné sa composition (le bureau comprenait deux élus et deux agents de la ville), son organisation (le maire de Paris est statutairement président de l'association), son mode de financement (elle ne percevait aucune cotisation, ses ressources provenaient de subventions de la ville), ces demandes « *doivent être regardées comme dirigées, en réalité, contre les décisions du maire de Paris ordonnant la mise en œuvre de ces actions et prévoyant leur financement sur les fonds mis à la disposition de l'association par la ville de Paris* ».

Ces décisions sont extrêmement importantes dans la mesure où elles sanctionnent de la façon la plus claire qui soit l'usage d'institutions-écrans.

Il est vrai que généralement les collectivités locales utilisent les services de plusieurs institutions qui exercent de réelles compétences de décisions sur certaines formes d'interventions. Et des décisions du Tribunal des conflits[25] montrent qu'il n'est pas toujours aisé de démontrer que les associations - ou autres institutions - ne constituent qu'un paravent, sans autonomie de décision. **Mais précisément dans ce cas, le Conseil d'État estime que celles-ci doivent respecter les règles légales et réglementaires s'appliquant aux aides qui relèvent en principe des compétences des collectivités locales. En aucune manière, le passage par une institution-relais ne permet de s'exonérer des règles et procédures.**

Ainsi, le Conseil d'État[26] a eu l'occasion de préciser que le fait que les bonifications d'intérêt - en principe compétence régionale - soient accordées par le biais d'un fond d'intervention financé, d'une part, par la région et, d'autre part, par d'autres collectivités territoriales et des chambres consulaires ne dispense pas de respecter les dispositions légales et réglementaires s'appliquant aux interventions économiques régionales.

Donc, **même si l'aide n'est financée que partiellement par la collectivité locale, même si elle est attribuée par une institution-relais, le droit régissant les aides économiques locales s'applique.** Sur ce point, droit interne et droit communautaire se rejoignent.

d) Comment éviter ces difficultés ?

Précisons immédiatement qu'**un partenariat avec une association n'est pas prohibé.** Les interventions économiques concrétisent l'existence d'un service public facultatif. Nous savons depuis le célèbre arrêt CE 13 mai 1938, Caisse primaire aide et protection[27] qu'il est possible de confier l'exécution d'un service public - y compris un service public administratif - à une personne privée, notamment à une association. Il est d'ailleurs acquis que le libre choix du mode de gestion d'un service public est une composante du principe de libre administration.

Cependant, **est prohibée une délégation de compétences qui serait totale** (ainsi qu'il est rappelé dans l'affaire Braine précitée, jugée par le tribunal administratif d'Amiens) **comme une délégation qui serait trop imprécise.**

La signature avec l'association d'une convention précise, l'habilitant à participer à l'exécution d'une partie du service public, est donc nécessaire. Il est même conseillé de prévoir une reddition des comptes auprès du budget de la collectivité.

Donc ne peut être délégué à l'association qu'une partie des compétences de la collectivité. **Cette association doit avoir sa propre politique d'intervention économique, afin d'éviter la gestion de fait**, ce qui n'exclut pas que la collectivité délégataire exerce un contrôle. Le même raisonnement peut être tenu pour les autres institutions-relais.

2. La question du cumul d'aides

Nous l'évoquions ci-dessus : il s'agit d'un des risques majeurs de non conformité des interventions économiques locales avec les règles communautaires. L'examen de la pratique conduit aux observations suivantes.

a) Par une circulaire du 12 janvier 1990, il a été précisément demandé aux préfets de région de vérifier que le total des aides dont bénéficie une entreprise de leur région n'excède pas les plafonds fixés par la Commission, notamment dans sa communication du 5 janvier 1985.

Dans un premier temps, le représentant de l'État doit s'assurer de la légalité des différentes aides versées, notamment locales. Ensuite, dans l'hypothèse où il relèverait un cumul dépassant les montants autorisés, le préfet doit en informer le gouvernement et, plus précisément, le secrétariat général du comité interministériel. A son tour, le SGCI notifiera le cumul à la Commission.

b) La Commission a eu l'occasion de faire savoir qu'elle serait vigilante quant aux éventuels cumuls d'aides.

Elle reconnaît qu'il est inévitable que, lorsque plusieurs collectivités publiques interviennent en faveur de la même entreprise, il y ait cumul d'aides à finalité régionale. Mais elle a eu l'occasion de préciser que ce sont les règles de plafonnement usuelles qui - en principe - s'appliquent.

En conséquence, la Commission souhaite être informée par les États des éventuels risques. Ainsi, prises isolément, certaines aides n'ont pas besoin d'être notifiées, en raison de leur faible importance. Mais lorsqu'il y a cumul ou risque de cumul les services de la Commission ont indiqué qu'ils devaient en être avertis.

Lorsqu'il y a cumul d'aides à finalités différentes, **les règles de plafond suivantes s'appliquent** :

- tout projet d'investissement d'un montant total inférieur à 3 millions d'Ecus est dispensé de notification, quelle que soit l'importance financière des aides cumulées dont il bénéficie ;

- tout projet d'investissement représentant un montant se situant entre 3 et 12 millions d'Ecus doit être notifié préalablement si l'intensité des aides cumulées dépasse 25 % ;

- tout projet d'investissement supérieur à 12 millions d'Ecus doit être notifié avant toute décision d'intervention, si l'importance financière des aides cumulées dépasse 10 % ou si, dans les zones éligibles à prime d'aménagement du territoire (PAT), l'intensité des aides cumulées dépasse le taux maximum du régime de la PAT appliqué dans le département.

Contrairement à ce que l'on pourrait penser, les services de la Commission sont assez bien informés des risques de dépassement.

Elle dispose de nombreuses publicités ou publications faisant état des aides susceptibles d'être cumulées ou qui pourraient éventuellement l'être, même si ce n'est pas ouvertement suggéré.

Il semble bien qu'il y ait déjà eu plusieurs plaintes de tiers - particuliers ou entreprises - attirant l'attention de la Commission sur certains bénéficiaires de cumul d'aides.

Les limites dans lesquelles doivent se situer les interventions économiques locales sont donc claires. Toutefois, il n'est pas évident que la sanction puisse aller jusqu'à son terme.

c) Il revient donc au préfet au cours du délai de 2 mois d'informer la collectivité locale concernée que l'aide qu'elle a accordé à une entreprise entre dans un cumul dépassant les limites autorisées.

Dans un premier temps avant de saisir le SGCI, il doit, pour respecter les dispositions de la loi du 22 juillet 1982 ainsi que la circulaire du même jour relative au contrôle de la légalité, informer préalablement la collectivité locale de la difficulté rencontrée. Comme nous l'avons vu, cette intervention a été considérée par le Conseil d'État comme un recours gracieux faisant ainsi courir un nouveau délai de deux mois [28]. La collectivité locale a la possibilité de rectifier la délibération litigieuse ou de la retirer afin d'éviter le déféré préfectoral.

Il semble qu'il y ait peu d'observations des préfets adressées aux autorités locales décentralisées concernant des décisions d'aides risquant de dépasser les plafonds autorisés.

Mais il y a manifestement encore moins de décisions locales entraînant un cumul dépassant les plafonds, déférées devant le juge administratif. Or, au delà du délai de deux mois, il devient impossible d'obtenir l'annulation de l'aide entraînant le cumul donc d'espérer pouvoir obtenir une récupération de l'aide !

Quand bien même interviendrait un déféré préfectoral, il paraît peu probable que le juge administratif annule pour illégalité une aide occasionnant un cumul prohibé. En effet, la communication du 5 janvier 1985 n'a qu'une valeur indicative, si les États doivent se conformer aux règles relatives à la notification des aides publiques, ils n'ont pas obligation de respecter, eux-mêmes, directement cette communication. De plus, comme nous l'indiquions, le juge ne peut prendre en considération - l'article 92 du Traité n'ayant pas d'effet direct - que des règles reprises par des textes en droit interne. Or, il n'y a pas de texte législatif se référant expressément aux règles de plafond arrêtées par la Commission.

Notes

1. Richard Lagrange, « CEE et action économique des collectivités locales », *AJDA,* décembre 1991, p. 846 ; Jean Ravanel, *CDCE,* 1989, p. 180.
2. Code général des collectivités territoriales, article 2131-1 et suivants (communes), 3131-1 et suivants (départements), 4141-1 et suivants (régions).
3. CE 1er février 1989, commune de Briançon, *Rec.* T. 851.
4. CE Commissaire de la République d'Ille-et-Vilaine, 18 avril 1986, Rec. p. 423, *AJDA* 1986, p. 455, note Chabanol, *RFDA* 1987, p. 206, concl. Roux.
5. CE 16 mai 1986, Cassar, *Lebon,* T. p. 657 et CE. 28 janvier 1987, Courtet, *Lebon,* p. 17.
6. CE 18 novembre 1987, Marcy, *Lebon* p. 371.
7. CE Sect. 25 janvier 1991, Brasseur, *AJDA,* mai 1991, p. 395, chron. R. Schwartz et Ch. Mangué, p. 351.
8. CE Rapport public 1993, *Études et Documents* n° 45, La Documentation française, 1994, pp. 14-105.
9. Jean-Yves Bertucci, « L'activité des chambres régionales des comptes : la déclaration de gestion de fait », *AJDA,* novembre 1997, p. 852.
10. Jean-Yves Bertucci et Alain Doyelle, « L'activité des chambres régionales des comptes : le contrôle des interventions économiques des collectivités locales », *AJDA,* décembre 1994, p. 883
11. Cour des comptes, « Les interventions des collectivités territoriales en faveur des entreprises », Rapport particulier, novembre 1996, Les éditions du *Journal officiel.*
12. TA de Rennes, 27 février 1991, Peirera et Association française pour l'application du Traité de Rome (AFATRO), obs. R. Le Mehaute, *AJDA,* juillet-août 1991, p. 567.
13. CJCE 9 mai 1985, Humblo et 17 septembre 1987, Feldain.
14. Ainsi rédigé : « Aucun État membre ne frappe directement ou indirectement les produits des autres États membres d'impositions intérieures [...] supérieures à celles qui frappent [...] les produits nationaux similaires. En outre, aucun État membre ne frappe les produits des autres membres d'impositions de nature à protéger indirectement d'autres productions. »
15. CE Ass. Nicolo, *Leb.* p. 190. Pour mémoire : par cet arrêt, le CE a abandonné la jurisprudence issue de l'arrêt de section du 1er mars 1968, syndicat général des fabricants de semoule ; jusqu'alors, le juge administratif acceptait d'écarter une loi antérieure, contraire à un traité international (CE Ass. 7 juillet 1978, Croissant ; CE Ass. 15 février 1980 Gaborwinter) mais s'estimait tenu d'appliquer une loi postérieure à un traité et contraire à celui-ci. Cette position permettait dans la pratique au législateur de contredire tout à la fois la Constitution et un engagement international. Désormais, le CE vérifie la compatibilité d'un acte administratif avec un traité.
16. CE 10 février 1967, S.A. des établissements Petitjean, *Rec.* p. 63.
17. CJCE 12 juillet 1973, Commission c/RFA, aff. 70/72, *Rec.* p. 813.
18. *JOCE* n° C 318, 24 novembre 1983.
19. CJCE 20 sept. 1990, Commission c/RFA, aff. C - 5/89, *Rec.* I.3437.
20. L'expression a été forgée par François Bloch-Laine (« Le mouvement associatif et le droit public », *AJDA,* 1980, p. 117).
21. TA d'Amiens, 1er décembre 1987, Braine et Vantomme, note J.-C. Nemery, *AJDA,* 1988, p. 394.
22. CRC Franche-Comté, 17 mars et 6 avril 1987.
23. Jean-Yves Bertucci et Alain Doyelle, « L'activité des chambres régionales des comptes : le contrôle des interventions économiques des collectivités locales », *AJDA,* décembre 1994, p. 883 ; Jean-Yves Bertucci, « L'activité des chambres régionales des comptes : la déclaration de gestion de fait », *AJDA,* novembre 1997, p. 852.
24. CE 11 mai 1987, M. Divier, *AJDA,* 1987, chronique Azibert et Boisdeffre, p. 446.
25. TC 4 mai 1987, M. Du Puy de Clinchamps ; TC 4 mai 1987, Mlle Egloff ; TC 4 mai 1987, S.A. Merx, *AJDA,* pp. 485-486, chronique Azibert et Boisdeffre précitée.
26. CE 3 juin 1994, préfet de la région Rhône-Alpes c/région Rhône-Alpes,
27. CE 13 mai 1938, Aide primaire aide et protection, *Rec.* 1938, p. 417.
28. CE 18 avril 1986, commissaire de la République d'Ille-et-Vilaine, obs. Daniel Chabanol, *AJDA,* juillet-août 1986, p. 455.

2.

Les aides indirectes complexes

Les aides indirectes sont, en principe, libres. Tel était le principe fixé par la loi du 7 janvier 1982, repris désormais par l'article L. 1511-3 du Code des collectivités territoriales.

Cette liberté d'intervention trouve sa justification dans le fait qu'a priori, les risques financiers sont moindres.

Il s'agit d'une affirmation bien rapide. Des dépenses consacrées à favoriser l'environnement des entreprises peuvent avoir des conséquences plus catastrophiques pour un budget local que certaines primes. Avant de s'engager dans une opération d'aménagement industriel, une collectivité doit parfaitement mesurer aussi bien les effets attendus pour l'entreprise que les risques au regard de ses propres capacités financières.

Mais indéniablement, certaines aides indirectes peuvent receler de cruels dangers. Elles sont susceptibles de profondément désorganiser les relations entre les entreprises existantes.

Il est assez logique que le législateur, complété ensuite par le pouvoir réglementaire, ait cherché à limiter le plus possible ces risques.

Deux aides indirectes font plus précisément l'objet d'une réglementation :

- les garanties d'emprunt accordées par les collectivités locales aux entreprises ;

- les aides à l'immobilier d'entreprises.

Les règles successives qui ont été adoptées, les doutes qui en ont parfois résulté, les précisions qui ont été apportées par la jurisprudence font qu'il s'agit d'aides indirectes complexes qui nécessitent des explications particulières.

De plus, les collectivités locales ont tenté d'explorer d'autres voies. Il en est ainsi du financement des entreprises qui tend à devenir une nouvelle forme d'intervention économique locale.

I ▪ Garanties d'emprunts et cautionnement

Il s'agit, sans aucun doute d'une des formes d'aide aux entreprises les plus prisées par les collectivités locales. Chaque année, les garanties et cautionnements accordés dépassent largement le montant des autres aides directes et indirectes. Ainsi, en 1992, si l'on exclut les garanties d'emprunts, les communes, départements et régions avaient attribué 13,3 milliards de francs d'aides, tandis que le montant des cautionnements et garanties accordés cette même année se montait à 23,2 milliards de francs [1]. De ce fait le montant de l'encours cumulé, sur plusieurs années, devient impressionnant : 272 milliards de francs fin 1992, 282 milliards de francs, fin 1993.

A partir de ces chiffres notamment, il est maintenant devenu d'usage de dénoncer la légèreté des collectivités locales, essentiellement les communes (puisqu'elles sont majoritairement à l'origine de l'encours garanti, 55 %) et les départements. Les régions n'ont que très rarement choisi cette forme d'intervention.

Il est vrai que pratiquement chaque année, la Cour des comptes est amenée à citer le cas de communes qui ont manifestement mal apprécié les risques financiers. A côté des défaillances malencontreuses qui ne sont pas toujours prévisibles, la Cour relève « *des abus que peuvent faciliter les collectivités lorsqu'elles prêtent imprudemment leur concours à des entreprises ou à des particuliers qui, sans fonds ni crédit, entendent développer leurs affaires aux risques et frais des contribuables* » [2].

De même, les chambres régionales des comptes relèvent régulièrement des mises en jeu de garantie, rappelant ainsi que cette forme d'intervention, apparemment indolore au moment de la décision, n'est pas sans risque pour la collectivité [3].

Il faut cependant se garder de diaboliser une forme d'aide d'une réelle efficacité économique et relativiser les chiffres cités. En fait, 87 % des garanties accordées concernent le secteur du logement et correspondent, tout simplement, à une exigence de la Caisse des dépôts à chaque fois qu'elle finance une opération. Les garanties accordées au secteur marchand et industriel sont plus modestes qu'on ne le dit parfois. De plus, l'appel en garantie, s'il est parfois dramatique, ne concerne que 0,5 % des encours. Toutes les collectivités ne sont donc pas irresponsables lorsqu'elles prennent ce type d'engagement.

Par, ailleurs, indéniablement, ce type d'intervention publique facilite le développement des entreprises qui en bénéficient en leur donnant accès à des crédits qu'elles obtiendraient difficilement sans cela. Son efficacité économique est indéniable.

Mais les collectivités locales doivent être averties de deux types de danger :

- Un premier réside essentiellement dans la banalisation de cette forme d'aide, tant elle paraît facile au départ à attribuer. Une étude réalisée conjointement par le Crédit local de France, l'association des maires du Cher et le conseil général de ce département atteste effectivement de cette banalisation [4]. Ainsi dans le Cher, une commune sur six fait usage de cette aide. Et ce cas semble assez représentatif d'une situation générale.

1. Les références aux appels de note numérotés se trouvent en fin de chapitre, p. 135

- Quelques établissements bancaires, de façon quasi systématique, font de l'obtention de la garantie de la collectivité - par définition solvable - une condition nécessaire à l'obtention du crédit. Un budget public supporte ainsi le risque inhérent à l'activité commerciale ou industrielle.

Ainsi, effectivement, la loi du 2 mars (présentement codifiée aux articles L. 2252-1 et suivants, L. 3231-4 et suivants, L. 4253-1 et suivants du CGCT) précise qu'une collectivité territoriale « *ne peut accorder à une personne de droit privé une garantie d'emprunt ou son cautionnement que dans les conditions prévues au présent chapitre* » qui effectivement définit des modalités propres à attirer l'attention des communes, départements et régions sur les risques pris et à les limiter. L'importance de l'encours évoqué incite, en tout état de cause à la vigilance.

A - Règles relatives à l'attribution d'une garantie d'emprunt ou d'un cautionnement

Nous le disions, la garantie d'emprunt est à classer parmi les aides indirectes réglementées dès 1982. Mais il convient cependant d'être clair :

- **La décision d'accorder la garantie ou le cautionnement est libre.** Elle résulte d'une délibération, votée dans les conditions habituelles par l'assemblée délibérante et soumises au droit commun du contrôle de la légalité. La mise en œuvre est donc simple.

- Ce sont les conditions dans lesquelles est accordée cette garantie qui sont réglementées afin que le risque soit perçu et, le plus possible, limité. Ainsi ont été édictées des règles de plafond, de division et de partage des risques.

Le risque engendré par ce type d'aide a donc été bien perçu, dès l'origine, puisqu'une première série de règles, en 1982, fixe les premiers plafonds. Un échafaudage de textes successifs - dont résulte l'actuelle rédaction des articles du Code général des collectivités territoriales - a eu comme finalité de dresser de nouveaux garde-fous et de modifier le calcul des plafonds.

L'ensemble peut donner une impression de complexité. Il a, en réalité, sa logique. Une explication des différentes étapes franchies permet de mieux comprendre les règles actuelles. Préalablement doivent être précisées les formes juridiques que doit emprunter l'engagement de la collectivité locale.

1. Les formes juridiques de l'engagement de la collectivité locale

Cette forme d'aide résulte, en réalité, d'une technique bien connue en droit privé. La collectivité garante se substitue à l'emprunteur, en cas de défaillance de celui-ci. Transposée en droit public, cette technique appelle quelques précisions.

a) Au point de départ, il doit y avoir une délibération puisqu'une entreprise va bénéficier d'une sûreté assumée par une collectivité locale.

Il s'agit d'une décision ayant évidemment des conséquences pécuniaires importantes. De plus, elle crée des droits au profit de son principal bénéficiaire : l'organisme prêteur. Pour une parfaite régularité de la décision, le conseil municipal doit être en mesure d'apprécier clairement la nature et l'importance de l'engagement pris. Notamment, la délibération doit faire apparaître le montant du prêt et l'importance de la couverture consentie par collectivité. Plus largement doivent également figurer les informations permettant à l'assemblée délibérante (puis au représentant de l'État) de vérifier le respect des ratios imposés par le législateur (évoqués ci-après).

Quelle est la portée juridique de cette délibération ?

Le Conseil d'État, dans un premier temps, avait considéré que cette délibération valait simplement délégation de pouvoir à l'exécutif afin que celui-ci ait ensuite la possibilité de contracter (CE 6 décembre 1989, SA Crédit de l'industrie française, CALIF [5]) ; en conséquence, l'engagement juridique de la collectivité résultait du contrat de cautionnement ou de garantie d'emprunt ; si celui-ci s'avérait être nul, l'engagement de la collectivité disparaissait.

Un revirement de jurisprudence est intervenu (CE 15 juin 1994, ministre de l'Intérieur et de la Sécurité publique c/commune de Longueau [6]). On doit désormais considérer que la délibération **vaut décision engageant la collectivité locale** à garantir les annuités d'un emprunt. D'ailleurs si elle n'est pas expressément prévue par la délibération, la signature d'un contrat n'est pas juridiquement nécessaire. Dès lors que la délibération établit clairement les obligations de la collectivité, *« l'engagement de caution, qui est un acte unilatéral [...] est valablement formé »*, puisque *« aucun texte ne prévoit l'obligation d'un contrat exprès entre la caution et le prêteur »* (TA Marseille, 16 mai 1995 [7]).

Si des modalités particulières paraissent judicieuses, elles doivent donc figurer dans cette délibération. Il revient aux maire, président de conseil général ou du conseil régional, de prévoir d'éventuelles mesures d'application, à vrai dire rarement nécessaires. D'ailleurs, puisque la délibération vaut décision et non plus délégation, un maire adjoint ou un vice-président peut valablement signer un contrat de garantie d'emprunt ou de cautionnement ; ceci n'est pas sans conséquence quand il s'agira d'apprécier la validité de l'engagement pris par la collectivité locale (cf. *infra*).

On ne peut effectivement que constater, si l'on se réfère aux articles 1326 et 2015 du Code civil, que l'engagement de caution ou de garantie d'emprunt peut très bien résulter d'un acte unilatéral. Transposée au cas des interventions économiques, il résulte de cette règle que la signature d'une convention entre la collectivité locale et l'entreprise cautionnée (ou garantie) ou l'organisme prêteur n'est pas une obligation. En droit public également, elle n'est effectivement prévue par aucun texte. La délibération suffit donc pour matérialiser l'engagement de la collectivité.

Toutefois, une convention est souvent rédigée afin de préciser les modalités de l'engagement. Elle est d'ailleurs généralement demandée par l'organisme de crédit qui en propose les stipulations. Sur ce point, il convient de faire plusieurs observations :

- Il n'est pas rare que l'organisme de crédit impose, selon une formule fréquente : *« un engagement solidaire et inconditionnel pour effectuer, sur simple demande du prêteur, en cas de défaillance de l'emprunteur le paiement de toutes sommes dont l'emprunteur se trouverait redevable en principal, intérêts, frais et accessoires au titre du financement »*, en indiquant les intérêts de retard à la charge de la collectivité, si celle-ci n'honore pas immédiatement son engagement. Il est également parfois demandé à la collectivité de « *renoncer expressément aux bénéfices de discussions et de division, ainsi qu'à tout recours contre l'emprunteur et toute subrogation des droits du prêteur tant que ce dernier n'aura pas obtenu paiement de tout de ce qui lui est dû en principal, intérêt, frais et accessoires* ». Enfin certaines conventions proposées aux collectivités indiquent que ces dernières s'engagent à « *renoncer au bénéfice des dispositions de l'article 2037 du Code civil* ». Précisons tout de suite que la garantie accordée par une commune, un département, une région ou un EPCI doit se limiter au taux autorisé pour les emprunts souscrits par les collectivités locales elles-mêmes.

Plus largement, **il est évidemment hasardeux, voire dangereux, d'abandonner contractuellement ses propres droits, dès le départ.** Qu'il s'agisse d'une garantie d'emprunt ou d'un cautionnement (cf. *infra*), il arrive effectivement que les institutions bancaires insèrent une mention stipulant que « *le paiement est inconditionnel* ». Naturellement, les collectivités locales doivent s'opposer à une telle disposition qui ne peut que rendre difficile toute contestation quand bien même le prêteur ou le destinataire des fonds n'aurait pas respecté l'ensemble de ses obligations.

- En revanche, **il paraît très utile que la collectivité se réserve un droit d'information.** Celui-ci peut être double. D'une part, il est judicieux que soit précisé, dans la délibération comme dans le contrat signé avec la banque, que cette dernière s'engage aussi bien à vérifier le bon usage des fonds prêtés qu'à informer la collectivité locale de l'ensemble des incidents constatés. La collectivité peut en faire une condition de son engagement. Mais, d'autre part, commune, département ou région peuvent se réserver leur propre droit d'information en stipulant dans un contrat directement signé avec l'entreprise que celle-ci s'oblige à informer la collectivité du bon déroulement des remboursements et de l'alerter dès les premiers incidents. La encore, **il peut être indiqué dès la délibération initiale que la collectivité locale en fait une condition de son propre engagement**. Cette obligation d'information peut prendre la forme de la communication de documents comptables aux experts mandatés par la collectivité. En cas de difficultés économique et financière, il devient ainsi possible d'envisager les solutions idoines, dans le cadre d'une concertation à trois - entreprise, organisme de crédit, collectivité locale - avant que ne surviennent les incidents les plus graves. La pratique montre qu'il est sage de prévoir très concrètement ces obligations.

La délibération par laquelle la collectivité décide de faire bénéficier une entreprise de sa garantie ou de son cautionnement doit évidemment être considérée comme un acte administratif ; naturellement un éventuel contentieux relève de la juridiction administrative.

En revanche, la nature juridique des contrats, susceptibles d'accompagner la délibération a fait l'objet de débats.

b) S'il y a contrat, quelle est sa nature juridique ?

S'il y a eu des hésitations au départ, **la réponse la plus fréquente s'impose désormais clairement : il s'agit *a priori* de contrats de droit privé.**

Toutefois, il faut le reconnaître, la réponse à cette question demeure, dans quelques cas, délicate à établir avec certitude. Or dans la pratique, l'essentiel des difficultés provient précisément des divergences d'interprétation des clauses des contrats donc des obligations réciproques de la collectivité locale et de l'organisme prêteur. Et s'il y a contentieux, il faudra déterminer quel ordre de juridiction - judiciaire ou administratif - est compétent. On doit cependant considérer, aujourd'hui, ces incertitudes comme limitées.

Le raisonnement est globalement le suivant.

- Dans un premier temps, des praticiens, comme une partie de la doctrine, avaient estimé que le contrat passé par la collectivité locale avec le prêteur ou l'emprunteur pouvait être un contrat administratif dans la mesure notamment où sa finalité est la mise en œuvre du service public de développement économique décidé par la délibération d'une collectivité agissant dans un but d'intérêt général. On a cru également y déceler des clauses exorbitantes du droit commun tel le financement sur crédits publics ou les moyens de contrôles que se réservaient les collectivités locales.

- Il s'agit, en réalité, de contrats de droit privé.
  L'argumentation est logique. *A priori*, le contrat de prêt entre l'emprunteur et l'établissement de crédit est un contrat de droit privé. En effet, l'emprunteur est, par définition, une personne de droit privé et l'établissement de crédit est très souvent, également, une personne privée. L'entreprise cherche à financer son propre développement économique, c'est-à-dire à réaliser du profit. Indéniablement, la finalité est privée. **Or le contrat par lequel la collectivité locale s'engage à garantir le prêt doit être considéré comme l'accessoire de ce premier contrat qui conditionne sa nature juridique. C'est, conséquence un contrat de droit privé.** Il en est de même de l'éventuel contrat signé directement entre la collectivité locale et l'entreprise.

- Peu de clauses peuvent être considérées comme insolites au regard du droit privé et jusqu'à présent le juge fait plutôt une interprétation rigoureuse. Ainsi, lorsqu'il y a eu des hésitations, le tribunal des conflits a estimé que l'engagement pris par une collectivité de mettre en recouvrement les impôts nécessaires pour assurer le remboursement des annuités n'est pas constitutif d'une clause exorbitante du droit commun (TC 12 janvier 1987, ville d'Eaubonne [8]). Ce qu'a naturellement confirmé le Conseil d'État s'agissant, plus largement du financement de ce type d'aide par de la fiscalité (CE 6 décembre 1989, SA de crédit à l'industrie française).

  De la même manière, à notre sens, on ne saurait considérer comme constituant une clause exorbitante de droit commun, les dispositions permettant à une collectivité locale de disposer d'un droit d'information concernant les résultats et même la gestion de l'entreprise. En effet de telles pratiques existent entre sociétés.

- Toutefois le contrat principal, c'est-à-dire le contrat de prêt doit, dans certains cas, être considéré comme un contrat de droit public, soit parce que la loi l'établit, soit parce que c'est l'interprétation constante du juge. Donc les conventions que l'exécutif de la collectivité locale est amené à conclure avec le prêteur ou l'emprunteur - toujours parce qu'il s'agit de l'accessoire du premier contrat - sont, en conséquence également des contrats administratifs. Tel peut être le cas si l'organisme prêteur est de droit public et, d'autre part la convention de prêt a, comme objet, l'exécution - ou la participation à l'exécution - d'une mission de service public ou comporte des clauses exorbitantes par rapport au droit commun, c'est-à-dire le droit privé. Ainsi lorsqu'une convention de prêt est signée par un établissement public financier, en vue de l'installation de Français originaires d'outre-mer [9] ou lorsqu'une convention a comme objet de garantir l'exécution d'un marché de travaux publics [10], il s'agit de contrats administratifs.

- Il faut cependant bien insister sur le fait que le cautionnement comme la garantie d'emprunt sont des techniques issues du droit privé et - plus précisément, dans le cas présent - du droit commercial et du droit bancaire. Si la loi autorise les collectivités locales à en faire usage, cela ne change pas, *a priori*, leur qualification juridique.

- Enfin une dernière remarque importante doit être formulée. S'il s'agit d'un contrat de droit privé, il n'a pas à être transmis au représentant de l'État. En revanche, cette transmission s'impose dans le cas d'un contrat de droit administratif. Toutefois, une délibération lors de sa transmission au représentant de l'État doit être accompagnée des annexes nécessaires à sa compréhension, notamment afin de saisir toutes les conséquences qui en découlent. Naturellement, un contrat même de droit privé peut constituer une annexe de ce type. Dans ce cas, le préfet ne contrôle évidemment pas la légalité de la convention mais il pourrait être amené à formuler des observations sur les modalités de la délibération.

c) Y a-t-il une différence entre garantie d'emprunt et cautionnement ?

Accompagnée éventuellement de conventions, une délibération décide donc de la garantie ou du cautionnement.

Garantie ou cautionnement, dans les deux cas le résultat est le même : en cas de défaillance de l'entreprise emprunteuse, il reviendra à la collectivité d'assurer le remboursement. Les textes de droit public, notamment le CGCT, n'accordent pas d'importance particulière à la distinction entre les deux termes.

Issues du droit privé (notamment du droit international), les deux notions comportent cependant une distinction essentielle.

- **La garantie d'emprunt est un *engagement distinct du contrat principal*** liant l'emprunteur au prêteur. En conséquence, le garant - ici la collectivité locale - **n'est tenu que dans les conditions de son engagement, telles qu'elles sont définies dans la délibération**. Mais c'est principalement de ce cas que l'organisme de crédit exigera la signature d'une convention. En tout état de cause, la collectivité ne peut donc se prévaloir directement des éventuelles exceptions, permettant d'éviter un remboursement, dont dispose le débiteur principal. La garantie d'emprunt est juridiquement autonome par rapport au contrat de prêt. Il s'agit d'une garantie qui doit être exécutée par elle-même, en vertu de la force obligatoire des contrats [11].

- Au contraire, **le cautionnement**, régi par les articles 2011 et suivants du Code civil, **est un *engagement accessoire au contrat principal de prêt.*** Donc la collectivité qui apporte sa caution peut se prévaloir de tous les moyens de défense appartenant au débiteur principal quand bien même celui-ci n'en ferait pas usage.

La différence n'est donc pas sans conséquence et - en cas de contentieux - le juge judiciaire y apportera toute l'attention nécessaire. Dans le premier cas, la garantie a un objet autonome qui naturellement n'est pas sans rapport avec le contrat principal par lequel l'organisme de crédit accorde le prêt à l'entreprise mais qui en est détaché et s'exécute de façon autonome par rapport à ce premier contrat. Dans le second cas, le cautionnement conduit - *a priori* - la collectivité à se retrouver dans la même situation et avec les mêmes moyens juridiques que le débiteur [12].

Dans la pratique toutefois, en raison des modalités proposées par l'institution bancaire, la délibération ne porte pas toujours approbation d'un contrat distinct mais vient approuver une participation directe de la collectivité au contrat de prêt, mais avec des modalités particulières qui ne concernent que la collectivité. Dans ce cas, ce contrat prévoit généralement les conditions précises de l'engagement de la collectivité. Il n'est donc pas rare, en conséquence, de se trouver en face d'une situation hybride entre la garantie d'emprunt et le cautionnement. En tout état de cause, les stipulations contractuelles engagent les parties.

On ne peut donc que conseiller à la collectivité de bien apprécier la nature de son engagement, d'opter pour les formules précises de la garantie ou du cautionnement ou, au contraire de négocier, la nature exacte de son engagement au moment de la signature du contrat commun.

Une dernière précision doit être apportée afin d'éviter les malentendus.

Dans la mesure où elle n'aurait pas de conséquence notable, le juge administratif n'attache peut-être pas la même importance que le juge judiciaire à la distinction garantie d'emprunt/cautionnement. Semble-t-il, il lui arrive dans certaines décisions de ne pas revêtir, chacune des deux notions de leurs conséquences juridiques précises (CAA de Bordeaux, 22 décembre 2000, Crédit Local de France [13]) ou de procéder à des requalifications implicites qui ouvrent des débats.

En revanche, la Cour de cassation envisage avec le plus de précision possible cette distinction, examinant, au-delà des termes utilisés, l'objet et les conséquences exactes prévues par les conventions. Un arrêt de la Cour de cassation fait sur ce point, figure de référence : Cass. Com., 13 déc. 1994 [14], confirmé à plusieurs reprises s'agissant de garanties accordées par des collectivités locales (Cass. Civ. 1re, 13 mars 1996 [15], par exemple). De ce fait, devant la justice administrative, chaque fois que la question a de l'importance, les commissaires du gouvernement, dans leurs conclusions, se réfèrent le plus souvent - implicitement ou expressément - aux raisonnements développés par la Cour de cassation [16].

d) Les collectivités locales et leurs groupements ont la possibilité, sur le fondement de l'article L. 1511-32 du CGCT, de prendre en charge les commissions dues par les bénéficiaires de garanties d'emprunt lorsque celles-ci sont accordées par des établissements de crédits ayant passé à cet effet des conventions avec les communes, départements ou régions (ou leurs groupements) (cf. supra).

Il faut tout de suite préciser qu'il s'agit **une forme d'aide alternative** par rapport à l'aide évoquée dans ce chapitre, **puisqu'elle ne peut être cumulée, pour un même emprunt, avec la garantie et le cautionnement accordé par une collectivité** ou l'EPCI dont elle est membre.

Ses modalités de mise en œuvre sont actuellement fixées par le décret n° 99-102 du 16 février 1999, codifié aux articles R. 1511-24 à 29 du CGCT (cf. annexes).

Les conventions, signées entre les collectivités locales et les établissements de crédits, doivent impérativement comporter un certain nombre de précisions. Il convient à ce sujet de se reporter aux articles du CGCT cités. On relèvera notamment que ces conventions doivent définir :

- la nature des opérations et les catégories d'emprunteurs éligibles à cette aide ;

- les taux de prise en charge des commissions qui, selon l'arrêté du 16 février, complétant le décret de la même date, ne peut dépasser 50 % du montant total des commissions ;

- la durée de leur application et, le cas échéant, les modalités de leur renouvellement.

Il revient aux assemblées délibérantes de déterminer, chaque année, le montant maximal des dépenses qui peuvent être engagées à ce titre.

Cette aide mérite d'être évoquée ici dans la mesure où il s'agit bien d'une forme d'intervention alternative pour des collectivités locales qui souhaiteraient faciliter l'accès des entreprises à la garantie d'emprunt ou au cautionnement, sans en assumer directement les risques qui peuvent être particulièrement lourds. Effectivement, bénéficier d'une garantie ou d'un cautionnement est le plus souvent nécessaire pour qu'une PME ou une TPE puisse obtenir auprès des banques d'utiles financements. Certes, en prenant à sa charge les commissions dues par les bénéficiaires des garanties d'emprunt, une collectivité supporte une dépense immédiate, alors que si elle assume elle-même la garantie - si tout se passe bien - il n'y aura pas de dépense. Mais cette dépense est parfaitement maîtrisée, puisque chaque collectivité, si elle décide de mettre en œuvre ce type d'aide, doit au préalable déterminer l'enveloppe financière globale qu'elle lui consacre. Et il n'y a plus ni risque, ni incertitude pour les années à venir.

C'est assurément une forme d'aide trop méconnue des collectivités locales.

2. La signification des règles encadrant l'engagement de la collectivité

L'impression de complexité résulte des différentes strates - législatives et réglementaires - successives qui ont progressivement encadré cette forme d'aide indirecte.

Elles sont pourtant constitutives d'une logique qui permet de comprendre les règles édictées aux articles L. 2252 et suivants du CGCT.

a) Il est apparu dès le départ nécessaire au législateur de prévoir des règles de plafonnement afin d'empêcher les collectivités locales de prendre des risques disproportionnés avec leurs capacités de financement.

Ainsi, la loi du 2 mars 1982 précisait déjà que le montant total des annuités d'emprunt concernés par les garanties et cautionnements ne devaient pas dépasser un pourcentage, défini par décret, des recettes réelles de la section de fonctionnement. Mais les premiers plafonds (40 % pour les régions, 60 % pour les départements, 70 % pour les communes), fixés par le décret du 5 juillet 1983[17] qui avait modifié le premier décret du 4 octobre 1982, se sont avérés insuffisants, en raison des premières grandes difficultés observées dans certaines communes.

b) Dans une atmosphère sans doute plus sensible au libéralisme, la loi d'amélioration de la décentralisation du 5 janvier 1988 [18] a donc dégagé de nouveaux critères restrictifs.

- D'une part, il paraissait **inacceptable à beaucoup que les budgets publics soient seuls à supporter un risque** résultant d'une activité industrielle ou commerciale, alors que certaines banques demandaient de façon quasi-systématique la garantie de la collectivité locale. Ainsi s'explique la règle qui limite la garantie à 50 % seulement d'un emprunt. Le reste sera couvert d'autres institutions assurant des garanties ou ne sera pas couvert.

- D'autre part, on s'est rendu compte que **fixer des plafonds quantitatifs ne pouvait suffire**, il était également nécessaire d'obliger les collectivités locales à se prémunir contre la défaillance de plusieurs débiteurs **en divisant et partageant les risques** comme le font d'ailleurs les institutions bancaires. La loi du 5 janvier 1988 et son décret d'application du 18 avril 1988 [19] fixent deux autres limites visant à atténuer les effets sur un budget local d'un appel en garantie. Ainsi, les annuités totales garanties par une collectivité locale ne devront pas dépasser 50 % des recettes réelles de fonctionnement et les annuités garanties au profit d'un même débiteur ne pourront plus dépasser 10 % de ces 50 %.

Le décret du 18 avril 1988 précise la manière dont il convient de calculer ces ratios. Toutefois, il y a eu à ce propos un débat qui est maintenant tranché. Il convient ici d'expliquer la solution retenue, tant les questions des autorités locales demeurent fréquentes à ce sujet.

- Dans un premier temps, selon une analyse communément admise, pour calculer ce ratio devaient être prises en compte **toutes les garanties déjà accordées, quel que soit le bénéficiaire, public ou privé**. Mais on considérait tout aussi clairement qu'au regard des textes, ce **ratio ne devait être utilisé que pour les garanties d'emprunt accordées au profit des seules entreprises privées.**

- Cependant, le Conseil d'État, dans un arrêt largement évoqué (CE 20 octobre 1995, commune de Montbrison), a annulé l'article 2 du décret du 18 avril 1988 considérant qu'il était illégal. En effet, la Haute Assemblée a considéré que sa rédaction - ambiguë - revenait à étendre aux emprunts accordés à des personnes publiques les limitations prévues dans la loi pour les seules personnes privées. Ce faisant, le décret était en contradiction avec les dispositions législatives et ne respectait pas le principe de libre administration.

  La question est effectivement importante. Concrètement dans le cas de la commune de Montbrison, la prise en compte des emprunts contracté par le centre hospitalier faisait que le ratio, dépassait le seuil des 50 % ; l'exclusion des emprunts contractés par les personnes publiques faisait que le ratio repassait en dessous des 50 %.

  Il est donc exact que durant quelques mois, il ne fallait plus intégrer dans le calcul du ratio les emprunts des personnes publiques ce qui accroissait la capacité à garantir des collectivités.

- Toutefois, troisième temps dans le raisonnement, le gouvernement a considéré que la décision du CE pouvait conduire les collectivités locales à prendre des risques beaucoup trop importants. Donc il a décidé de faire valider par la loi (en l'occurrence l'article 20-1 de la loi n° 96-314 du 12 avril 1996 dont les dispositions sont codifiées aux articles L. 2252-1 et L. 2252-2 du CGCT) les dispositions du décret. En conséquence c'est désormais la loi qui précise les annuités à prendre en compte pour le calcul du ratio.

Dans la pratique, il n'y a donc rien de changé par rapport à la situation initiale. **Il convient bien d'intégrer dans le calcul les emprunts des personnes publiques comme les emprunts des personnes privées. Mais ce ratio n'est bien applicable qu'aux garanties d'emprunts accordées aux personnes privées.**

c) Enfin, dans un troisième mouvement, le législateur a estimé que les collectivités locales devaient se prémunir contre les appels en garantie qui, lorsqu'ils surviennent, ne peuvent qu'avoir des conséquences dramatiques pour un budget local.

A vrai dire, la loi du 2 mars 1982 n'avait rien prévu à ce sujet, elle n'interdisait pas aux collectivités locales de se prémunir et plusieurs d'entre elles avaient pris soin de rechercher des contre-garanties. Toutefois l'expérience a montré que les institutions bancaires assuraient ce service à coût particulièrement onéreux pour la collectivité.

La loi du 5 janvier 1988, par dérogation aux articles 5 et 48 de la loi du 2 mars 1982, permet à une commune, un département ou à une région - seuls ou avec d'autres collectivités - de participer au capital d'un établissement de crédit **ayant pour objet exclusif de garantir les concours financiers accordés à des personnes morales de droit privé.**

En outre, cette même loi ouvre la possibilité à toutes les collectivités locales de subventionner des fonds de garantie auprès des établissements de crédits.

Il s'agit, pour une bonne part, de la légalisation de pratiques qui avaient commencé à se développer. Ces modes d'intervention offrent plusieurs avantages :

- Si la collectivité le souhaite, la garantie d'emprunt n'est plus accordée par elle-même mais par un établissement constitué avec des partenaires. Ainsi, la question du risque inhérent à la garantie n'a plus pour la collectivité le même caractère de gravité.

- Toutes les collectivités ont accès au capital des établissements de crédit comme aux fonds de garanties. Elles peuvent trouver auprès de ces institutions des contre-garanties afin de se prémunir, à un coût plus accessible, si elles souhaitent accorder directement leur garantie ou leur caution à un emprunt.

La loi du 22 juin 1994[20] se montre plus contraignante mais prolonge parfaitement ce dispositif en imposant aux communes de 3 500 habitants et plus d'obtenir pour elles-mêmes une contre-garantie lorsqu'elles cautionnent un emprunt. Il existe donc des solutions adaptées pour satisfaire cette obligation supplémentaire.

3. Les conditions de l'engagement de la collectivité

Avant de décider d'apporter sa caution ou sa garantie, une collectivité locale doit donc s'assurer que les conditions de son engagement correspondent bien aux règles fixées par les articles L. 2252-1 et suivants et L. 3232-1 et suivants. Le non-respect d'une de ces règles entraînerait l'illégalité de l'engagement.

a) Les règles de plafonnement visent à limiter le risque pris par la collectivité locale, en l'obligeant à prendre en compte sa propre situation financière avant de prendre des engagements vis-à-vis des entreprises et des banques.

Deux séries de plafonds sont à considérer.

▸ **Un premier plafond** concerne les garanties accordées. Pour obtenir, il faut additionner trois sommes :

- Le **montant total des annuités d'emprunts déjà garanti ou cautionné à échoir au cours de l'exercice**. Conformément à l'article 20 de la loi du 12 avril 1996 (codifiée aux articles L. 2252-1 et L. 2252-2, d'une part, et L. 3231-4 et L. 3231-4-1, d'autre part), il convient de prendre en compte les emprunts contractés par les personnes privées comme ceux contractés par les personnes publiques.

- Le **montant de la première annuité entière du nouveau concours garanti**, comprenant le capital et les intérêts. Pour ce second montant, il ne faut tenir compte que des engagements pris au profit de personnes privées.

- Le **montant net des annuités de la dette communale arrivant à échéance** au cours de l'exercice budgétaire considéré.

Les collectivités peuvent **déduire du total**[21] obtenu **les provisions spécifiques** constituées afin de couvrir les garanties et les cautions.

L'engagement n'est possible que si le total ainsi obtenu ne dépasse pas un certain pourcentage des recettes réelles de la section de fonctionnement, fixé par décret. Actuellement, **le décret du 18 avril 1988 le fixe à 50 %**. Par recettes réelles de la section de fonctionnement, il faut entendre la différence entre le montant total des recettes de fonctionnement et les sommes correspondant aux travaux effectués en régie, aux prestations internes et aux reports de l'exercice précédent. Il faut se référer au budget global (y compris donc les budgets annexes).

▸ Une **deuxième série** de plafonds vise à répartir les risques.

- D'une part, le législateur ne souhaite pas qu'une collectivité prenne des engagements trop importants à l'égard d'une même entreprise. Ainsi **les annuités garanties ou cautionnées au profit d'un même débiteur ne doivent pas dépasser 10 % de sa capacité à garantir ou à cautionner**, telle qu'elle est définie au premier plafond.

- D'autre part, désormais **les collectivités locales ne peuvent plus garantir la totalité d'un emprunt**. Si le préteur exige une couverture complète, l'entreprise devra donc trouver d'autres cautions ou d'autres garanties. En principe, **une collectivité ne peut garantir un emprunt qu'à hauteur de 50 %**. Toutefois, ce pourcentage peut être de 80 % pour les opérations d'aménagement et même de 100 % s'il s'agit de garantir d'autres personnes publiques comme les associations à caractère philanthropique, éducatif, social, scientifique, ou familial qui sont énumérés par la loi sur le mécénat du 23 juillet 1987. Toutefois, pour éviter toute confusion, il convient de rappeler (nous le précisons, par ailleurs) que les collectivités ne peuvent plus accorder leur garantie d'emprunt aux associations sportives ainsi qu'aux sociétés anonymes sportives. En revanche, il faut souligner que les « **opérations d'aménagement** » sont assez largement définies puisqu'il s'agit de celles « *qui ont pour objet de mettre en œuvre une politique locale de l'habitat,* ***d'organiser le maintien, l'extension ou l'accueil des activités économiques****, de favoriser le développement des loisirs et du tourisme, de réaliser des équipements collectifs, de lutter contre l'insalubrité, de sauvegarder ou de mettre en valeur le patrimoine bâti ou non bâti et les espaces naturels* » [22].

Effectivement, le juge administratif a considéré que constituait bien une « **opération d'aménagement** », l'implantation d'une société dans une zone d'activité et que la commune pouvait légalement garantir à 80 % l'emprunt souscrit par l'entreprise [23].

b) Pèse désormais une obligation de réassurance sur les communes de plus de 3 500 habitants (article L. 2252-3 du CGCT).

Pour s'acquitter de cette obligation, elles doivent, en principe, obtenir un cautionnement auprès d'un organisme spécialisé. C'est la solution la plus simple. C'est souvent également la plus onéreuse. Les établissements de crédit facturent souvent assez cher le cautionnement d'une caution.

Les communes concernées ne peuvent se dispenser de cette obligation que dans trois hypothèses :

- lorsqu'elles constituent une provision à cet effet ;

- lorsque la garantie ou le cautionnement sont accordés pour des opérations d'aides au logement ;

- lorsque la collectivité locale a recours à la procédure de prise de participation dans le capital d'établissements de crédit ayant pour objet exclusif de garantir des concours financiers, ainsi que lorsqu'elle participe à la constitution de fonds de garanties auprès d'un établissement de crédit ayant pour objet d'accorder des garanties (article L. 2253-7 du CGCT).

La loi du 5 janvier 1988 avait défini le régime de ces fonds de garantie :

- Ce texte autorise la création de fonds de garantie revêtant la forme de sociétés anonymes (régies par la loi du 24 juillet 1966 sur les SA).

- Ces sociétés anonymes pourront associer à leur capital des collectivités locales. Il s'agit donc bien d'une exception à l'interdit qui avait été édicté par la loi du 2 mars 1982 et qui est actuellement codifié à l'article L. 2253-1 du CGCT.

- Mais cette participation n'est possible que si l'objet de la SA ainsi constituée se borne à garantir les prêts accordés aux personnes privées, et qu'un établissement régi par la loi bancaire du 24 janvier 1984 participe également à leur capital.

- Les communes, les départements et les régions peuvent verser des subventions pour la constitution de tels fonds et participer à leur conseil.

c) Les collectivités locales doivent enfin respecter une obligation de transparence.

La loi du 6 février 1992 relative à l'administration territoriale de la République - codifiée sur ce point à l'article L. 2313-1 - et son décret d'application du 28 mars 1993 édictent, à cette fin, une triple obligation :

- Est imposée la publication d'informations relatives aux garanties d'emprunt accordées par les collectivités locales dans l'annexe consolidée au compte administratif et au budget primitif de tous les exercices concernés par cette garantie.

- Est également imposée la publication du bilan de l'entité bénéficiant de la garantie, certifié conforme par un commissaire aux comptes.

- Doit également figurer en annexe du budget de la collectivité locale un tableau retraçant l'encours des emprunts garantis ainsi que l'échéancier de leur amortissement.

Par ailleurs, l'article 3 du décret du 13 juin 1996 pris pour appliquer les dispositions de l'article L. 2252-3 du CGCT précise que « *le suivi et l'emploi des provisions constituées sont retracés sur l'état des provisions joint en annexe aux documents budgétaires, indiquant la date initiale de constitution de la provision et les emprunts garantis ou cautionnés entrant dans la base de calcul* ».

B - Le champ d'application de la garantie d'emprunt et du cautionnement

Contrairement à ce que pensent parfois les autorités locales le champ d'application de cette forme d'aide indirecte est parfaitement délimité. Toutes les opérations financières ne peuvent pas bénéficier de la garantie ou du cautionnement. Toutes personnes - publiques ou privées - ne sont pas forcément autorisées à recevoir cette aide.

1. Les financements susceptibles d'être garantis ou cautionnés

Compte tenu de la diversité des produits proposés par les banques, s'est rapidement posée la question de la nature des crédits qui pouvaient être garantis.

a) La jurisprudence a au fil des années très clairement répondu.

Le principe est simple. Les règles de plafonds évoquées ci-dessus doivent obligatoirement être respectées. Donc les ratios, à partir desquels ils sont établis, doivent pouvoir être calculés. En conséquence, **seuls peuvent être garantis les emprunts qui permettent l'établissement d'un tableau d'amortissement définissant des annuités de remboursement, permettant l'application des ratios fixés par le Code général des collectivités territoriales.**

Tel est le principe posé avec netteté par le Conseil d'État dans son arrêt du 16 janvier 1995, ville de Saint-Denis[24].

Tel est également l'avis rendu par sa section de l'Intérieur la même année[25].

Le cas de la ville de Saint-Denis vaut d'être expliqué. Cette commune avait par une délibération de son conseil municipal fait bénéficier une société d'économie mixte d'une garantie portant sur des ouvertures de crédit bancaire, exactement un droit de tirage consenti par une banque à la SEM. L'exemple ne semble pas isolé. Mais le Conseil d'État a considéré que par nature même un tel droit tirage excluait l'établissement d'un tableau d'amortissement définissant les annuités de remboursement donc ne permettait pas de vérifier les ratios prévus par les textes.

La conclusion est donc claire. Puisque cette garantie n'entre pas dans le champ d'application de l'article 6-1 de la loi du 2 mars 1982 (aujourd'hui les articles L. 2252-1 et suivants), elle est illégale.

Les juridictions du premier degré avaient déjà, dans leurs jugements, réduit le champ d'application de la garantie d'emprunt.

- Ainsi, il avait été jugé que la technique de la garantie d'emprunt ne pouvait être utilisée pour garantir une dette commerciale (TA Amiens, 18 septembre 1984, divers c/maire de Beauvais).

- De la même manière, la garantie d'emprunt ne peut être utilisée pour garantir des dettes de nature fiscale (TA Strasbourg, 21 février 1992, Strasbourg musique et congrès).

- Également, cette technique ne peut garantir des loyers de crédit-bail (TA Bordeaux, 22 octobre 1992, préfet du Lot-et-Garonne c/commune de Boé).

- Elle ne peut pas, non plus, être utilisée pour garantir des pertes financières d'une société d'économie mixte (TA Bordeaux, 3 décembre 1992, Pujol c/commune de Villenave-d'Ornon).

- Elle ne peut encore moins garantir la location de logements sociaux (TA Nantes, 27 octobre 1994, préfet de la Vendée c/commune de Clouzeaux). La commune avait accordé une garantie de location, prenant la forme d'un engagement à verser à la SA d'HLM, 30 % du montant du loyer des logements non occupés à partir du 1er jour du 4e mois de vacance.

Le Conseil d'État a très largement confirmé ces restrictions.

Doit notamment être soulignée la confirmation de l'**illégalité de la caution des pertes financières** d'une SEM locale (CE 6 novembre 1995, commune de Villenave-d'Ornon[26]).

Donc si certaines communes avaient fait une interprétation large de la notion d'emprunt, en englobant toutes les formes de crédit, le juge administratif, au contraire, a entendu la notion très strictement ; il faut que tous les mécanismes prévus par les textes puissent s'appliquer : la vérification des ratios, l'établissement d'un tableau retraçant l'encours des emprunts garantis.

Peut-être le juge a-t-il lui aussi été impressionné par les risques que représentent garanties et cautionnements et par la facilité avec laquelle les banques font supporter le risque du crédit sur la collectivité.

b) En considérant que seuls les emprunts au sens strict du terme pouvaient être garantis ou cautionnés, le juge a considérablement réduit l'ampleur donc l'efficacité de cette aide indirecte.

L'arrêt ville de Saint-Denis conduit à penser que la garantie de la plupart des produits financiers à court terme tels que les lignes de crédits ou les avances de trésorerie, ou « droits de tirage », assez largement utilisés par les PME-PMI, est globalement interdite, puisque, par leur nature même, ils ne permettent pas l'établissement d'un tableau d'amortissement et, en conséquence, le calcul des ratios prévus par le CGCT.

c) Les collectivités locales ne peuvent pas garantir ou cautionner autre chose qu'une opération de crédit.

L'arrêt Villenave-d'Ornon précité mérite à cet égard l'attention.

La commune avait donc cautionné les pertes financières d'une SEM locale. Or, on peut soutenir que la garantie financière des pertes n'est pas assimilable aux garanties d'emprunts réglementées par l'article 6 de la loi du 2 mars 1982 (article L. 2252-1 et suivants du CGCT). En conséquence, on voit mal comment ce texte pourrait être applicable.

En effet, le Conseil d'État censure le motif d'annulation qui avait été retenu par le tribunal administratif, en première instance. On peut difficilement condamner la garantie accordée par la commune de Villenave-d'Ornon parce qu'elle ne respecterait pas l'article 6 de la loi du 2 mars 1982 (article L. 2252-1 du CGCT), conçu pour organiser le cautionnement ou la garantie des prêts, alors que, précisément, - quelle qu'en soit la forme envisagée - il ne s'agit pas d'un emprunt.

A ce point du raisonnement, on pourrait donc légitimement penser qu'il s'agit d'une aide indirecte, non réglementée puisqu'aucun texte particulier n'en délimite l'usage.

Dans ses conclusions précédant cet arrêt, pour définir la notion d'aide indirecte, le commissaire du gouvernement, Philippe Martin, s'est référé à la distinction établie par M. Pochard dans ses conclusions sur la décision du 18 novembre 1991, département des Alpes-Maritimes c/chambre d'agriculture des Alpes-Maritimes[27] :

- les aides directes sont des aides financières qui s'inscrivent directement dans les comptes de l'entreprise ;

- les aides indirectes sont celles qui favorisent le développement de l'entreprise, sans apparaître directement dans la comptabilité comme un apport financier.

A partir de ces critères, le commissaire du gouvernement M. Philippe Martin estime qu'il y a lieu de qualifier la garantie de pertes d'aide directe puisque la créance sur la commune est inscrite au bilan de la société d'économie mixte et que celle-ci bénéficie d'avance de la part de la commune. Tel est bien le raisonnement retenu dans l'arrêt.

Or, on le sait, le Conseil d'État a par ailleurs estimé que les aides directes étaient limitativement énumérées par l'article 4 de la loi du 7 janvier 1982 (article L. 1511-2 du CGCT). Manifestement, la garantie des pertes ne correspond pas aux trois premières aides énumérées et aucune convention n'étant signée avec l'État, elle n'entrait pas non plus dans la quatrième catégorie.

La conséquence est claire : non seulement une collectivité ne peut garantir ou cautionner que des emprunts *stricto sensu*, mais encore, elle ne peut apporter sa garantie ou sa caution à autre chose qu'à une opération de crédit. **Il s'agirait sinon d'une aide directe parfaitement perceptible dans les comptes de l'entreprise.**

2. Quelles personnes peuvent être bénéficiaires de la garantie ou du cautionnement ?

Une première précision doit être apportée.

Une collectivité locale peut parfaitement apporter sa caution ou sa garantie à un emprunt souscrit par une autre personne publique.

Il est vrai que pour calculer le ratio relatif aux annuités totales garanties ne devant pas dépasser 50 % des recettes réelles de fonctionnement, il faut intégrer les garanties d'emprunt accordées à des personnes publiques.

Mais il n'y a pas lieu de tenir compte de ce ratio lorsqu'il s'agit de faire bénéficier une personne publique d'une garantie ou d'un cautionnement. En effet, les personnes publiques sont exclues du champ d'application des articles L. 2252 et suivants du CGCT.
La question se pose donc uniquement pour les personnes privées.

a) A priori, il n'y a pas lieu de tenir compte de la forme juridique de la personne privée, société, artisan individuel ou même association. En revanche, la légalité de cette aide indirecte est conditionnée par l'activité de son destinataire.

En effet, le cautionnement ou la garantie sont bien définis comme une « intervention économique et sociale ». Il faut donc que la personne privée qui en bénéficie ait une activité artisanale, commerciale ou industrielle et que le prêt qu'elle a obtenu et qui bénéficie de l'engagement de la collectivité, ait bien comme finalité cette activité.

La collectivité doit donc impérativement s'assurer de l'usage prévu du prêt obtenu par la personne privée. Il doit, au sens large de l'expression, permettre d'assurer le développement des activités économiques de la personne privée.

Qu'en est-il des associations ?

Une association qui aurait une activité commerciale ou artisanale pourrait bénéficier de la garantie.

En revanche, une association sans but lucratif n'entre pas dans le champ de l'article L. 2252-1 et suivants.

Il faut apporter une précision supplémentaire.

Les communes ont traditionnellement dans leur environnement des associations comme partenaires, dont elles ont parfois suscité la création. Dans la mesure où celles-ci prolongent leur action, elles ne peuvent être légalement destinataires de cette aide indirecte.

Ainsi, le juge administratif, a annulé la délibération d'une commune faisant bénéficier d'une garantie d'emprunt une association liée à elle par une convention et finançant des projets d'amélioration d'infrastructures [28].

b) Les clubs sportifs, les activités cultuelles et l'enseignement privé font l'objet d'une réglementation particulière.

▶ L'article 15 de la loi du 13 juillet 1992 [29] a introduit un nouvel article 19-2 dans la loi du 16 juillet 1984 [30], relative à l'organisation d'activités sportive, qui **interdit désormais aux collectivités locales et à leurs groupements d'accorder aux clubs sportifs une garantie ou une caution sur leurs emprunts.**

Le législateur est intervenu à une seconde reprise pour confirmer et éviter toute ambiguïté. L'article 78 de la loi du 8 août 1994 [31] a imposé que les concours financiers accordés jusqu'au 31 décembre 1999 par les collectivités territoriales aux groupements sportifs prévus à l'article 11 de la loi du 16 juillet 1984 modifiée (associations à statuts renforcés, sociétés à objet sportif et sociétés d'économie mixte locales sportives) **prennent la forme exclusive de subventions dont le versement est lié à la conclusion de convention avec les bénéficiaires.**

Manifestement cette mesure fait suite à des expériences malheureuses de villes grandes, moyennes ou petites qui, cédant aux pressions d'un club sportif, ont pris un engagement, populaire au départ, très onéreux quelques années plus tard, en raison des fortunes diverses consécutives aux résultats sportifs ou à une gestion hasardeuse. L'expérience a montré que le risque était vraisemblablement plus important que lorsqu'une entreprise bénéficie de la même garantie.

Les autorités locales décentralisées n'ont pas toujours compris **l'étendue de l'interdit désormais édicté : elle est totale.**

Contrairement à une idée fausse parfois répandue, l'interdiction ne vise pas uniquement les clubs professionnels. Elle concerne tous les clubs :

- quelle que soit leur organisation juridique : association relevant de la loi de 1901 ou société sportives (SEM sportives ou sociétés à objet sportif) ;

- quelle que soit son importance : club évoluant dans un championnat national ou simple amicale locale.

Le premier arrêt rendu sur cette question (CE 10 mai 1996, commune de Saint-Louis c/M. Abadie [32]) a été l'occasion pour le Conseil d'État de le confirmer.

Le conseil municipal de Saint-Louis (Haut-Rhin) avait accordé par une délibération sa garantie à un emprunt contracté par une association de boulistes, en vue de la construction d'un boulodrome.

Le Conseil d'État a confirmé que :

- le champ d'application de l'interdiction porte sur toutes les garanties d'emprunts quel que soit l'objet ;

- l'interdiction vise tous les clubs - professionnels ou non - visés aux articles 7 et 11 de la loi du 16 juillet 1984.

- Les garanties et cautions aux emprunts contractés par des associations cultuelles et par des écoles privées sont assujetties à une réglementation plus nuancée.

Selon la formule bien connue « *La République ne reconnaît, ne salarie, ni ne subventionne aucun culte* ». Ainsi l'a voulu la loi du 9 décembre 1905 (article 2) relative à la séparation des églises et de l'État.

En conséquence de ce principe, on doit considérer que les collectivités locales ne peuvent pas, elles non plus, accorder des subventions à des associations cultuelles ou garantir ou cautionner leurs emprunts, même si elles ont par ailleurs des activités culturelles ou sociales.

Toutefois, exception à ce principe, les articles L. 2252-4 et L. 3231-5 (résultant de l'article 11, al. 1er de la loi n° 61-825 du 29 juillet 1961) autorisent d'une part les communes, d'autre part les départements à « *garantir les emprunts contractés pour financer, **dans les agglomérations en voie de développement**, la construction, par des groupements locaux ou par des associations culturelles, d'édifices répondant à des besoins collectifs de caractère religieux* ».

Les communes peuvent donc garantir les emprunts finançant l'édification d'églises, de mosquées, de temples, de synagogues, etc.

Cependant, **il s'agit bien d'une exception** qu'il convient d'interpréter de façon limitative. Si la notion d'agglomération en voie de développement demeure mal définie, le Conseil d'État - peut-être par méfiance à l'égard de certaines sectes - semble faire une interprétation assez stricte de la notion d'association culturelle, écartant ainsi les associations qui ont, en réalité comme finalité, la diffusion de brochures, l'apport d'une aide morale et matérielle, l'organisation de conférences, de stages ou de congrès [33].

- Le régime des cautions ou garanties d'emprunts accordés aux emprunts souscrits par des écoles privées paraît désormais clarifié.

La jurisprudence a pu paraître contradictoire [34] bien que reconnaissant, semble-t-il, ce type d'intervention au profit des établissements dispensant un enseignement secondaire [35].

Désormais la loi paraît avoir clarifié le débat. En effet l'article 19-5 de la loi du 19 août 1986 [36] autorise les communes à garantir et cautionner **les emprunts contractés par les groupements ou associations à caractère local pour la construction, l'acquisition et l'aménagement de locaux d'enseignements primaire privé.**

Les départements disposent de la même possibilité s'agissant des collèges privés et les régions s'agissant des lycées privés.

c) Les opérations de constructions de logements sociaux bénéficient d'un régime dérogatoire

Il s'agit de l'essentiel des garanties d'emprunt (entre 85 et 90 % des garanties d'emprunt, en moyenne nationale). Or dans la plupart des cas, elles échappent aux ratios, expliqués plus hauts, édictés par le Code général des collectivités territoriales. En effet, cette exception concerne quatre types d'opérations (articles L. 2252-2, L. 3231-4 et L. 4253 du CGCT) :

- Les opérations de constructions, d'acquisition ou d'amélioration de logements réalisés par les organismes d'HLM ou les SEM. Cette exception découle de la loi du 13 juillet 1991 d'orientation sur la ville [37].

- Les opérations de construction, d'acquisition ou d'amélioration de logements bénéficiant d'une subvention de l'État ou réalisées grâce à des prêts aidés par l'État, c'est-à-dire : avec la prime d'amélioration de l'habitat (PAH), avec la prime à l'amélioration de logement à usage locatif (PAPULOS), avec le prêt locatif aidé (PLA), avec le prêt d'accession à la propriété (PAP) ou avec le nouveau prêt complémentaire aux subventions de l'État. Il faut y ajouter les garanties accordées à des emprunts - proposés à des taux privilégiés - adossés à des recettes défiscalisées du livret A [38].

- Les opérations intervenant en application du plan départemental d'action pour le logement des personnes défavorisées [39].

- Les opérations de construction d'immeubles à usage principal d'habitation n'excédant pas les normes de surface et de prix exigées pour l'obtention des prêts prévus à l'article L. 351-2 du Code de la construction et de l'habitation.

C - L'appel en garantie

Le principe est simple et l'expérience montre que sa mise en œuvre est rapide : lorsque l'emprunteur est défaillant, l'organisme prêteur est fondé à appeler la garantie afin qu'elle se substitue au débiteur qui ne remplit plus ses obligations.

1. Une remise en cause de ses engagements par la collectivité est-elle possible ?

Il peut arriver qu'une collectivité locale soit tentée de remettre en cause ses engagements.

Deux raisons expliquent principalement un tel comportement :

- A la suite d'élections, une nouvelle majorité locale pourrait estimer ne pas être engagée par des décisions financières, jugées hasardeuses, de l'équipe précédente ;

- Informée d'une gestion peu sérieuse, la collectivité pourrait souhaiter dénoncer un engagement avant une échéance coûteuse, afin notamment de sanctionner le comportement des dirigeants et éviter des désagréments, supportés par le budget local.

A priori, il n'y a pas de « sortie » possible. Il sera très difficile à la collectivité locale d'échapper à l'appel en garantie.

a) La nature de l'engagement souscrit par la collectivité locale laisse assez peu de doute.

Certaines décisions, prises notamment dans le cadre d'une compétence liée, pourraient effectivement ne pas créer de droit au profit du destinataire. Des aides entrant dans ce cadre seraient susceptibles d'être retirées sans conséquence pour la collectivité.

Ce n'est manifestement pas le cas des garanties d'emprunts ou des cautionnements.

Dans la pratique, la première question qui se pose est celle de la preuve et de la matérialité de l'engagement pris par la collectivité locale.

Contrairement à ce que l'on pourrait penser, les textes sont relativement peu exigeant sur ce point.

On peut le regretter, mais pour formaliser la garantie accordée par une collectivité locale, il n'est pas nécessaire que soit établie une convention, nous l'évoquions ci-dessus. Le simple formalisme exigé résulte, en fait et en droit, de l'art. 1326 du Code civil qui exige qu'un acte soit établi, par lequel la collectivité locale s'engage vis-à-vis du prêteur. Cet acte doit indiquer la somme couverte. Celui-ci peut très bien prendre la forme d'une simple délibération qui indiquera l'organisme prêteur, bénéficiaire de la garantie, l'identité de bénéficiaire afin que puisse être vérifié sa qualité, la somme garantie, ainsi que l'établissement des calculs démontrant le respect des règles de plafonnement et de partage des risques. Très souvent, le représentant de l'État sera amené à demander des précisions supplémentaires si certaines de ces informations manquaient. Il est donc utile pour de les transmettre dès le départ. En tout état de cause, pas plus la garantie que le cautionnement ne se présument (art. 2015 du code civil). La délibération constituera donc la preuve de l'engagement assumé par la collectivité locale.

Il est utile d'apporter deux précisions :

- La validité de cette délibération pourrait être contestée si le conseil municipal n'a pas, au moment de sa discussion et de son adoption, disposé des informations nécessaires pour en apprécier toutes les conséquences pécuniaires, ainsi que nous l'évoquions précédemment.

  Mais cela suppose que l'opposition ne soit pas intervenue au moment des débats ou n'ait pas obtenu de réponse à ses questions et que le représentant de l'État n'ait pas formulé d'observations. Si elle n'est pas impossible, l'hypothèse ne peut qu'être rare.

- Si, comme nous l'indiquions, l'article 1326 du Code civil exige que l'acte juridique matérialisant l'engagement de caution ou de garantie d'emprunt comporte la signature de la personne qui le souscrit, avec la somme en lettres et en chiffres, **l'absence de mention manuscrite ne remet pas en cause la validité d'une garantie**. En effet, la Cour de cassation considère depuis 1988 et 1989 [40] que cette mention manuscrite constitue une règle de preuve et non une exigence de validité. En conséquence, il n'est globalement pas possible de réclamer la nullité d'une garantie en se fondant uniquement sur l'absence des mentions prévues à l'article 1326 du Code civil. Même un acte - délibération ou contrat - qui ne répond pas aux prescriptions de cet article, vaut commencement de preuve écrite [41].

Comme toutes les autres délibérations, elle doit être transmise au représentant de l'État, afin d'être exécutoire. Il vérifiera notamment l'ensemble des obligations évoquées précédemment (notamment le respect des ratios prévus par la loi).

La pratique montre que la garantie d'emprunt constitue une forme d'intervention qui secrète plus de contentieux que les autres aides complexes, notamment les aides à l'immobilier.

Afin de limiter le plus possible ce risque de contentieux, il peut être judicieux de rédiger une convention formalisant la garantie et précisant les engagements des différents partenaires. *A priori*, ce contrat n'a pas à être transmis au représentant de l'État, à moins qu'il ne soit démontré qu'il participe directement à une mission de service public ou qu'il comporte des clauses exorbitantes par rapport au droit privé.

S'il s'agit alors de contrats administratifs, comme nous l'avons indiqué, ils doivent naturellement faire l'objet d'une transmission à la préfecture.

S'agissant du cas - très général - de contrats de droit privé, des observations sont à formuler quant à leur validité.

Si un contrat de droit privé n'a, en principe, pas à être transmis au représentant de l'État pour être ensuite mis en œuvre, celui-ci lorsqu'il reçoit la délibération décidant l'engagement de la collectivité locale, peut demander toutes les pièces annexes, susceptible de mesurer la portée de la décision prise.

Quant au contenu de ces contrats, il faut savoir que la Cour de cassation considère comme valide un contrat dans lequel on aurait omis de préciser les montants exacts de l'emprunt et de la garantie accordée, à partir du moment où l'assemblée délibérante a été correctement et complètement informée. Le contrat - incomplet donc en principe irrégulier - constitue un début de preuve écrite que complète la délibération, à partir du moment où celle-ci comporte bien les précisions financières et a été adoptée régulièrement.

Comme toutes les autres délibérations, elle doit être transmise au représentant de l'État, afin d'être exécutoire. Il vérifiera notamment le respect des obligations évoquées ci-dessus.

Toutefois, si - comme il est expliqué ci-dessous - il s'agit de contrats administratifs, il doivent naturellement faire l'objet d'une transmission à la préfecture.

b) Devant quel ordre de juridiction convient-il de porter un éventuel contentieux ?

Lorsque surgit un risque de contentieux, les responsables locaux font souvent état d'une impression d'entrelacs et de complexité des procédures.

Tentons d'apporter les clarifications nécessaires.

- Si le contentieux porte sur la délibération adoptée par la collectivité locale et définissant les modalités de l'engagement de celle-ci, naturellement les tribunaux administratifs sont compétents.

- Si le contentieux porte sur les contrats qui, assez souvent complètent, la délibération de la collectivité locale, l'ordre de juridiction dépend évidemment de la nature juridique des contrats : les tribunaux judiciaires s'agissant des contrats de droit privé, les tribunaux administratifs pour les contrats administratifs. On l'a bien compris, à partir des explications précédentes : il convient de considérer que le contrat de prêt entre l'organisme de crédit et l'entreprise est *a priori* un contrat de droit de privé, ainsi que les éventuelles conventions que la collectivité locale peut être amenée à signer avec l'emprunteur et le prêteur qui en sont juridiquement l'accessoire. Il revient donc aux requérants, si tel est le cas, d'apporter la preuve qu'il s'agirait, au contraire, d'un contrat administratif parce qu'il a comme objet une participation à un service public ou parce qu'il comporte des clauses exorbitantes de droit commun. La Cour de cassation a eu l'occasion de préciser que les cours d'appel doivent obligatoirement rechercher si *« le contrat litigieux est l'accessoire d'un contrat de prêt administratif, a pour objet l'exécution d'une mission de service public ou comporte des clauses exorbitantes du droit commun »* [42].

- Les contrats de garantie et de cautionnement étant, en principe, des contrats de droit privé, le juge judiciaire aura - s'il y a contentieux - à se prononcer sur leur existence, sur leur exécution ; il lui reviendra notamment, en cas de clauses obscures, de les interpréter et de préciser les engagements à la charge de la collectivité. Qu'il s'agisse donc d'actions en nullité contre ces contrats ou, au contraire, d'obtenir l'exécution de leurs dispositions, il est le seul compétent. Il en est de même lorsqu'il s'agit d'établir les éventuelles responsabilités.

- Pourtant, un contentieux administratif relativement important s'est développé à propos d'engagements relevant donc du droit privé. Plusieurs raisons l'expliquent. Tout d'abord, des institutions de crédit ont été amenées à contester devant le juge administratif la légalité des délibérations par lesquelles des collectivités locales tentaient de se dégager des obligations initialement acceptées.

  Ensuite le juge administratif a eu à se prononcer sur le caractère obligatoire des dépenses incombant aux collectivités, des chambres régionales des comptes n'ayant pas estimé opportun de proposer l'inscription budgétaire d'office. Enfin, quand bien même il s'agît d'un contrat de droit privé, à partir du moment où dans les cas qui viennent d'être évoqués un contentieux est porté devant le juge administratif, ce dernier peut - si besoin est - interpréter les clauses du contrat lorsque ne se posent pas de difficultés sérieuses [43].

La délibération par laquelle une collectivité s'engage à accorder sa garantie ou sa caution à un emprunt souscrit par une personne privée est - selon la formule souvent évoquée - une **décision individuelle à caractère pécuniaire**. Elle est prise dans le cadre d'un pouvoir d'appréciation dont dispose l'assemblée délibérante. Il s'agit bien d'un pouvoir discrétionnaire. Celle-ci peut, tout aussi bien, légalement accorder ou refuser sa garantie. A partir du moment où la décision est prise, elle crée des droits au profit de son bénéficiaire qui pourrait naturellement les faire constater et sanctionner devant le juge.

La conséquence est donc claire : la collectivité ne peut pas retirer ou remettre en cause après le délai du recours pour excès de pouvoir - sa garantie ou sa caution. Elle devait en son temps mesurer les risques pris. Prenant trop tardivement conscience de ses effets, elle ne peut revenir sur son engagement. Un changement d'équipe municipale ne constitue pas une rupture dans les engagements pris par la personne morale de droit public. Ainsi, un nouveau conseil municipal avait tenté de revenir sur une décision du conseil sortant qui avait décidé d'accorder à une association la garantie de la commune [44]. Il a vu sa décision annulée.

Un retrait est donc entaché d'illégalité.

Seules des conditions suspensives ou résolutoires pourraient éventuellement - selon leur nature - permettre d'échapper à l'engagement souscrit. Mais les organismes préteurs se montrent - on peut s'en douter - particulièrement réticents face à de telles conditions et exigent généralement un engagement clair de la collectivité avant d'accorder le prêt.

Les conséquences d'une telle illégalité sont assez faciles à deviner.

Si la collectivité locale décide de retirer sa garantie ou sa caution dans des conditions illégales, elle commet une faute de nature à engager sa responsabilité.

Il ne sera pas très difficile à l'emprunteur ou à l'organisme prêteur d'apporter la preuve qu'il y a eu un préjudice. Dans la mesure où ce dernier voit sa sûreté la plus fiable disparaître, il est probable qu'il ne resterait pas inerte.

Pourrait être demandée la réparation de tous les frais engagés pour la réalisation du projet dont le financement bénéficiait de la garantie ou de la caution. On peut même imaginer que la victime serait susceptible d'obtenir la réparation d'un préjudice moral. En tout état de cause, si la collectivité retire son engagement au cours d'exécution du prêt, le préjudice est facile à démontrer : le montant de la réparation équivaudrait au total des annuités garanties non remboursées par l'emprunteur.

Si l'organisme bancaire est conduit à refuser son prêt du fait du retrait de la collectivité locale ayant initialement apporté sa caution ou sa garantie, les conséquences peuvent être particulièrement graves. Dans le cas précité, le retrait de la commune avait abouti à la liquidation judiciaire de l'association. Le financement était considéré comme acquis au moment où le nouveau conseil municipal prend sa décision. Les conséquences sont finalement tout aussi graves pour la commune. La somme mise à sa charge par la cour administrative d'appel équivalait à son budget d'investissement ou à la moitié de son budget de fonctionnement.

c) Des moyens de pressions peuvent être mis en œuvre à l'encontre de la collectivité locale pour l'obliger à honorer son engagement.

Rappelons, tout d'abord, que comme toute personne publique une collectivité locale dispose de prérogatives de puissance publique en conséquence desquelles il est impossible d'utiliser à son encontre les voies d'exécution de droit commun.

Il existe, en revanche, un autre moyen efficace.

Pour la collectivité locale, la mise en jeu de la garantie d'emprunt ou du cautionnement est « *une dépense nécessaire à l'acquittement de la dette exigible* ». Il s'agit donc d'une dépense obligatoire. Dans le cas où la collectivité locale omettrait de l'inscrire à son budget, le préfet, le comptable public **ou toute personne y ayant intérêt** - donc l'emprunteur ou le prêteur - peuvent saisir la chambre régionale des comptes afin que celle-ci le constate. A partir de ce moment, c'est la procédure habituelle en ce cas qui s'applique. **La CRC adresse une mise en demeure à la collectivité locale** afin qu'elle procède à l'inscription de la dépense obligatoire. Si la collectivité locale s'abstient, **la CRC demande alors au préfet d'inscrire cette dépense au budget et propose la création de ressources équivalentes ou la diminution de dépenses facultatives afin de couvrir cette dépense obligatoire.**

2. Le juge peut-il exonérer la collectivité locale de son engagement ?

Les collectivités locales ne doivent pas trop espérer d'une procédure devant les juges, judiciaire, administratif ou financier, une issue leur permettant d'échapper aux obligations qu'elles ont souscrites en accordant leur garantie ou leur caution.

Ainsi que l'explique François Chouvel[45] dans une étude très complète, s'il arrive aux juridictions administratives et financières de ne pas tenir compte de quelques-uns de ces engagements pour illégalité, en revanche le juge judiciaire est plus enclin à demander à la collectivité d'assumer la totalité de ses responsabilités.

a) La plupart des conventions signées par les autorités locales décentralisées et comportant engagement de garantie ou de caution sont le plus souvent des contrats de droit privé.

Ces conventions sont considérées comme telles parce qu'elles sont considérées comme accessoires au contrat de prêt lui-même liant l'entreprise à l'organisme bancaire, hormis les cas où apparaîtrait clairement une clause exorbitante de droit commun et où elles auraient comme objet l'exécution d'un service public.

Il revient donc au juge judiciaire de se prononcer sur les litiges résultant de l'application (ou de la non-application) de ce contrat. Un principe semble guider les décisions de ces juridictions : le contrat engage les parties, il doit donc produire ses effets. En vertu du principe de libre administration, les collectivités ont pris librement un engagement, elles doivent l'assumer.

Plusieurs collectivités locales ont tenté de démontrer au juge judiciaire que leur engagement à cautionner ou à garantir n'existait pas dans la mesure où il était entaché d'illégalité. Comme le souligne François Chouvel, il sera difficile « *aux collectivités d'invoquer leur propre turpitude pour se soustraire à leurs engagements contractuels* ».

Ainsi une commune avait tenté d'apporter la preuve de la non-validité au regard du Code des communes du contrat qu'elle avait signé. La cour d'appel de Paris, puis la Cour de cassation s'en sont tenues à une appréciation plus simple : la collectivité locale avait peut-être fait une mauvaise appréciation des risques encourus mais elle n'apporte nullement la preuve d'une manœuvre dolosive du prêteur. La commune a donc été condamnée à tenir ses engagements vis-à-vis de celui-ci[46].

Il sera tout autant difficile à la collectivité locale de se fonder sur la turpitude de l'entreprise.

Ainsi le démontre une décision récente de la cour d'appel de Nîmes[47]. Dans cet arrêt la ville de Nîmes a été condamnée à exécuter ses engagements de caution, indépendamment d'un éventuel détournement de fonds dont le bénéficiaire - par ailleurs tombé en faillite - se serait rendu coupable.

Dès les premières difficultés financières sérieuses rencontrées par la société qui avait bénéficié de l'engagement de la ville de Nîmes, les banques ont décidé de mettre en œuvre le contrat de cautionnement. Sa faillite a conforté leur démarche. Elles ont même tenté de faire inscrire d'office au budget de la commune les crédits leur permettant de couvrir leurs créances.

Cependant, la commune estimait disposer de bons arguments lui permettant d'éviter des conséquences financières dont elle ne s'estimait en rien responsable. Elle a donc tenté d'obtenir l'annulation de la convention de cautionnement devant la Cour de Nîmes. Ses arguments valent d'être soulignés, tant ils paraissaient solides :

- la ville évoquait un détournement de fonds commis par l'emprunteur et apportait, semble-t-il des arguments à l'appui ;

- mais elle estimait aussi qu'il y avait faute de la part des organismes bancaires qui, en bons professionnels, auraient dû s'assurer de la bonne utilisation du prêt et alerter la commune dès le constat des premières difficultés.

Précisons que l'article 48 de la loi du 1er mars 1984, relative à la prévention et au règlement amiable des difficultés des entreprises, prévoit des règles précises. L'établissement financier qui a accordé un prêt - sous condition d'un cautionnement - doit, avant le 1er mars de chaque année, faire connaître à la caution le montant du principal et des intérêts restant à courir au 31 décembre de l'année précédente.

Aucun de ces arguments n'a été retenu par le tribunal, puis par la Cour. Bien au contraire, ils ont estimé, au contraire, que la ville de Nîmes était, en partie responsable de la faillite parce qu'elle avait choisi le concessionnaire et qu'elle devait précisément en surveiller l'activité.

La ville a donc été condamnée à rembourser les banques à la place de l'entreprise défaillante. Mais, en plus, elle a été condamnée à 200 000 F de dommages et intérêts pour comportement dilatoire et abusif.

C'est un peu un problème de même nature qu'a dû affronter la ville de Carcassonne[48]. En effet cette commune avait accordé sa garantie pour l'édification d'un palais des congrès qui ne fut jamais construit. Elle estimait donc logiquement qu'elle n'avait pas à rembourser un prêt qui n'avait pas eu l'usage prévu.

La Cour de cassation a pourtant condamné la ville de Carcassonne à rembourser l'emprunt qu'elle avait garanti. La Cour s'en est tenue à une stricte lecture de la convention. Celle-ci prévoyait que :

- La collectivité locale avait tous les pouvoirs pour procéder aux vérifications des opérations et écritures comptables ;

- et se réservait le contrôle de l'emploi des fonds.

La ville de Carcassonne devait donc assumer pleinement ses responsabilités.

Ces deux affaires démontrent que les collectivités locales ont tout intérêt à se donner se temps de la réflexion avant de se lancer dans un contentieux. A vouloir retarder l'échéance, elles risquent, en réalité, de supporter un coût supérieur à celui qu'elles souhaitent éviter. C'est, sans aucun doute, au moment de la décision de leur engagement et de la rédaction du contrat scellant leur engagement - notamment de ses clauses résolutoires - qu'elles doivent exercer toute leur vigilance et s'entourer des meilleurs conseils.

Mais ces deux affaires conduisent également à une réflexion de fonds : ***N'y a-t-il pas moyen pour les collectivités locales d'échapper à leur engagement dans le cas où il y aurait un comportement contestable de l'entreprise bénéficiant de la garantie ou du cautionnement ?***

Plusieurs observations permettent de répondre à cette question.

- *A priori*, une collectivité ne peut pas invoquer le non-respect d'une affectation des fonds dès lors que cette obligation pesant sur l'entreprise emprunteuse n'est pas expressément définie comme une condition de l'engagement de caution ou de garantie d'emprunt assumée par cette collectivité.

- Le raisonnement est différent à partir du moment où la collectivité a bien pris soin de faire insérer dans les différents contrats qu'elle signe une destination précise des fonds conditionnant son engagement.

- Généralement, nous l'évoquions, il s'agit de contrats de droit privé. Le juge judiciaire est donc compétent pour se prononcer sur les principales contestations concernant la portée des clauses. La jurisprudence de la Cour de cassation et des cours d'appel est maintenant bien établie.

- Or, la Cour de cassation a eu l'occasion de préciser que **lorsque les fonds prêtés sont affectés à un emploi déterminé, la personne assumant la caution doit être regardée comme poursuivant le même but**. En conséquence, **cette affectation est la condition même de son engagement** [49]. Il en résulte que la collectivité peut se fonder sur le non-respect de la finalité du prêt pour retirer son engagement. Il est donc effectivement très important, comme nous l'indiquions précédemment, de prévoir dans le contrat, aussi précisément que possible, la finalité du prêt obtenu par l'entreprise. Non seulement, la collectivité locale a ainsi l'assurance qu'il facilitera le développement économique mais, surtout, elle n'aura pas à assumer les conséquences d'un comportement contestable voire délictueux de l'emprunteur.

- Les institutions financières accordant crédit ne sont pas, en principe, responsables de la destination effective des crédits, même si ces fonds sont affectés à une opération précise.

- Toutefois, il est acquis depuis longtemps que, si le contrat prévoit expressément l'obligation de contrôler le bon usage des fonds au regard d'une finalité précise, la défaillance de l'institution financière emporte libération de la caution [50]. Il en est de même *a fortiori*, dans le cas où la banque s'était obligée à régler directement les fournisseurs de l'emprunteur avec les fonds prêtés [51].

- Dans le cas du non-respect par l'emprunteur de l'affectation des sommes reçues de l'établissement de crédit, la distinction entre *caution* et *garantie d'emprunt* retrouve son intérêt. Si le contrat de garantie d'emprunt peut être qualifié de *garantie autonome*, le garant à première demande ne peut se dégager de ses obligations. Comme nous l'expliquions, la garantie a un objet autonome. Tout dépend donc comment est rédigé ce contrat et quelles sont stipulations particulières. Au contraire, la caution garantit l'ensemble d'une opération de prêt avec toutes ses caractéristiques et ses limites ; il est donc, dans ce cas, couramment admis que l'engagement de la caution est subordonné aux respects de toutes les conditions prévues expressément dans le contrat de prêt lui-même.

- Les juges administratif et financier peuvent être amenés à apprécier le caractère obligatoire d'une dépense. Précisément, nous l'évoquerons ci-après, ils ont estimé que ce caractère disparaissait dans le cas du non-respect soit par le prêteur, soit par l'emprunteur, de leurs obligations respectives.

b) Le juge administratif n'a donc que rarement à connaître du contentieux résultant de l'application ou du refus d'appliquer les conventions de cautionnement et de garantie.

En revanche, il lui revient, assez souvent, de se prononcer sur la légalité des délibérations par lesquelles les collectivités décident de tels engagements.

Naturellement la légalité d'une délibération peut être entachée par le non respect des règles de plafond, par la non application des ratios [52].

Mais il est arrivé que le juge administratif, constatant la nullité formelle de l'engagement de la collectivité, exonère celle-ci - en conséquence - de son obligation devenue inexistante.

Il s'agit de ce que certains élus appellent la « jurisprudence des adjoints ». Il semble qu'elle prenne sa naissance dans un arrêt du Conseil d'État du 6 décembre 1989 [53]. Les faits sont particulièrement simples. Le conseil municipal de Torcy avait autorisé le maire à signer la convention de garantie au profit d'une entreprise. Mais, elle fut, en réalité, signée par la suite par un adjoint. Le Conseil d'État a estimé que l'article L. 122-21 alinéa 2 du Code des communes (actuellement article L. 2122-23 du CGCT) était applicable. Il dispose que « *sauf dispositions contraires dans la délibération du conseil municipal portant délégation, les décisions prises en application de celle-ci* ***doivent être signées personnellement par le maire,*** *nonobstant les dispositions des articles L. 122-11 et L. 122-13. Sauf disposition contraire dans la délibération,* ***les décisions relatives aux matières ayant fait l'objet de la délégation sont prises, en cas d'empêchement du maire, par le conseil municipal.*** »

À partir de cette décision, ainsi que le fait observer François Chouvel, les collectivités locales pouvaient être tentées de développer des stratégies d'évitement de responsabilité, en privant les sommes qui ont fait l'objet d'une garantie ou d'un cautionnement du caractère de dette exigible, par une simple permutation du signataire de l'acte d'engagement.

L'astuce paraît peu glorieuse. Surtout, il n'est pas sûr qu'elle produise les effets escomptés par certaines collectivités.

D'une part, dûment alertés, les organismes bancaires veillent à n'accepter que les conventions signées par les maires eux-mêmes.

D'autre part, l'évolution de la jurisprudence du Conseil d'État ne permet plus ces stratégies douteuses. Celui-ci paraît considérer désormais considérer qu'un adjoint peut parfaitement, en l'absence du maire, engager la collectivité, du moment qu'il s'est bien conformé aux mesures d'exécution définies par la délibération (CE 15 juin 1994, commune de Longueau [54]).

Toutefois, la question de la validité de la signature engageant la collectivité locale pourrait se pose d'une manière différente. Il convient ici de se référer aux importantes précisions apportées par le Conseil d'État dans son avis du 10 juin 1996 [55].

D'une façon générale - et pas simplement dans le cas de cautionnements ou de garanties -, une pratique courante des collectivités locales consiste à transmettre simultanément la délibération et le contrat.

Pourtant, l'exécutif (maire, président du conseil général ou régional, président d'EPCI) doit être dûment autorisé par une délibération exécutoire au moment où il signe le contrat, sinon l'auteur de la signature serait évidemment incompétent. Or pour qu'une délibération soit exécutoire, elle doit être transmise au représentant de l'État. Tant que cette transmission n'est pas effective, la décision n'est pas exécutoire. Il en résulte que la délibération doit être transmise au représentant de l'État ***avant*** que l'exécutif ne signe le contrat. Dans le cas de transmission simultanée, l'exécutif local ***n'est pas encore compétent.*** Il n'y a pas d'engagement valable de la collectivité locale.

Il sera, toutefois, difficile à une collectivité locale de se fonder sur ce moyen pour ne pas honorer ses engagements, d'une part parce qu'elle s'appuyait sur sa propre turpitude, d'autre part, parce que, depuis l'avis du Conseil d'État, les préfets sont évidemment vigilants sur ce point.

c) Lorsque la collectivité se montre peu désireuse d'assumer les conséquences de l'appel en garantie, les organismes bancaires n'hésitent plus à saisir les chambres régionales des comptes afin de faire constater le caractère obligatoire de la dépense pour qu'elle puisse ensuite être inscrite d'office.

Quels arguments font prévaloir les collectivités locales afin de tenter d'échapper à ces conséquences ?

Lorsque c'est possible, elles font valoir l'incompétence d'un adjoint à signer le contrat de garantie ; la nullité de l'acte initial fait disparaître toute obligation pour la commune et donc fait disparaître le caractère obligatoire de la dépense. Selon le pointage effectué par François Chouvel[56], cette question donne lieu à des décisions contradictoires des CRC. On peut estimer que dans peu de temps, cette situation sera clarifiée dans la perspective de l'arrêt de 1994 du Conseil d'État.

L'appel en garantie va donner naissance à une dépense obligatoire. Il sera donc difficile à une collectivité locale de se soustraire à cette obligation. S'il y a dépense obligatoire, ainsi qualifiée par la loi ou par le juge administratif dans sa jurisprudence, à la demande du créancier, la chambre régionale des comptes ne pourra que le constater et demander au préfet de procéder à l'inscription d'office. S'agit-il pour autant toujours d'une dépense obligatoire ? Il existe plusieurs voies pour le contester :

- La cour administrative d'appel de Paris a estimé qu'une dépense revêtait un caractère obligatoire lorsque l'engagement de caution d'une collectivité locale n'était subordonné à aucune condition suspensive ou résolutoire [57]. *A contrario*, on doit donc comprendre que la mise en œuvre d'une clause comportant une condition suspensive (en cas de non-respect de la finalité du prêt obtenu, par exemple) aurait pour effet de faire disparaître le caractère obligatoire de la dépense à la charge de la collectivité locale.

- Par ailleurs, les chambres régionales des comptes ont admis que, lorsque le prêt n'avait pas servi à la réalisation de son objet, il s'agissait bien d'une circonstance suffisante pour admettre une contestation émanant de la collectivité locale, caution ou garante, comme sérieuse [58].

- Plus largement, sont considérées comme dettes exigibles, susceptibles d'être inscrites comme dépenses obligatoires au budget d'une collectivité locale, les dettes non sérieusement contestées (CE 11 décembre 1987 [59]). En revanche, si la créance est sérieusement contestée, le juge peut conclure au caractère non obligatoire de la dépense (CE 12 octobre 1994, Département des Alpes-de-Haute-Provence [60]).

- La collectivité locale doit donc produire une contestation sérieuse. Tel est le cas si la dette n'est pas certaine, s'agissant notamment de son montant, elle ne saurait, dans ce cas, dans sons ensemble une dépense obligatoire ; tel est également le cas si la collectivité locale est en mesure de démontrer le non-respect par le prêteur ou l'emprunteur de leurs obligations dûment précisées dans la délibération ou les conventions éventuellement signées.

Un autre argument de contestation paraît plus solide. Il peut concerner le non respect par le préteur d'une obligation d'information au profit de la collectivité locale, éventuellement prévue par la convention. La collectivité locale se réfère parfois à l'article 48 de la loi du 1er mars 1984 précité. Des chambres régionales des comptes ont estimé que **le non respect de l'obligation d'information pesant sur l'établissement bancaire entraînait comme conséquence la déchéance des intérêts échus depuis la précédente information**. De ce fait, cet établissement ne peut réclamer ces intérêts et demander leur inscription[61].

Notes

1. « *Les aides des collectivités locales en matière économique* », *Les notes bleues de Bercy*, 16-21 août 1994, cité par François Chouvel, « *La responsabilité des collectivités locales du fait des garanties et cautions accordées à des personnes de droit privé* », in CURAPP « *Le financement du développement local* », PUF 1995.
2. Cour des comptes, rapport public 1993, « *Garanties apportées par plusieurs communes à un groupe de promotion immobilière* ».
3. CRC Corse 17 mai 1991 ; CRC Bourgogne 6 août 1991 et 6 avril 1993 ; CRC Languedoc-Roussillon 18 mars 1992 ; CRC Centre 1er avril 1992 ; CRC Pays de Loire 13 janvier 1993.
4. « *Le Quotidien du maire* », 14-20 avril 1993, également cité par François Chouvel (*op. cit.*).
5. CE 6 décembre 1989, SA de crédit à l'industrie française (CALIF), *AJDA*, juin 1990, note Moreau.
6. CE 15 juin 1994, ministre de l'Intérieur et de la Sécurité publique c/commune de Longueau, *Rec.* 1994, p. 318.
7. TA Marseille, 16 mai 1995, Groupement pour le financement des ouvrages de bâtiment, travaux publics et activités annexes (GOBTP), *RFDA*, note Laurent Deruy, mars-avril 1996, p. 364.
8. TC 12 janvier 1987, ville d'Eaubonne, *Rec.* p. 640, Dalloz, 1987, p. 205, concl. J. Massot. Il y a eu, dans un premier temps, une exception (TA Versailles 6 décembre 1985, CALIF c/commune de Torcy, *AJDA*, 1986, p. 374, note Jacques Moreau) qu'a annulée le Conseil d'État (voir note suivante).
9. CE 13 juin 1986, département de la Réunion, *AJDA, 1986*, p. 652, note Jacques Moreau ; *Revue Administrative*, 1986, p. 359, note Terneyre.
10. CE 13 juin 1964, Caisse franco-néerlandaise de Cautionnement, *Rec. Leb.* p. 311.
11. Cass. Com., 20 décembre 1982, Dalloz, 1983, p. 365, note Vasseur ; 3 nov. 1992, *JCP*, 1993, II, n° 22082, note Delebecque.
12. Pour plus de précisions : Philippe Simler, « *Cautionnement et garanties autonomes* », Litec, 1991, n° 306 ; Paul Lignières, « *Les cautionnements et garanties d'emprunt donnés par les collectivités locales* », LITEC, 1994 ; Christian. Avalda et Jean Stoufflet, « *Droit bancaire* », Litec, 2000, n° 686. TA Nantes, 29 décembre 1995, Banque Régionale d'escompte et de dépôt, conclusions Jean-Frédéric Millet, note Philippe Simler, *RFDA*, nov.-déc. 1996, p. 1131.
13. CAA Bordeaux, 22 décembre 2000, Crédit Local de France, note Gérald Claise, *RGCT*, n° 17, mai-juin 2001, p. 880. Curieusement, tout en retenant qu'il s'agit d'une garantie d'emprunt, la Cour Administrative d'Appel relève que cet engagement contractuel est accessoire au contrat de prêt.
14. Cass. Com., 13 décembre 1994, *Bull. civ.*, IV, n° 375 ; *Dalloz*, 1995, 209, rapport Le Dauphin, note Aynès.
15. Cass. Civ. 1re, 13 mars 1996, *Juris-data* n° 000962 ; *RD bancaire et bourse*, 1996, p. 123, obs. Contamine-Raynaux ; *RFDA*, nov.-déc. 1996, p. 1140.
16. Par exemple : CE 10 mai 1996, commune de Saint-Louis c/M. Abadie, *RFDA*, nov.-déc. 1996 p. 1140 ; TA Nantes, 29 décembre 1995, précité.
17. Décret n° 83-590 du 5 juillet 1983, *JO* 7 juillet 1983.
18. Loi n° 88-13 d'amélioration de la décentralisation, *JO* 6 janvier 1988.
19. Décret n° 88-366 du 18 avril 1988, *JO* 19 avril 1988.
20. Loi n° 94-504 du 22 juin 1994, portant dispositions budgétaires et comptables relatives aux collectivités locales, *JO* 16 juillet 1994.
21. Ce total est affecté d'un coefficient multiplicateur que le décret du 18 avril 1988 fixe à 1.
22. Article L. 300-1 du Code de l'urbanisme.
23. TA Lille 3 novembre 1995, préfet du Nord c/commune d'Haymille, *Bull. Jur. Dt. Urb.* 1/1996, p. 31 concl. Célérier.

24. CE 16 janvier 1995, ville de Saint-Denis, *AJDA* 1995, 657, note François Chouvel.
25. CE, avis de la section de l'Intérieur, 19 décembre 1995, *Études et documents du CE*, 1995, p. 430.
26. CE 6 novembre 1995, commune de Villenave-d'Ornon c/M. Pujol, Rec. 1995, T. p. 677, *Revue Fr. de décent.* 1996, n° 4, p. 221 concl. P. Martin ; *AJDA*, 1996, p. 223, note Deves.
27. CE 18 novembre 1991, département des Alpes-Maritimes c/chambre d'agriculture des Alpes-Maritimes, *AJDA*, mars 1992, p. 231, note Claude Deves.
28. TA Montpellier 21 janvier 1986, COREP de l'Hérault c/commune de Teyran, n° 15716.
29. Loi n° 92-652 du 13 juillet 1992, portant modification de la loi du 16 juillet 1984, *JO* 13 juillet 1992.
30. Loi n° 84-610 du 16 juillet 1984, relative à l'organisation et à la promotion des activités physiques et sportives, *JO* 17 juillet 1984.
31. Loi n° 94-679 du 8 août 1994, portant dispositions diverses d'ordre économique et financier, *JO* 10 août 1994.
32. CE 10 mai 1996, aff. commune de Saint-Louis c/M. Abadie, *AJDA*, novembre 1996, p. 951, note François Chouvel.
33. CE 9 octobre 1992, commune de Saint-Louis c/association « Shiva Soupramanien de Saint-Louis », *AJDA*, décembre 1992, p. 817, concl. F. Scanvic.
34. Le Conseil d'État avait estimé qu'une collectivité locale ne pouvait garantir un emprunt contracté par un établissement privé d'enseignement primaire (CE 4 février 1991, commune de Marignane c/Association de reconstruction de l'École Sainte-Marie, *Petites Affiches* 11 sept. 1991, p. 4, note François Chouvel) tandis qu'il considérait comme légale le même engagement pour un établissement secondaire (CE 6 avril 1990, ville de Paris c/École alsacienne, *RFDA* 1990, p. 598, concl. P. Frydman).
35. CE 9 janvier 1995, préfet de la région Rhône-Alpes, *Petites Affiches*, 3 avril 1996, p. 15, note François Chouvel.
36. Article 19-5 de la loi n° 86-972 du 19 août 1986, portant dispositions diverses relatives aux collectivités locales, *JO* 22 août 1986.
37. Article 40 de la loi n° 91-662 du 13 juillet 1991, d'orientation sur la ville, *JO* du 19 juillet 1991.
38. Loi du N° 90-449 du 31 mai 1990, visant à la mise en œuvre du droit au logement, *JO* 2 juin 1990.
39. Article 2 de la loi n° 90-449 du 31 mai 1990, *JO* 2 juin 1990.
40. Depuis 1988 pour la chambre commerciale et 1989 pour la première chambre civile. Cette jurisprudence a été confirmée : Cass. Com., 19 juin 1990, *Bull. civ.* IV, n° 188 ; Cass. Com. 9 oct. 1990, *Jurisdata* n° 002526 ; CA Nîmes, 6 sept. 1994, *Petites Affiches*, 26 mai 1995 (il s'agit, dans ce dernier cas, d'un cautionnement accordé par une commune).
41. Cass. Civ. 1re, 30 avril 1969, *JCP*, 1969, II, 16057, note MA.
42. Cass. Civ. 1re, 25 mars 1997, *Droit Administratif*, 1997, n° 294.
43. CE sect., 8 février 1985, Castet, AJDA, 1985, p. 234.
44. La commune de Faye d'Anjou avait garanti un emprunt souscrit par une association auprès du Crédit foncier de France pour la construction d'une maison de retraite (TA Nantes, 29 janvier 1992, assoc. Chant'La vie et autres c/commune de Faye d'Anjou, Dalloz 1993, p. 238, note F. Chouvel ; CE 28 juillet 1993, commune de Faye d'Anjou c/Assoc. Chant'La vie, Rec. T, p. 658 ; CAA Nantes 2e Ch., 8 novembre 1995, commune de Faye d'Anjou, *AJDA* 1996, p. 331 note F. Chouvel).
45. François Chouvel, « *La responsabilité des collectivités locales du fait des garanties ou cautions accordées à des personnes de droit privé* », in « *Le financement du développement local* », PUF, 1995, pp. 115-133.
46. CA Paris, 10 juillet 1984, Ville d'Eaubonne ; Cass. Civ., 1re, 9 février 1988, *Bull. civ. I*, n° 36, ville d'Eaubonne.
47. Cour d'appel de Nîmes 6 sept. 1994, commune de Nîmes, LPA 26 mai 1995.
48. Cass. Civ. 1er décembre 1993, commune de Carcassonne c/Crédit local de France et autres, *Juris-Associations*, n° 94, 1er mars 1994, p. 5.
49. Cass. civ. 19 mai 1987, Sté Sofal, *Dalloz*, 1987, som. Comm. P. 446.
50. Cour d'appel de Paris, 27 avril 1936, *DH*, 1936,
51. Cass. com. 30 nov. 1982, *Bull. Civ.*, IV, n° 384 ; JCP, 1983, ed. G, IV, 54 ; *RTD. com.*, 1983, p. 449, observations Cabrillac et Teyssié.
52. TA Amiens 23 avril 1990, préfet de la Somme c/commune de Gamaches ; TA Lyon 4 mai 1993, préfet de la Loire c/commune de Montbrison, *Gazette des communes*, 15 novembre 1993, p. 95.
53. CE 6 décembre 1989, CALIF contre commune de Torcy, *AJDA*, 1990, p. 485, note Jacques Moreau.
54. CE 15 juin 1994, ministre de l'Intérieur et de la Sécurité publique contre commune de Longueau, cité par François Chouvel, in *La Responsabilité des collectivités locales*... précité.
55. CE Avis du 10 juin 1996, Préfet de la Côte-d'Or, *RFDA*, janv.-fév. 1997, commentaire Jean-Claude Douence, p. 83.
56. François Chouvel, « *La responsabilité des collectivités locales*... » précité.
57. CAA Paris, 13 décembre 1994, Albert, req. N° 94 PA 00297, cité par Jean-Frédéric Millet dans ses conclusions sur TA Nantes, 29 décembre 1995, Banques régionales d'escompte et de dépôt, *RFDA*, nov.-déc. 1996, p. 1131.
58. CRC Aquitaine, avis, 1er février 1990 (construction d'un village de vacances non réalisé) ; CRC Limousin, avis, 20, septembre 1990, Sitom (construction d'usine non réalisée) ; lire J.-L. Chartier et Alain Doyelle, « L'activité des chambres régionales des comptes », AJDA, 1991, p. 201.
59. CE 11 décembre 1987, commune de Pointe-à-Pitre, rec. Tables, p. 657.
60. CE 12 octobre 1994, département des Alpes-de-Haute-Provence, rec. p. 444.
61. CRC Nord-Pas-de-Calais, 29 novembre 1990, cité par A. Doyelle, « *L'activité des chambres régionales des comptes* », *AJDA*, mars 1994, p. 201.

II ▪ L'insertion des collectivités locales dans les circuits de financement des entreprises

De manière encore expérimentale, des collectivités locales, de plus en plus nombreuses, interviennent en faveur des entreprises en s'insérant dans les circuits de financement. Cette pratique s'explique pour deux raisons principales :

- L'une des causes principales de mortalité des jeunes entreprises réside dans l'insuffisance de fonds propres dont elles disposent. De ce fait, il est apparu judicieux à certaines autorités locales décentralisées de favoriser la création d'entreprises, en intervenant, avec d'autres partenaires, en faveur d'un renforcement du capital de départ.

- Alors que les primes ont assez rapidement montré leur limite comme moyen d'intervention, pour surmonter les critiques dont elles étaient l'objet, des régions ont engagé une politique de coopération avec des institutions bancaires afin que ces aides directes interviennent conjointement et complémentairement aux prêts qui étaient accordés.

A - La participation des collectivités locales à des sociétés de capital-risque

La loi du 2 mars 1982 (aujourd'hui l'article L. 4211-1, 8° du CGCT) autorise les régions à participer librement au capital de sociétés de développement régional (SDR) ainsi qu'au capital des « *sociétés de financement interrégionales ou propres à chaque région, existantes ou à créer* ».

La formulation retenue - assez large - permet de nombreuses initiatives.

Cette forme d'intervention n'est pas directement reconnue aux communes et aux départements. S'ils souhaitent prendre des participations dans de telles sociétés, ils doivent préalablement obtenir une autorisation par décret en Conseil d'État. Effectivement quelques départements et quelques communes ont été autorisés à réaliser ce type d'intervention. Les exemples demeurent peu nombreux.

Pourtant, un nombre relativement important de ces collectivités est présent dans le capital de sociétés financières ou immobilières. La Cour des comptes relève, par exemple, la présence de 21 départements dans le capital de diverses SICOMI [1]. Mais des communes ont également pris des initiatives identiques.

Parfois ces interventions sont passées par l'intermédiaire de la région. Les départements - et parfois les communes - lui versant une subvention qu'elle intègre dans sa prise de participation. Le conseil d'administration est ensuite ouvert à ces collectivités.

Mais, il faut le reconnaître, des prises de participation directes sont intervenues avec la bienveillance du gouvernement et sans réaction de l'autorité chargée du contrôle de légalité.

1. Les références aux appels de note numérotés se trouvent en fin de chapitre, p. 143

1. La participation au capital des SDR et des IRP

a) Le statut des Sociétés de Développement Régional (SDR) date d'un décret du 30 juin 1955.

Leur activité a fait l'objet de critiques. Elles paraissent avoir oublié pour une bonne part l'objectif d'aménagement du territoire qui était à l'origine de leur création. La participation des régions - et parfois d'autres collectivités - à leur capital ne semble pas avoir réellement corrigé cette tendance. Leur prise de participation dans les entreprises est sans doute plus guidée par une recherche de rentabilité que par un *souci d'aide aux jeunes entreprises*[2].

C'est la raison pour laquelle les collectivités régionales et locales ont souvent suscité - avec d'autres partenaires - la création d'autres sociétés financières, souvent regroupées sous la désignation d'Instituts régionaux de participations (IRP), au sein desquels elles ont pris des participations beaucoup plus significatives qu'au sein des SDR Il leur est ainsi possible d'influencer leurs activités.

Ainsi plusieurs de ces IRP sont devenus des acteurs des politiques de création d'entreprises, complétant les aides des collectivités locales, parfois dans le cadre de politiques communes. **Le renforcement des capitaux propres est effectivement souvent la première condition à la réussite d'un projet de créateur d'entreprise.** La collectivité locale pourra ensuite conforter son développement en garantissant ses emprunts ou en apportant des aides immobilières.

b) Par ailleurs, il n'est pas rare que les SDR et les IRP aient constitué, sous forme de filiales, des SICOMI (société immobilière pour le commerce et l'industrie) qui ont pour objet la location d'immeubles à usage professionnel et des opérations de crédit-bail[3]*.*

Les collectivités locales ont, elles-mêmes assez souvent recours aux SICOMI pour mener à bien leurs interventions. Théoriquement pour prendre une participation dans ces sociétés, il faut donc une autorisation par décret en Conseil d'État. Cet obstacle peut être contourné, soit en créant une société d'économie mixte locale, agréée comme SICOMI, soit en permettant à une SEM locale de constituer une filiale sous forme de SICOMI. Les collectivités locales peuvent apporter à leur tour des aides directes ou indirectes à la SICOMI qui peut réaliser diverses opérations dans des conditions fiscales intéressantes.

2. Une grande variété de sociétés financières régionales

Il n'y a pas que les SDR et les IRP. Bien d'autres institutions peuvent être suscitées ou utilisées par les régions pour faciliter la création d'activités économiques.

a) Il existe des institutions d'une certaine importance, créées par des grands groupes industriels afin de préparer des reconversions industrielles en reconstituant un tissu économique de PME.

Ainsi en prévision de l'épuisement progressif des gisements de Lacq, Elf-Aquitaine a facilité la création d'AFINAQ, association régie par la loi de 1901, qui a comme finalité d'inciter le développement des aides en fonds propres, en partenariat avec les pouvoirs publics, et notamment les collectivités locales.

La Commission européenne a également pris des initiatives en matière de capital-risque[4]. Les fonds qu'elle a créés, n'ont pas uniquement comme objet d'apporter des financements mais, également de faciliter la constitution d'un réseau, l'accession à des bases de données sur les techniques et les marchés. La Commission privilégie notamment les « capitaux d'amorçage ». Il s'agit d'inciter les professionnels du capital-risque à soutenir des entreprises toutes jeunes qui développent des prototypes ou de nouveaux produits.

Il revient aux collectivités locales françaises de relayer éventuellement de telles initiatives.

Sud-Capital, société de capital-risque créée à l'initiative de la région Provence-Alpes-Côte d'Azur, avec l'appui financier de la Communauté européenne et la coopération de banques régionales, a constitué un groupement d'intérêt économique, dénommé Euro-Sud-Capital. Son activité a commencé dès 1991 avec comme partenaires l'IRDI (IRP de Midi-Pyrénées), SORIDEC et les Génois de Ligure Capital, tous trois membres du GIE. Il s'agit de mettre en commun les possibilités d'interventions interrégionales pour obtenir le label CEE « Eurotech Capital », délivré à des entreprises dont les possibilités d'intervention en fonds propres dépassent 50 millions d'écus.

b) Mais il existe, également, à un niveau local, un grand nombre d'initiatives dont les effets, même s'ils sont parfois modestes, demeurent tout à fait réels en termes de maintien ou de création d'activités économiques.

Au gré des recherches, on découvre, à travers la France, de nombreuses entités de capital-risque « de terrain » créées à l'initiative d'élus locaux, de chefs d'entreprises ou d'organismes socioprofessionnels : clubs d'investissement, fonds communs de placement à risques (FCPR), petites sociétés de capital-risque, « cigale », etc.

De telles expériences peuvent parfaitement réussir sans l'intervention de la région ou d'autres collectivités.

Leur présence peut toutefois être très utile. Les chances de succès reposent en grande partie sur la confiance. Les collectivités publiques peuvent y contribuer.

- Ce type d'intervention libère l'entrepreneur de certaines garanties que ne manqueront pas d'exiger les banques. Elle permet également de garantir le court terme.

- La population apportera d'autant plus facilement un soutien qu'elle constatera que les collectivités locales se sont elles-mêmes engagées.

- La participation des collectivités locales aux côtés de la population responsabilise d'autant le chef d'entreprise. Il n'a plus à rendre compte à des actionnaires anonymes ou à des organismes financiers mais à un voisinage immédiat, public ou privé.

3. La participation des régions à des fonds communs de placement

Afin de renforcer les fonds propres des entreprises, il n'est pas rare que des sociétés financières régionales aient créé des fonds communs de placement qui permettent de prendre des participations financières dans de jeunes sociétés régionales ou dans des entreprises plus anciennes qui connaissent des mutations nécessitant une recapitalisation.

La loi du 28 février 2002, relative à la démocratie de proximité, ouvre la possibilité aux régions de participer à ces fonds communs de placement [5].

En effet, cette loi complète l'article L. 4211-1 du CGCT d'un 9e paragraphe nouveau.

Il en ressort les dispositions suivantes :

- une région a désormais la possibilité de **souscrire des parts dans un fonds commun de placement à risques** à vocation régionale ou interrégionale ;

- elle peut également **participer par le versement de dotations à la constitution d'un fonds d'investissement** constitué auprès d'une société de capital-investissement ayant une vocation régionale ou interrégionale et dont la finalité est bien d'apporter des fonds propres à des entreprises.

Effectivement, de tels fonds existent déjà, gérés par des SDR ou des IRP. Des banques mutuelles ou des Caisses d'épargne en ont également constitué. Comme ce fut le cas dès 1982, s'agissant de la prise de participation des régions dans les sociétés financières régionales, la formulation utilisée *« à vocation régionale ou interrégionale »* ouvre la voie à de nombreuses possibilités.

Certains réseaux bancaires ont effectivement constitué de tels fonds dans un cadre régional ou interrégional. Il est également clair que la région peut prendre l'initiative de la création d'un fonds d'investissement en partenariat avec des institutions financières.

Toutefois, plusieurs dispositions viennent encadrer cette nouvelle compétence :

- en aucun cas, le financement de ces fonds communs de placement ne peut être assuré majoritairement par les régions. Il revient aux institutions financières privées d'assurer l'essentiel des financements. En effet, il est clairement précisé que le montant total des dotations ou des souscriptions versées par une ou plusieurs régions ne peut excéder 50 % du montant total du fonds ;

- il ne revient pas à la région de gérer de tels fonds. Lui est simplement ouverte la possibilité d'abonder des fonds gérés par une institution financière ;

- cette participation financière de la région à un fonds commun de placement correspond bien à un intérêt public : favoriser la création et la croissance des entreprises. C'est la raison pour laquelle, chaque région participant à un fonds commun de placement ou à un fonds d'investissement doit passer, avec l'institution financière qui le gère, une convention ;

- en conséquence, cette convention détermine l'objet, le montant global et le fonctionnement du fonds ;

- elle doit également prévoir les conditions de restitution des dotations à la région dans le cas où il y aurait modification ou cessation des activités du fonds ;

- cette convention doit être transmise au représentant de l'État dans le cadre du contrôle de légalité.

B - L'établissement d'une coopération entre les collectivités locales et les institutions bancaires

Toute réflexion sur les interventions économiques des collectivités territoriales doit être située **dans le contexte plus général du financement des entreprises :**

- La quasi-totalité des études faites sur le sujet montre que les besoins de financement des entreprises se sont considérablement accrus ces dernières années.

- Si l'insuffisance des fonds propres risque d'être fatale les deux ou trois premières années suivant la création, rapidement la PME aura besoin, pour survivre, de crédit.

L'endettement des PME est très souvent supérieur à celui des grandes entreprises. Surtout, les PME ont davantage recours aux crédits bancaires de trésorerie qui sont souvent plus onéreux. Et l'idée d'un crédit global d'exploitation a été souvent évoquée.

Or il est clair que les banques ont un rôle déterminant au regard de ces problèmes. Elles interviennent dans le financement des PME sous forme de crédit et de prise de participation. Elles contribuent également, comme les régions, au capital d'organismes dont la mission est d'accroître les fonds propres des entreprises.

L'idée d'un rapprochement entre les collectivités locales et les institutions bancaires paraît donc s'imposer[6]. Un antagonisme d'intérêt constitue cependant un redoutable obstacle. Seules des conventions prévoyant des coopérations précises peuvent permettre un rapprochement utile.

1. La signature de conventions

a) Les PME entretiennent des relations fréquemment difficiles avec les banques dans la mesure où ces dernières sélectionnent, bien évidemment, les entreprises et les formes de crédits qui présentent le moindre risque financier et des perspectives de bons résultats.

Le coût des ressources financières, quant à lui, est d'autant plus élevé que la banque estime le risque encouru particulièrement important. Il ne fait aucun doute que ces critères de sélection pour l'octroi des crédits bancaires défavorisent les PME. Concrètement, de telles règles se traduisent par une hausse des taux d'intérêt ou par l'exigence de garanties réelles ou personnelles très solides.

Ce sont autant d'éléments qui ne sont pas de nature à favoriser le développement régional, en partie fondé sur les PME qui demeurent les destinataires privilégiés des interventions régionales et locales. Dès lors, l'enjeu n'est plus tant d'octroyer des primes que d'engager un nouveau mode d'intervention dans lequel la région serait un partenaire dans les relations entre les banques et les entreprises.

Ces conventions sont signées entre une région et une ou plusieurs banques. Avec quelques différences, on retrouve des contenus assez proches. La banque s'engage chaque année à réserver une part de ses concours aux projets des entreprises qui ont été retenus prioritairement par la région, parfois en partenariat avec la chambre de commerce. Des conventions de ce type ont étés signées en Provence-Alpes-Côte d'Azur, en Alsace, en

Champagne-Ardenne. Généralement les banques s'engagent à réserver une enveloppe de crédits à taux privilégié, aux entreprises bénéficiaires des aides régionales. **Un couplage est ainsi opéré entre prime régionale et prêt bancaire.**

b) Ce partenariat financier est d'abord marqué par le pragmatisme.

Les régions concernées insèrent leurs interventions dans les circuits de financement traditionnels sans les remettre en cause. Elles admettent que la banque est le partenaire naturel de l'entreprise.

Mais la prime régionale joue encore son rôle. En effet, en ce qui concerne les PME, l'intervention en fonds propres n'est pas l'activité courante du système bancaire. Maintenir les primes régionales, c'est renforcer la structure financière des PME en leur apportant des disponibilités nécessaires à leurs investissements. Indirectement, c'est leur permettre un accès plus facile aux concours bancaires.

En conséquence, les primes doivent s'intégrer, tout naturellement, dans les montages financiers, au même titre que les apports en fonds propres du chef d'entreprise et les concours bancaires. Surtout une prime substantielle pour une PME doit conduire les banques, in fine, à être plus conciliantes sur les taux d'intérêt accordés.

2. La portée de ce partenariat financier

Il convient de souligner que ce partenariat financier comporte quelques risques qui ne peuvent être négligés.

a) Pour que la procédure de financements jumelés satisfasse la banque, il faut que la rentabilité attendue de son client et la prime régionale offerte compensent le faible taux d'intérêt qu'elle est tenue d'appliquer conformément à la convention.

En fait, le mécanisme mis en place est optimal si le montant de l'aide régionale, compte tenu du taux privilégié que la banque doit appliquer, permet de compenser la faible rentabilité de l'entreprise qui la sollicite. Dans ces conditions, la prime régionale qui fait office de fonds propres permet à la PME d'obtenir un financement à des conditions que le système bancaire lui refusait jusqu'alors. Mais l'effet « catalyseur » de la prime pourrait être plus limité. En effet, si la rentabilité du projet se révèle insuffisante, l'aide régionale ne parviendra pas à mobiliser la banque sur un financement auquel elle doit, de surcroît, appliquer un taux privilégié. Il est donc assuré que, dans ce cas, la banque n'incitera pas son client à s'engager dans une procédure qui l'obligerait à couvrir des risques qu'elle estimerait trop importants.

Finalement, la banque ne risque-t-elle pas de filtrer les projets selon ses propres critères d'appréciation et de ne proposer à la région que les seuls dossiers qu'elle estime viables ?

La région, sans doute avec les autres collectivités locales, doit établir très précisément une présélection des entreprises admises au financement jumelé.

b) En dehors du système d'aides jumelées, la région peut toujours, en complète indépendance, attribuer des primes régionales aux entreprises selon ses propres critères d'appréciation.

Cependant, les entreprises qui se tournent vers la région sont celles qui ne sont pas susceptibles d'être éligibles à la procédure jumelée primes-prêts. Mais les moyens budgétaires de la région étant plus limités, il est clair que celle-ci doit opérer des choix. La région risque fort d'écarter ces demandes.

Ainsi la procédure de financement jumelé peut, à terme, faire tomber en désuétude les aides directes isolées, au profit d'un mécanisme d'attribution plus bancarisé.

Notes

1. Cour des comptes, « *Les interventions des collectivités territoriales en faveur des entreprises* », rapport public particulier, novembre 1996, Les éditions du *Journal officiel*, p. 31.
2. Hervé Groud, « *Les EPR et les sociétés financières régionales* » communication présentée lors du colloque national de l'IFSA, « *La région à l'heure de la décentralisation* », Metz, 13 et 14 octobre 1983, *Les Cahiers de l'Administration Territoriale*, n° 6, 1984, pp. 37-103.
3. L'ordonnance du 28 septembre 1967 les dote d'un statut juridique et fiscal approprié.
4. Trois principaux programmes d'aides ont été conçus : Venture Consort, Eurotech Capital et European Capital Seed Fund Network. Le premier a été créé dès 1985, les deux autres sont montés en puissance au début des années 90. Il s'agit, globalement, d'inciter les professionnels du capital-risque à travailler ensemble. Ils sont géré par la DG XVIII.
5. Loi n° 2002-276 du 27 février 2002 relative à la démocratie de proximité, *JO* du 28 février 2002, p. 3808, art. 102.
6. Hervé Groud, « *L'insertion des régions dans les procédures de financements des entreprises* », in J.-C. Nemery, H. Groud, M. Leroy, S. Pugeault, « *Le renouveau de l'aménagement du territoire en France et en Europe* », Economica, 1994.

III ■ Les aides à l'immobilier industriel, commercial et artisanal

L'immobilier d'entreprises constitue une forme traditionnelle d'intervention économique des collectivités locales.

Dès les années vingt et trente, des communes se sont efforcées de proposer aux entreprises des facilités immobilières d'installation ou de développement. Surtout, dans les années soixante, les collectivités locales ont rivalisé en aménageant des zones industrielles ou artisanales à la périphérie des zones urbaines.

Dès les premiers symptômes d'un changement profond de conjoncture économique au milieu des années 70 ont été mis à disposition pour les premières années d'existence d'une entreprise, des « usines-relais », des « ateliers-relais » qui ont manifestement facilité la création d'activités économiques nouvelles petites ou moyennes avec des effets très positifs sur l'emploi.

Aujourd'hui, on observe une tendance à offrir un « produit » plus sophistiqué. En même temps que la parcelle ou les locaux, les collectivités locales s'efforcent de proposer des services complémentaires : restaurant d'entreprises, secrétariat, services de maintenance et de gardiennage communs.

Ces différentes formes d'interventions rencontrent un réel succès auprès des entreprises. Elles ont l'avantage de dispenser l'entrepreneur d'un investissement immobilier initial important qu'il pourra consacrer plus utilement à un renforcement de l'outil de production.

Elles demeurent également très prisées des collectivités locales elles-mêmes.

Les premières évaluations du nouveau dispositif d'aides mis en place à partir de 1982 confirment que l'aide à l'immobilier d'entreprise demeure la première forme d'intervention choisie par les collectivités locales. Il s'agit d'un constat dressé par les élus eux-mêmes [1] comme par les parlementaires [2] ou par d'autres organismes [3].

De travaux d'expertise et d'évaluation récents ressort l'impression tout à fait identique qu'il s'agisse de ceux conduit par la Cour des comptes avec l'aide des chambres régionales des comptes [4] ou de ceux effectués par le Commissariat général au plan [5].

Cette prédilection s'explique aisément.

Pour l'entreprise, l'aide locale à l'immobilier lui évite de mobiliser une trop grande partie de l'apport initial à son installation et accroît donc sa santé, toujours délicate les premières années.

Pour la collectivité locale, cette intervention traditionnelle se présente un peu comme le prolongement naturel de certaines de ses compétences. Elle définit, pour une bonne part, le

1. Les références aux appels de note numérotés se trouvent en fin de chapitre, p. 169

droit au sol dans le POS. Elle dispose, de par la loi, de moyens d'intervention sur le marché immobilier (préemption et même expropriation). Elle peut donc plus facilement racheter des friches industrielles et, en tout état de cause être informée des opportunités. S'il y a échec de l'entreprise, la collectivité locale pourra conserver le bien immeuble (en cas de location) ou le reprendre (en cas de vente). Tout n'est pas perdu comme dans le cas d'une prime.

A - L'existence d'une compétence publique locale

La capacité juridique des collectivités locales à intervenir en matière d'immobilier industriel et commercial fait toujours l'objet de contestation de la part de simples administrés contribuables, comme de professionnels. Il paraît inacceptable à certains qu'une commune, un département ou une région se transforme, pour la reprendre la critique classique, en promoteur, puis en agent immobilier, avec tout le risque que cela comporte, grâce à des deniers publics. Le contentieux constant dont cette matière fait l'objet démontre la permanence de ces critiques.

Il est tout d'abord nécessaire d'établir ce point de départ, commandant l'ensemble du raisonnement : **existe bien une compétence pour les collectivités locales à intervenir en faveur des entreprises, par le moyen d'aides à l'immobilier.** Cette compétence trouve son fondement dans plusieurs textes législatif - présentement codifiés dans le CGCT - mais la jurisprudence, qui avait constitué les premiers fondements juridiques de cette compétence, continue à produire ses effets.

Ce cadre juridique est actuellement défini aux articles L. 1511-3 et R. 1511-19 à R. 1511-23 du CGCT. Il convient de noter que les articles réglementaires viennent d'être modifiés par le décret n° 2001-607 du 9 juillet 2001, afin de tenir compte des nouvelles exigences du droit communautaire.

1. L'immobilier industriel et commercial est une activité de service public...

a) La question s'est posée dès que l'État a développé sa politique d'aménagement du territoire, en favorisant notamment des décentralisations industrielles.

Plusieurs collectivités locales, n'acceptant pas les priorités géographiques définies par les services centraux, avaient mis en œuvre leur propre politique immobilière, afin de proposer, concurremment à l'État, des sites d'installation.

Ainsi, des communes ont proposé dès les années soixante-dix des parcelles de zone industrielle, équipées, raccordées aux réseaux de communication et d'énergie, à des tarifs extrêmement intéressant. A l'époque, les préfets avaient souvent annulé ces interventions, estimant qu'il n'y avait pas de compétence locale, en la matière, ce qu'avaient contesté devant le juge ces collectivités locales.

Il ressort de la jurisprudence que les collectivités locales disposent bien de deux compétences, parfaitement complémentaires.

- D'une part, **une collectivité locale peut prendre en charge la réalisation de l'ensemble des aspects matériels d'une opération de décentralisation industrielle** (terrains, bâtiments, branchements aux réseaux, déménagement des matériels de la société, exonérations fiscales). Ce faisant, elle agit bien dans un intérêt public, dans la mesure où cette opération est utile au développement communal, départemental ou régional. Le Conseil d'État a considéré qu'il s'agissait d'une mission de service public dans un arrêt de référence sur cette question : *CE 26 juin 1974, société Maison des Isolants de France* [6]. L'État n'a donc pas l'exclusivité des opérations immobilières commerciales et industrielles. Nous sommes en présence d'une compétence partagée qui n'exclut pas, en conséquence, les opérations combinées entre plusieurs collectivités publiques.

- D'autre part, une collectivité locale dispose également d'**une compétence pour effectuer du démarchage et rechercher aussi bien l'occupant des parcelles proposées que le repreneur d'un site ancien, déjà existant.** Il y a toujours bien un intérêt public, puisqu'une telle opération vise, également, à créer ou à favoriser le maintien d'une activité économique et d'emplois sur le territoire de la collectivité locale. Le Conseil d'État a également clairement posé ce principe dans un autre arrêt souvent cité *: CE 10 mai 1985, société Boussac Saint-Frères* [7].

b) Certes, la loi du 7 janvier 1982 – aujourd'hui codifiée, sur ce point, à l'art. L. 1511-3 n'évoque que certaines formes d'intervention sur l'immobilier industriel et commercial : la revente ou la location de bâtiments par les collectivités locales.

Il convient de ne pas prendre ces dispositions de façon restrictive, comme excluant les autres formes d'intervention, précédemment mises en œuvre. La revente et la location de bâtiments sont évoquées par législateur dans la mesure où elles font l'objet d'une réglementation relativement précise qui va être expliquée.

Mais le juge administratif a plusieurs fois confirmé que, globalement, les autres formes classiques d'aides par le moyen de l'immobilier demeuraient légales.

Il ressort clairement de la jurisprudence que les compétences locales dans ce domaine recouvrent toutes les formes d'intervention, depuis la simple vente de parcelle de terrain jusqu'aux *pépinières* ou *couveuses* d'entreprises, très équipées, en passant par les ateliers ou usines relais, plus classiques, quand bien certains des biens immobiliers et des services qui y sont joints ne s'adresseraient qu'à certaines entreprises [8]. **Ces différents biens et services sont affectés à un service public.**

2. ... Qui doit donc respecter des principes de droit public

Pour être légales, ces interventions économiques ayant comme objet l'immobilier industriel et commercial doivent respecter un certain nombre de principes.

Tout d'abord, pour que les collectivités locales puissent intervenir, il faut nécessairement qu'il y ait un intérêt public. Celui-ci est constitué dès que l'intervention a comme finalité de *favoriser le développement économique communal, département ou régional.* Cette formule, que l'on retrouve dans la quasi-totalité des arrêts, n'est pas assorties de conditions très précises. La création d'emplois, le maintien d'activités économiques et même le simple accroissement de la richesse fiscale locale semblent constituer des conditions suffisantes.

L'art. L. 1511-3 (issu de la loi du 7 janvier 1982) édicte toutefois des conditions plus précises, s'agissant de la **revente ou de la location des bâtiments, opérations qui doivent être effectuées aux conditions du marché.**

Mais le principe le plus délicat à interpréter résulte de la jurisprudence elle-même, nous allons l'évoquer. En effet, dans sa décision relative aux privatisations, le Conseil Constitutionnel a considéré que les personnes publiques ne pouvaient « brader » leur domaine et qu'en conséquence **une éventuelle cession du domaine privé n'était acceptable qu'à la condition que soit versée une *juste indemnité*.** Il y a naturellement là un raisonnement de nature à constituer un sérieux écueil face aux rabais que souhaiteraient accorder communes, départements et régions.

Or le Conseil d'État, dans ses jurisprudences, à partir des années quatre-vingt dix notamment, s'est référé à ce **principe constitutionnel de protection du patrimoine public** pour considérer comme illégales certaines cessions de biens immobiliers à des tarifs très intéressants pour les entreprises, voire pour le franc symbolique. Il semble toutefois que l'engagement par l'entreprise de créer des emplois ou, dans le cas d'une reprise d'activité, de sauvegarder le tissu économique local constitue une compensation suffisante, rendant acceptables des conditions financières intéressantes.

Il en résulte un cadre juridique plus complexe et plus délicat à interpréter que ne le laissaient entrevoir la jurisprudence traditionnelle et les textes de 1982. Il est toutefois possible de répondre à la plupart des questions.

B - Le cadre juridique et financier général

Si le risque financier est moins important par rapport à d'autres formes d'aides comme notamment la garantie ou le cautionnement d'emprunt, il est assez logique que le législateur et le pouvoir réglementaire aient néanmoins défini un cadre juridique et financier pour les aides à l'immobilier d'entreprise.

En effet les collectivités locales ne sont pas des agents immobiliers. Elles doivent se garder de toute spéculation immobilière comme de pratiques de « dumping » qui pourraient aussi bien désorganiser le marché local que mettre en péril les finances locales.

La finalité de cette aide demeure bien une activité de service public. C'est en ce sens qu'il faut analyser le cadre financier et juridique défini. Toutefois sa mise en œuvre a révélé quelques incertitudes que la jurisprudence s'est efforcée de limiter

1. La réglementation des prix de cession et de location

Contrairement à d'autres formes d'aides, le cadre initial paraissait simple et clair. À l'issue d'une vingtaine d'années d'application, il paraît beaucoup plus complexe du fait, notamment, de pratiques locales, mais aussi en raison de l'apport des jurisprudences du Conseil constitutionnel et du Conseil d'État. Il en résulte un cadre beaucoup plus subtil à appréhender et qui peut parfois laisser quelques doutes. Et le récent décret du 9 juillet 2001 - qui modifie le mode de calcul des rabais pouvant être consentis - ne laisse pas une impression de simplification.

Il est toutefois possible d'écarter la plupart des incertitudes en procédant à analyse précise des règles composant ce cadre juridique, ainsi qu'en tentant de répondre aux questions qui se sont posées.

a) Le cadre juridique adopté en 1982 (article L. 1511-3 du CGCT) est concis et ne paraît pas prêter à des débats particuliers.

Il est précisé que « *Les aides indirectes peuvent être attribuées par les collectivités territoriales et leurs groupements, seuls ou conjointement. La revente ou la location de bâtiments par les collectivités territoriales ou leurs groupements doit se faire aux conditions du marché. Toutefois, il peut être consenti des rabais sur ces conditions ainsi que des abattements sur les charges de rénovation de bâtiments industriels anciens suivant les règles de plafond et de zone prévues par le décret mentionné au premier alinéa de l'article L. 1511-2.* »

Cette rédaction résulte de l'article 4 de la loi du 7 janvier 1982.

Il y a donc, tout d'abord, une règle fondamentale : **la revente ou la location de bâtiments à des entreprises doit se faire, en principe, au prix du marché.**

Cependant, des rabais et des abattements sur la rénovation de bâtiments anciens peuvent être consentis, mais selon les modalités fixées par décret.

Précisément, plusieurs décrets ont, successivement, précisé les règles de calcul de ces rabais. Elles sont retranscrites aux articles R. 1511-19 à R. 1511-23 du CGCT. Les collectivités locales n'ont pas toujours adapté leurs pratiques aux évolutions de la réglementation, d'où parfois les difficultés rencontrées avec les services chargés du contrôle de la légalité et le développement d'un contentieux. Afin d'éviter précisément les erreurs, il peut être utile de rappeler les étapes successives de la réglementation et le droit positif qui en résulte présentement.

Tout d'abord, le décret n° 82-809 du 22 septembre 1982 (article 1er) disposait que : « les collectivités territoriales et leurs groupements ou les régions peuvent, seuls, ou conjointement acquérir des immeubles industriels existant et, afin d'en favoriser la réutilisation, les rétrocéder ou les louer, après rénovation, en accordant à l'entreprise acquéreur ou locataire un rabais, **les collectivités prenant en charge la différence entre le prix de revient après rénovation et le prix correspondant au prix du marché** ».

Ces dispositions - qui définissent un principe de fond - demeurent valables. Elles sont aujourd'hui retranscrites à l'article R. 1511-19 du CGCT.

En revanche, le mode de calcul des rabais a été modifié. Une seconde série de précisons était apportée à l'article 2 de ce même décret : « *en sus de l'aide accordée en vertu de l'article précédent, dans les zones énumérées à l'annexe I du décret du 6 mai 1982 relatif à la prime d'aménagement du territoire et afin de favoriser la création ou l'extension d'activités économiques,* ***les collectivités territoriales, leurs groupements ou les régions peuvent, seules ou conjointement, accorder des rabais sur le prix de vente ou de location des immeubles qu'elles cèdent ou louent aux entreprises dans la limite de 25 % de la valeur vénale des bâtiments ou des loyers correspondant à cette valeur évaluée aux conditions du marché*** ».

Ajoutons que, dès le départ, le zonage de la PAT a permis d'accorder des rabais supplémentaires.

Selon ces dispositions - encore présentes dans plusieurs règlements locaux relatifs aux aides aux entreprises - deux voies d'interventions étaient donc ouvertes aux collectivités locales.

- Elles peuvent acheter des immeubles pour les revendre ou les louer à des entreprises après rénovation. Elles ont le droit d'accorder un rabais.

Ce rabais est tout de même limité ; il ne peut pas dépasser la différence entre :
* le prix de revient après rénovation (c'est-à-dire prix d'achat + prix des travaux) ;
* le prix correspondant au prix du marché.

- Par ailleurs, il y avait le cas particulier des opérations situées dans les zones éligibles à la PAT (Prime d'aménagement du territoire). Les collectivités locales peuvent également faire bénéficier les entreprises d'un rabais. Ceux-ci étaient également plafonnés, mais selon un mode de calcul différent :

* **dans le cas de la vente**, les rabais pouvaient atteindre 25 % de la valeur vénale *« évaluée aux conditions du marché »* ;

* **dans le cas de la location,** le rabais ne devait pas dépasser 25 % du prix du loyer correspondant à cette valeur marchande s'il y avait location aux conditions du marché.

- Les modalités de la prime d'aménagement du territoire avaient été remises à jour par le décret n° 95-149 du 6 février 1995. Le décret n° 98-572 du 7 juillet 1998 en tenait compte s'agissant des aides à l'immobilier en indiquant qu'il convenait de se référer à l'annexe II du décret du 6 février 1995 pour déterminer les zones éligibles à la PAT auxquelles étaient applicables certaines modalités de calcul relatives aux rabais sur les ventes et les locations de bâtiments.

Le décret du 7 juillet 1998 confirmait, en outre, que cette aide locale ne pouvait bénéficier qu'aux PME, c'est-à-dire aux entreprises de moins de 500 salariés, ayant, soit un chiffre d'affaires annuel inférieur à 260 millions de francs, soit un total de bilan annuel inférieur à 180 millions de F et n'étant pas détenues à plus de 25 % par des entreprises ne répondant pas à ces conditions.

Ces modalités de calcul viennent d'être substantiellement modifiées, à la fois pour tenir compte des évolutions du droit communautaire et du nouveau régime de la PAT institué par le décret n° 2001-312 du 11 avril 2001 [9].

L'entrée en vigueur, à partir du 1er janvier 2000, des nouvelles lignes directrices établies par les services de la Commission, rendait nécessaire une révision des modalités des aides à l'immobilier d'entreprise. Il n'était notamment plus possible de maintenir le taux unique de 25 % pour toutes les entreprises quelle que soit leur taille, pour le calcul du rabais par rapport à la valeur du marché.

Par ailleurs, le décret du 11 avril 2001 modifie le zonage de la PAT Les zones « PAT-industrie » évoquées à l'annexe I du décret, dans lesquelles toutes les entreprises sont susceptibles de recevoir des aides de l'État, à l'emploi, à l'investissement ou à la recherche ne concernent plus effectivement que 34 % de la population nationale (au lieu de 40 %, antérieurement) soit 20,4 millions d'habitants (au lieu de 24 millions). Au contraire, les zones « PAT- tertiaire » définies à l'annexe 2 du décret, recouvrent en réalité l'ensemble de l'Hexagone, à l'exception de la région Ile-de-France et de la zone d'emploi de Lyon.

À partir de ces données, **le décret du 9 juillet 2001, relatif aux aides directes et indirectes locales aux entreprises procède à une réécriture globale des articles R. 1511-20 à R. 1511-23 du CGCT** Il en résulte les dispositions suivantes auxquelles devront désormais se conformer les règlements locaux d'aides aux entreprises :

D'une façon générale, les collectivités locales et leurs groupements peuvent toujours acquérir des immeubles existant, les rénover et - pour en favoriser la réutilisation - les rétrocéder ou les louer. Toujours d'une façon générale, elles peuvent accorder un rabais. Comme par le passé, celui-ci ne peut excéder la différence entre le prix de revient après rénovation et le prix correspondant au prix du marché.

Des rabais supplémentaires sont possibles dans les zones identifiées par la PAT (désormais, décret du 11 avril 2001). Ils ne sont plus toujours exclusivement réservés aux PME, même si celles-ci bénéficient d'un régime plus avantageux.

La réglementation est différente selon qu'il s'agit d'opérations immobilières réalisées dans zones énumérées à l'annexe I ou à l'annexe II du décret relatif à la PAT.

Les opérations situées dans les zones énumérées à l'annexe I (PAT- industrie) sont soumis à un droit plus diversifié.

S'agissant, tout d'abord, des créations ou extensions d'activités économiques situées dans les zones énumérées au « A » de l'annexe I, des rabais supplémentaires peuvent effectivement être accordés. Mais ils ne peuvent pas concerner certains types d'activités bénéficiant déjà de certaines formules d'aides particulières. Sont effectivement exclues du champ d'application de cette aide (nouvel art. R. 1511-20) :

- Les entreprises exerçant une activité liée à la production des produits agricoles (énumérés à l'annexe I du traité instituant la Communauté européenne) ;

- Les entreprises exerçant une activité liée à la production des produits de la pêche et de l'aquaculture ;

- Les entreprises de transformation et de commercialisation exerçant une activité dans les secteurs du sucre et des produits destinés à imiter ou à remplacer le lait et les produits laitiers ;

- Les entreprises exerçant leur activité dans les secteurs de l'industrie charbonnière, de la sidérurgie, du transport, de la construction navale, des fibres synthétiques et des services financiers.

Les rabais sont toujours déterminés par rapport à la valeur vénale des bâtiments ou au montant des loyers correspondant à cette valeur vénale, évalués aux conditions du marché. Mais il est désormais procédé à une gradation des taux de ces rabais. Il peut excéder :
- 25 % de la valeur vénale dans les départements d'outre-mer ;
- 23 % de la valeur vénale dans les zones énumérées au « C » de l'annexe I du décret relatif à la PAT ;
- 17 % de la valeur vénale dans les zones énumérées au « B » de la même annexe ;
- 11, 5 % de la valeur vénale dans les zones énumérées au « D » de cette même annexe (nouvel art. R. 1511-20-1).

Il y a toutefois une aide particulière pour les PME. En effet les rabais sur le prix sont majorés de 10 % pour les entreprises de moins de 250 salariés ayant, soit un chiffre d'affaires annuel inférieur à 40 millions d'euros, soit un bilan annuel inférieur à 27 millions d'euros et n'étant pas détenues à plus de 25 % par des entreprises ne répondant pas à ces conditions. Ainsi les rabais peuvent atteindre :

- 35 % de la valeur vénale dans les départements d'outre-mer ;
- 33 % de cette valeur dans les zones énumérées au « C » de l'annexe I du décret relatif à la PAT ;
- 27 % de cette valeur dans les zones énumérées au « B » de la même annexe ;
- 21,5 % de la valeur vénale dans les zones énumérées au « D » de cette même annexe (nouvel art. R. 1511-20-1).

Le nouveau texte prévoit une règle de sécurité économique : dans tous les cas de figure, l'entreprise doit disposer d'un minimum de moyens propres pour réaliser son investissement immobilier. En effet, **le rabais ne peut être accordé que si 25 % au moins des dépenses liées à la vente des bâtiments sont financées sans aucune aide publique** (nouvel art. R. 1511-20-2).

Il faut ajouter que sont désormais définis deux plafonds supplémentaires :

- tout d'abord, **un cas particulier** : les rabais sur le **prix de vente** pour les entreprises exerçant leur activité dans le secteur de l'industrie automobile ne peuvent excéder 5 millions d'euros par entreprise et par projet ;

- ensuite, **un cas général** : les rabais sur le **prix de location** ne peuvent excéder 100 000 euros par entreprise sur trois ans (nouvel art. R. 1511-20-1).

Une condition doit être impérativement remplie par l'entreprise pour prétendre à un rabais sur le **prix de vente** : celle-ci doit s'engager à maintenir **pendant une période d'au moins cinq ans** son activité dans les bâtiments pour lesquels elle a bénéficié de l'aide. Si cet engagement n'est pas tenu, l'entreprise doit reverser l'aide perçue (nouvel art. R. 1511-20-2). Il n'en demeure pas moins que dans le cas où celle-ci rencontrerait des problèmes économiques et financiers, expliquant un départ anticipé, la collectivité locale pourrait avoir quelques difficultés à obtenir ce remboursement. Elle pourrait même, dans la pratique, y renoncer pour des raisons sociales. Mais il s'agit évidemment d'une mesure destinée à éviter les « chasseurs de primes » et qui a donc, à ce titre, son utilité.

Les aides à l'immobilier concernant des projets de création ou d'extension situés **dans les zones énumérées à l'annexe II (PAT- tertiaire)** du décret du 11 avril 2001, relatif à la PAT sont différentes (nouvel art. R. 1511-21) :

- Il s'agit toujours d'une aide en faveur de PME. Seules peuvent en être destinataires les entreprises de moins de 250 salariés, ayant, soit un chiffre d'affaires annuel inférieur à 40 millions d'euros, soit un bilan annuel inférieur à 27 millions d'euros. Elles ne peuvent non plus appartenir à plus de 25 % à des entreprises ne répondant pas à ces conditions.

- Certes, les collectivités locales peuvent consentir des rabais sur les prix de vente ou de location des bâtiments.

- Mais ces rabais accordés aux entreprises ne peuvent dépasser 25 % de la valeur vénale des bâtiments ou du montant du loyer, cette valeur étant évaluée au prix du marché.

- Enfin, il existe un plafond global. Les rabais accordés à une même entreprise pour une même opération immobilière, ne peuvent dépasser 140 000 euros.

Les deux hypothèses d'intervention - sur le fondement de l'art. R. 1511-19, d'une part, dans les zones PAT, d'autre part - sont parfaitement bien délimitées. Les modes de calcul sont clairs. La difficulté majeure réside dans la référence « au marché ». Il n'est pas assuré que dans tous les cas existent des éléments de références. Il y a des friches industrielles sans équivalent. De plus, dans un même lieu, des différences de prix peuvent se justifier pour différentes raisons (la proximité de voies d'accès, la visibilité des locaux, s'il s'agit d'une activité de commerce). On ne peut que préciser que la collectivité locale a toujours la possibilité de faire effectuer des expertises - par les services des domaines, par les notaires, ou par des professionnels de l'immobilier - si elle souhaite éviter toutes contestations venant de l'autorité chargée du contrôle de légalité ou d'autres personnes.

b) Ce cadre, organisant l'aide à l'immobilier, a rapidement posé un certain nombre de questions.

Il faut le reconnaître, toutes les cessions n'ont pas toujours été effectuées conformément aux principes dégagés par les textes. De ce fait, le juge a été amené à réagir et d'importantes précisions résultent maintenant de la jurisprudence.

Pour comprendre le raisonnement qui a été suivi, il faut partir de la décision du Conseil constitutionnel des 25 et 26 juin 1986 [10] qui a trait aux privatisations.

Il ressort de cette décision que l'État, comme les collectivités locales, a droit à une juste indemnité en cas de vente ou de cession de leur patrimoine. Est ainsi rappelé **le principe constitutionnel de protection du patrimoine public**.

Dans son commentaire, le professeur Jean Rivero précise la portée de la décision du Conseil constitutionnel : « *Propriétaire, l'État, comme le particulier, doit bénéficier de la juste indemnité requise par l'article 17 (de la Déclaration des Droits de l'Homme et du Citoyen) : car la protection due au droit de propriété en vertu de ce texte « ne concerne pas seulement la propriété privée, mais aussi,* ***à un titre égal la propriété de l'État et des autres personnes publiques*** ». Seulement, le propriétaire privé dépossédé malgré lui doit être protégé contre l'État acquéreur, alors que **l'État vendeur doit l'être contre lui-même et contre la tentation de brader le patrimoine collectif** ».

Il ajoute : « *La tentation n'est pas nouvelle. N'est-ce pas pour en protéger le monarque que l'édit de Moulins, en 1566, a posé le principe de l'inaliénabilité des biens de la couronne ? Dans le cas présent, et sans aller aussi loin, certes les directives formulées par* ***la décision cherchent à exclure les aliénations qui seraient consenties sans la contrepartie adéquate****, directives d'autant plus nécessaires que* ***la sous-évaluation pourrait porter atteinte à une autre exigence constitutionnelle : le principe d'égalité*** [...] ».

Or, dans un arrêt très important pour cette question des cessions (CE 27 février 1995, commune de Châlons-sur-Marne [11]), le Conseil d'État s'est référé notamment à ces principes constitutionnels pour annuler la cession de locaux par cette commune à une entreprise privée, **pour le franc symbolique**.

Des arguments pouvaient pourtant justifier le bien fondé de cette opération :

- les locaux en question n'avaient pas trouvé preneur depuis 15 ans ;

- en même temps, le Conseil d'État reconnaît que l'opération pouvait, peut-être, permettre de redonner vie à des commerces du centre ville et, sans doute, être créatrice d'emplois.

Mais ce sont des raisons qui sont inopérantes pour justifier légalement le prix consenti.

- D'une part, le Conseil d'État rappelle qu'il y a des dispositions qui encadrent le pouvoir des collectivités locales s'agissant de la revente ou de la location. Elles conservent toute leur valeur juridique. La ville de Châlons-sur-Marne ne pouvait donc se prévaloir d'un régime de liberté afin de faire bénéficier l'entreprise d'un prix symbolique.

- D'autre part, le Conseil d'État se réfère au principe constitutionnel de la protection du patrimoine.

En clair, la collectivité locale ne peut pas brader son patrimoine, même en espérant des retombées économiques, en vendant des immeubles bâtis à des entreprises à un prix symbolique.

En revanche, si l'on suit bien le raisonnement développé par le Conseil d'État et si l'on fait une lecture stricte des textes, **la question des terrains nus se pose en des termes différents.**

En effet, d'une part l'article 4 de la loi du 7 janvier 1982 (aujourd'hui l'article L. 1511-3 du CGCT) et le décret du 22 septembre 1982 **ne fixent des règles que pour les cessions de bâtiments. En revanche, il n'y a pas de limites apportées par ces textes s'agissant des cessions de terrains.** Pour ces opérations, les collectivités locales paraissent donc autorisées à consentir librement des rabais.

Une seule question se pose : le principe de protection du patrimoine est-il de nature à limiter l'importance de ces rabais ? Autrement dit, le principe constitutionnel de la protection du patrimoine est-il suffisamment précis pour être directement applicable, c'est-à-dire sans que la loi ou un décret lui donne un contenu concret ? Si la réponse était positive, il serait alors interdit aux collectivités locales de céder - voire louer - des terrains à des prix anormalement bas ?

A ce point des explications, il convient de suivre assez précisément le raisonnement développé par le juge administratif.

Un exemple concret permet de mieux comprendre la réponse qu'il faut désormais d'apporter à la question posée

Le conseil municipal de la commune de Fougerolles (Haute-Saône) avait décidé par une délibération de céder à une entreprise, pour le franc symbolique, une parcelle d'environ 3 600 mètres carrés, située sur une zone industrielle. L'acquéreur prenait l'engagement de créer cinq emplois dans les trois ans. En cas de non-respect de cette condition, il était prévu que le prix serait porté à 10 F le mètre carré. Cette pratique était courante à Fougerolles. D'autres terrains de cette zone industrielle, créée en 1988, avaient été cédés dans les mêmes conditions, sans qu'il y ait eu, semble-t-il, de déféré préfectoral.

Il convient d'attirer l'attention sur le fait que récemment, le Conseil d'État n'a pas confirmé la décision qui avait été retenue par le juge en première instance qui avait été largement commentée et auquel se référait la documentation dont généralement disposent les collectivités locales.

Dans un premier temps, le tribunal administratif de Besançon [12] avait estimé que cette opération était illégale.

Le TA s'était fondé sur deux arguments :

- Il avait estimé que le principe constitutionnel de la protection du patrimoine était suffisamment précis pour être directement applicable. En conséquence, des rabais trop importants se trouvaient prohibés.

- Par ailleurs, il semblait bien que la décision du tribunal administratif se fondait également sur le principe d'égalité régissant le fonctionnement des services publics. Appliqué strictement, ce deuxième principe empêchait que des avantages importants soient consentis à un acquéreur en particulier.

En revanche, le Conseil d'État dans son arrêt du 3 novembre 1997 [13] n'a pas retenu ces arguments.

Dans la mesure où l'acquéreur s'est engagé à accomplir un certain nombre d'obligations qui se présentent comme des conditions nécessaires pour l'obtention du rabais, il y a bien une contrepartie aux avantages consentis et le principe de protection du patrimoine n'est pas violé. **Cette contrepartie démontre que l'opération a bien été accomplie dans un but d'intérêt public**. En revanche, on peut penser qu'en l'absence de contrepartie, le Conseil d'État aurait sans doute estimé qu'il s'agissait d'une opération purement privée, illégale, se heurtant au principe de protection du patrimoine.

En effet, le Conseil d'État considère très clairement que *« la cession par une commune d'un terrain à une entreprise, pour un prix inférieur à sa valeur, ne saurait être regardée comme méconnaissant le principe selon lequel une collectivité publique ne peut céder un élément de son patrimoine à un prix inférieur à sa valeur à une personne poursuivant des fins d'intérêt privé lorsque la cession est justifiée par des motifs d'intérêt général et comporte des contreparties suffisantes »*.

Le Conseil d'État n'évoque pas une éventuelle rupture du principe d'égalité devant les services publics. Ceci paraît logique. Il est admis que la poursuite de l'intérêt général, en matière d'aménagement du territoire et de développement économique, conduise à des inégalités ponctuelles « réparatrices » afin de préserver une égalité plus globale [14].

c) Il est donc possible d'apporter une réponse assez précise s'agissant du cadre juridique applicable aux interventions immobilières - industrielles et commerciales - des collectivités locales et d'évoquer les quelques incertitudes qui subsistent.

Il est donc bien confirmé qu'il convient de distinguer deux cas distincts :

- **La vente ou la location de bâtiments doit se faire aux conditions du marché.** Les éventuels rabais doivent strictement respecter le mode de calcul établi par le décret n° 82-809 du 22 septembre 1982, exposé ci-dessus. **La cession de bâtiments** existant appartenant à une collectivité locale **pour le franc symbolique est illégale,** quels que soient les motifs économiques évoqués.

- En revanche, **la vente ou la location de terrains peut se faire librement.** D'importants rabais peuvent être consentis, à condition qu'ils soient justifiés par **un but d'intérêt général et qu'ils soient assortis de compensations** à la charge de l'entreprise qui en fait l'acquisition.

Un certain nombre d'observations complémentaires doivent être formulées :

- En tout état de cause, la position du ministère de l'Intérieur est maintenant bien connue. **Il condamne toute vente au franc symbolique** par une personne publique d'un bien du domaine privé. **Il estime qu'un tel acte constituerait une libéralité ou un don** [15]. En revanche, **si ce risque est évité, ce type de cession serait possible.** Ainsi, le tribunal administratif de Lyon a admis la cession à titre gratuit de biens immobiliers du domaine privé à la condition qu'elle ne constitue pas une simple libéralité [16]. En l'occurrence, cette cession était intervenue au profit d'un établissement public dans le cadre de la réalisation d'un projet de construction de logement.

C'est à la lumière de ces précisons qu'il convient de lire le *Manuel de l'action économique des collectivités locales*, largement diffusé par le ministère de l'Intérieur et dont les auteurs affirment à la rubrique *Vente ou location de terrains à des entreprises pour leur implantation : « Désormais, le prix de vente ou de location des terrains aménagés est libre, et les collectivités locales ne sont tenues, en cette matière, à aucune règle, ce qui autorise notamment la mise à disposition gratuite d'un terrain ou sa vente pour un franc symbolique à un industriel ».* Il faut donc ajouter que, pour qu'elle soit légale, cette mise à disposition ne doit pas se présenter comme une libéralité ou un don, c'est-à-dire doit être assortie de contrepartie à la charge de l'entreprise qui en bénéficie.

- Cela pose naturellement la question de la définition de la notion de libéralité. Il ne semble pas qu'il y ait de définition de droit public à laquelle il serait possible ici de se référer. En revanche, cette notion a été assez clairement définie par la doctrine et la jurisprudence civiliste [17]. Elle nécessite une intention libérale, c'est-à-dire une absence de contrepartie, alors qu'un avantage important serait consenti. Comme le fait observer Laurent Richer [18], il résulte de cette définition que les personnes publiques ne sauraient effectivement consentir des libéralités puisqu'elles agissent uniquement dans un but d'intérêt général. Dans d'autres domaines que les aides à l'immobilier industriel, commercial et artisanal, le Conseil d'État avait condamné les éventuelles libéralités consenties ; il était logique que le même principe soit retenu dans ce type d'aide.

Même si le terme libéralité n'est pas mentionné dans l'arrêt précité - CE 3 novembre 1997, commune de Fougerolles - c'est bien ce raisonnement qui sous-tend la décision. Le Conseil d'État n'exclut pas que la vente pour le franc symbolique constitue une libéralité. Pour écarter ce comportement qui serait illégal, **il exige la présence d'une contrepartie *« suffisante »*.**

A partir de quel moment peut-on considérer que la contrepartie est *suffisante* ?

Il semble bien que deux conditions soient nécessaire.

D'une part l'acte de cession ou de mise à disposition doit clairement indiquer quelles sont les obligations à la charge de l'entreprise, par exemple l'engagement de créer un certain nombre d'emplois. Or, il faut bien l'admettre, dans la pratique, ce type d'engagement demeure le plus souvent très imprécis. Il convient d'attirer l'attention des autorités locales sur le risque d'illégalité qui pourrait en découler.

D'autre part ce même acte doit prévoir une sanction dans le cas du non-respect par l'entreprise de ses obligations, par exemple sous la forme d'un paiement du terrain à sa valeur. C'est d'ailleurs ce qu'avait expressément prévu la commune de Fougerolles, dans le cas cité, ce qui avait donc conduit le Conseil d'État à considérer l'aide comme étant légale. Toutefois, il faut bien admettre qu'au delà du droit, la sanction risque dans la pratique d'être inopérante. Si l'entreprise ne remplit pas ses obligations, c'est quelle rencontre des difficultés. Il lui sera encore plus difficile d'acquérir le terrain à son juste prix. Pour la commune, la situation demeura délicate à appréhender.

▶ Il n'en reste pas moins que cette distinction entre les ventes de bâtiments - pour lesquelles la cession au franc symbolique est interdite - et les ventes de terrains - pour lesquelles elle est autorisée, à condition de ne pas constituer une libéralité -, est difficilement compréhensible dans la pratique et on en voit mal les raisons concrètes.

D'ailleurs, la distinction entre les cessions de bâtiments, réglementées par l'article L. 1511-3 du CGCT et par le décret du 22 septembre 1982, et les cessions de terrains aménagés, limitées uniquement par le principe constitutionnel, demeurent floues et imprécises. Dans le cas de la ville de Châlons-sur-Marne - évoqué ci-dessus - le bâtiment était, en réalité, constitué de lots nus en copropriété. Il n'est pas rare que des terrains très « aménagés » fassent l'objet de vente.

Il serait donc souhaitable que dans un proche avenir, le législateur simplifie et clarifie cette situation.

▶ **Qu'en est-il par ailleurs des bâtiments neufs ?** Il paraît acquis que la réglementation évoquée ne les concerne pas. Il est, en effet, possible de faire une lecture *a contrario* de l'article L. 1511-3 et l'article 1er du décret du 22 septembre 1982, cités ci-dessus. Ces dispositions ne concernent que les bâtiments acquis et réaménagés par les collectivités locales afin de les revendre ou de louer. A notre connaissance, pour l'instant, le juge administratif n'a pas eu l'occasion de se prononcer sur ce point.

Il nous semble que la cession de bâtiments neufs peut donc se faire librement, dans le respect toutefois du principe constitutionnel de protection du patrimoine des collectivités publiques. Une libéralité est donc prohibée. Les avantages consentis doivent donner lieu à des contreparties à la charge de l'entreprise, selon les modalités évoquées ci-dessus.

▶ Enfin, une dernière question subsiste. Elle n'est pas uniquement théorique dans la mesure où la réponse apportée commande l'ordre de juridiction compétent en cas de contentieux. Les terrains ou les bâtiments aménagés cédés appartiennent-ils au domaine public ou au domaine privé des collectivités locales.

Cette question a reçu des réponses divergentes. La cour administrative d'appel de Paris [19] a considéré que des ateliers-relais faisaient partie du domaine public, tandis que la cour administrative d'appel de Lyon [20] a estimé que des équipements de même nature relevaient du domaine privé de la collectivité locale.

On peut se risquer toutefois à apporter un début de réponse.

Tout d'abord, le caractère éminemment aliénable des bâtiments et terrains situés sur une zone industrielle conduit assez logiquement à considérer qu'ils ne peuvent que faire partie du domaine privé. La réponse peut être différente pour des biens immobiliers qui ne sont proposés qu'en location. Ils peuvent effectivement être situés aussi bien sur le domaine public que sur le domaine privé de la collectivité locale. Toutefois, la nature même de l'intervention conduirait plutôt à estimer qu'ils sont constitutifs de la domaniabilité privée.

2. Les procédures juridiques à observer

a) Il faut tout d'abord se référer à l'article L. 2241-1 du CGCT. Il est ainsi rédigé :

« *Le conseil municipal délibère sur la gestion des biens et les opérations immobilières effectuées par la commune, sous réserve, s'il s'agit de biens appartenant à une section de commune, des dispositions des articles L. 2411-1 à L. 2411-19.*

Le bilan des acquisitions et cessions opérées sur le territoire d'une commune de plus de 2 000 habitants par celle-ci, ou par une personne publique ou privée agissant dans le cadre d'une convention avec cette commune donne lieu chaque année à une délibération du conseil municipal. Ce bilan est annexé au compte administratif de la commune.

Toute cession d'immeubles ou de droits réels immobiliers par une commune de plus de 2 000 habitants donne lieu à délibération motivée du conseil municipal portant sur les conditions de la vente et ses caractéristiques essentielles. Le conseil municipal délibère au vu de l'avis du service des domaines. Cet avis est réputé donné à l'issue d'un délai d'un mois à compter de la saisine de ce service. »

Plusieurs règles précises sont donc à observer.

- **Toute cession d'immeubles** ou de droits réels immobiliers par une collectivité locale **doit donner lieu à une délibération motivée.**

- L'avis du service des domaines doit être présenté préalablement à l'assemblée délibérante. Celle-ci aura donc une connaissance parfaite du sacrifice financier découlant d'une éventuelle vente pour le franc symbolique, telle que nous l'évoquions ci-dessus.

- La délibération doit comporter toutes les conditions et caractéristiques essentielles de la vente, non pas seulement le prix.

b) L'intervention de la collectivité locale en matière d'immobilier d'entreprise a indéniablement comme finalité d'attirer une entreprise nouvelle ou d'assurer le développement d'une entreprise déjà existante.

On peut donc considérer que le contrat de vente ou de location a comme finalité l'exécution d'une mission de service public. Ce contrat est donc, a priori, un contrat administratif. Cette solution avait déjà été dégagée par la jurisprudence antérieure à la réforme de 1982 [21]. Elle paraît devoir toujours s'appliquer [22].

Toujours, parce qu'il s'agit bien d'une mission de service public, lorsque la collectivité locale assume la maîtrise d'ouvrage, **la construction des bâtiments constitue des travaux publics.** S'applique donc la loi du 12 juillet 1985 [23]. Les relations avec les constructeurs relèvent des marchés publics [24].

Les bâtiments construits, les terrains aménagés font-ils partie du domaine public ? On doit logiquement se référer aux critères classiques de l'affectation à un service public et de l'aménagement spécial. Il semble donc a priori que ces immeubles fassent partie du domaine public. Toutefois, il faut constater que les cours administratives d'appel ont adopté pour l'instant des positions divergentes [25], sans que les raisons apparaissent clairement.

c) Il n'est pas rare que les collectivités locales fassent appel à des institutions-relais pour ce type d'opérations.

Tirons simplement ici les conséquences des observations que nous avons déjà formulées à ce sujet :

- L'aide financière accordée à l'institution-relais par la collectivité locale doit être analysée comme une intervention dont l'entreprise est en réalité destinataire. L'institution-relais agit pour le compte de la collectivité locale.

- Si les rabais accordés par l'institution-relais à l'entreprise ne correspondent pas aux plafonds évoqués ci-dessus, l'aide doit être considérée comme illégale[26].

C - La question du « crédit-bail » et de la « cession-bail »

Ces deux formes d'aides sont maintenant assez largement utilisées par les collectivités locales dans la mesure où elles semblent convaincues de leur efficacité. Selon Me Régis de Castelnau, certaines collectivités locales auraient entre 30 et 40 opérations de crédit-bail en cours [27]. La Cour des comptes observe que le seul département du Vaucluse a réalisé 30 opérations de crédit-bail pour un montant total de créances de plus de 425 millions de F. Nous avons pu observer que plusieurs régions ayant abandonné les aides directes - notamment les primes - les ont remplacées par des opérations de crédit-bail immobilier.

Il est vrai qu'avec le crédit-bail et la cession-bail (ou « lease-back »), la distinction entre aide directe et aide indirecte devient pratiquement impossible à établir.

Mais on comprend que les collectivités locales soient intéressées par cette formule. Elle permet de « fixer » des entreprises pour plusieurs années et de mettre ainsi en échec les « chasseurs de primes ».

Un débat est cependant ouvert quant aux modalités juridiques de telles interventions.

1. Le crédit-bail

a) Il s'agit d'une technique directement issue du droit privé et « importée » par les collectivités locales

Selon l'article 1er de la loi du 2 juillet 1966, relative aux entreprises pratiquant le crédit-bail[28], il s'agit des « *opérations par lesquelles une entreprise donne en location des biens immobiliers à usage professionnel, achetés par elle ou construits pour son compte, lorsque ces opérations, quelle que soit leur qualification, permettent aux locataires de devenir propriétaires de tout ou partie des biens loués, au plus tard à l'expiration du bail, soit par cession en exécution d'une promesse unilatérale de vente, soit par acquisition directe ou indirecte des droits de propriété du terrain sur lequel ont été édifiés le ou les immeubles loués, soit par transfert de plein droit de la propriété des constructions édifiées sur le terrain appartenant audit locataire.* »

On peut donc définir le crédit-bail de la manière suivante :

C'est un contrat de louage, assorti d'une promesse de vente au profit du locataire (ce qu'on appelle en anglais le « leasing »).

Donc le crédit-bail se présente comme un financement des investissements avec possibilité de disposer du matériel de son choix (ici des immeubles), sans avoir à immobiliser au départ des fonds propres ou à emprunter.

A la fin du contrat, l'acquisition peut porter sur la totalité ou seulement sur une partie de l'immeuble.

Certains contrats prévoient la possibilité pour le locataire de procéder à l'acquisition avant son terme.

b) Il est certain qu'il s'agit d'une forme d'aide qui peut être très utile pour l'entreprise.

Mais comme nous indiquions que la distinction entre aide directe et indirecte devient dans ce cas difficile à tracer.

- C'est la collectivité locale qui réalise l'investissement initial à la place de l'entreprise. Elle peut l'autofinancer, emprunter ou mobiliser divers concours, notamment obtenir une aide d'autres collectivités locales. Elle va donc construire ces locaux qui auront un usage commercial, artisanal ou industriel. Il arrive que la conception même de l'équipement fasse l'objet d'une concertation avec le futur occupant.

- Dans un deuxième temps, le contrat de crédit-bail est établi entre la collectivité locale et l'entreprise. Il précise la durée - en général un long terme - et les conditions financières. Très souvent le montant des loyers correspond aux annuités d'emprunts que la collectivité aura à rembourser. C'est donc généralement pour elle une opération blanche.

- Mais il s'agit bien d'une aide pour l'entreprise. S'agissant des garanties, la collectivité locale se montre moins exigeante qu'un organisme bancaire. Surtout, la collectivité n'exige ni frais de gestion, ni intérêts.

2. Une collectivité locale peut-elle régulièrement accorder une telle aide ?

C'est la question essentielle et la réponse demeure pour l'instant incertaine : les collectivités locales peuvent-elles légalement utiliser, sans crainte, cette forme d'intervention ?

Il s'agit, en fait, d'une opération complexe, d'un produit financier particulier que, jusqu'à une période relativement récente, seules utilisaient des institutions financières. Le crédit-bail tient à la fois du crédit, d'une activité de location et d'opération relative à l'immobilier industriel.

Il faut attirer l'attention des autorités locales décentralisées sur le fait que la légalité d'une intervention économique - sous forme de crédit-bail - demeure très incertaine.

a) On peut, en effet, analyser le crédit-bail comme une opération de crédit, auquel cas les régions pourraient être autorisées à mettre en œuvre cette forme d'intervention.

Effectivement les régions sont autorisées, nous l'avons vu, par l'article L. 1511-2 du CGCT (issu de la rédaction de la loi du 7 janvier 1982) à attribuer des prêts et des avances aux entreprises. Il s'agit de l'une des formes d'aide directe expressément citée par ce texte.

Cette analyse se heurte, toutefois à une série de difficultés.

Si les régions sont effectivement autorisées à faire bénéficier des entreprises de prêts à des conditions plus intéressantes que celles du marché financier, elles doivent se conformer - s'agissant des aides directes - à des modalités précisées par décret. Or la réglementation fixant les conditions dans lesquelles les prêts peuvent être attribués (le décret n° 82-808 du 22 septembre 1982) n'envisage pas du tout ce type d'intervention. Il semble que le juge n'admette que les opérations de prêts par ces textes (article L. 1511-2 et décret du 22 septembre 1982)[29].

En admettant éventuellement que les régions seraient autorisées à pratiquer le crédit-bail, on est loin de résoudre le problème. Si des régions utilisent cette forme d'intervention, dans la pratique ce sont les communes et les départements qui mettent en œuvre, le plus souvent, des opérations de crédit-bail et certains dans des proportions importantes. Dans l'état actuel des textes, il est clair qu'ils ne sont pas autorisés à pratiquer des opérations de crédit au profit des entreprises. Lorsqu'il est saisi, il semble bien que le juge sanctionne systématiquement pour illégalité de tels écarts[30].

Surtout, le principal écueil résulte de la loi bancaire du 24 janvier 1984[31]. Elle fixe des limites très strictes aux activités de crédit.

- D'une part, les opérations de crédit sont définies à l'article 3 comme « *tout acte par lequel une personne à titre onéreux met ou promet de mettre des fonds à la disposition d'une autre personne ou prend dans l'intérêt de celle-ci un engagement par signature tel qu'un aval, un cautionnement ou une garantie* » ; il est ajouté « ***le crédit-bail et, d'une manière générale, toute opération de location assortie d'une option d'achat étant assimilés à des opérations de crédit.*** »

- D'autre part, il est précisé ensuite à l'article 10 qu'il est interdit « ***à toute personne autre qu'un établissement de crédit d'effectuer des opérations de banque à titre habituel*** ». La formulation parfaitement claire est exempte de toute ambiguïté.

C'est manifestement la raison pour laquelle la Cour des comptes, évoquant les opérations de crédit-bail, pose comme règle : « *Elles ne doivent donc, en principe, être réalisées que par des établissements bancaires et **les collectivités territoriales ne peuvent y recourir qu'à titre exceptionnel**.* »

Le ministère de l'Intérieur avait adopté une position identique dans sa circulaire du 13 juillet 1989.

Pourtant, dans la pratique, toute ambiguïté est loin d'être écartée. Le même ministère de l'Intérieur dans son guide sur les aides des collectivités locales semble recommander l'utilisation du crédit-bail « *si on a l'impression que l'entreprise se comporte comme un chasseur de primes et si elle n'a pas l'intention de rester durablement* » [32].

b) On peut aussi analyser le crédit-bail immobilier comme une modalité de la location ou de la vente des bâtiments.

Cette forme d'intervention serait alors réglementée par le décret n° 82-209 du 22 septembre 1982 qui prévoit la faculté pour les collectivités locales d'accorder aux entreprises - acquéreurs ou locataires - un rabais sur le prix de vente ou de location de bâtiments, nous l'avons vu, selon des règles de plafonds ou de zones fixées par le même décret.

Cette analyse pourrait tout à fait se défendre puisque le juge judiciaire a estimé que « *le contrat de crédit-bail, tout en étant une opération financière, **reste un contrat de louage*** » [33]. La Cour de cassation elle-même, dans un arrêt du 30 novembre 1993 a considéré le crédit-bail, non plus comme une opération de crédit, mais comme un contrat de louage [34].

On aurait donc ainsi la confirmation qu'il s'agit bien d'une aide indirecte à l'immobilier d'entreprise et les communes et les départements seraient compétents pour l'attribuer.

Toutefois deux nouvelles difficultés surviennent.

- Le décret n° 82-209 du 22 septembre 1982 n'évoque pas le crédit-bail et les règles de plafonds, et les ratios qu'il définit ne paraissent pas toujours applicables à tous les contrats de crédit-bail.

- L'intervention de la collectivité locale - sous forme de crédit-bail - s'effectue dans une finalité de service public et sur un terrain ayant ainsi subi des aménagements à cet effet.

Ainsi que nous l'évoquions, on peut considérer qu'une telle opération se déroule sur le domaine public. La question d'une compatibilité avec les règles du domaine public est posée. Dans quelles conditions notamment le locataire pourrait-il au terme du contrat acquérir les bâtiments de l'entreprise ?

c) Une troisième voie doit être explorée. L'utilisation du crédit-bail pourrait être légale dans deux hypothèses.

- Tout le monde semble l'admettre, à titre exceptionnel le crédit-bail est une forme d'intervention qui peut être mis en œuvre par une collectivité locale. **Cette exception pourrait correspondre à une situation précise : lorsqu'il s'agit de pallier l'absence ou**

l'insuffisance de l'initiative privée. Nous savons que cette « carence » ne correspond pas forcément à une absence totale, mais aussi à une insuffisance ou à des coûts trop élevés pratiqués par l'initiative privée.

L'intervention devrait donc, tout de même, demeurer exceptionnelle ce qui ne correspond pas toujours aux pratiques actuelles.

- La seconde hypothèse : c'est **l'intervention en faveur des entreprises en difficulté.** Dans ce cas, toute forme d'aide est légale.

La loi du 5 janvier 1988, à notre sens, n'a interdit que les aides directes des communes aux entreprises en difficulté. Or le crédit-bail, si on le considère comme une facilité sur le prix de vente ou sur la location, est bien une aide indirecte. De toute manière départements et régions peuvent toujours verser des aides directes et indirectes aux entreprises en difficulté.

La loi impose - nous l'avons vu - une convention par laquelle doit transiter l'aide. Précisément, on a bien ici un contrat : le contrat de crédit bail. Et la notion d'« entreprise en difficulté » a connu, dans la pratique, des interprétations extensives.

Il revient maintenant au législateur et au pouvoir réglementaire de clarifier le débat.

A notre connaissance, le juge administratif n'a pas eu l'occasion de se prononcer sur la régularité des opérations de crédit-bail.

En revanche, dans le cadre de leur contrôle, les chambres régionales des comptes ont été fréquemment amenées à se prononcer sur l'usage du crédit-bail immobilier. Elles ont en général admis la régularité juridique du montage.

Mais elles ont considéré que **cette forme d'intervention ne pouvait être utilisée qu'à titre exceptionnel si l'intérêt local l'exige**. Il semble bien que pour les CRC, le crédit-bail constituerait une modalité de la vente ou de la location des bâtiments.

Au terme de ces réflexions, semble émerger une espèce de consensus pour tolérer la pratique du crédit-bail par les collectivités locales. Le gouvernement semble s'orienter vers une autorisation sous certaines limites, aussi bien dans sa circulaire du 13 juillet 1989, émanant du ministère de l'Intérieur, que dans ses réponses ministérielles [35]. Avec beaucoup de prudence - logique en raison des incertitudes juridiques -, la Cour des comptes, comme les chambres régionales des comptes, paraissent prêtes à tolérer ce type d'intervention, à condition que le législateur apporte les précisions nécessaires [36]. La doctrine a également évolué à ce sujet et le juge administratif a récemment considéré comme légale une opération qui, bien que n'étant pas expressément qualifiée de « crédit-bail », consistait en une location avec promesse de vente d'ateliers-relais s'en rapprochant [37]. Le juge a considéré, toutefois, qu'il s'agissait d'une forme de cession, devant donc être consentie aux conditions du marché, conformément à la législation et à la réglementation en vigueur, évoquée ci-dessus.

Quelques textes législatifs semblent intégrer désormais le crédit-bail parmi les pratiques que pourraient indirectement utiliser les collectivités locales, notamment l'art. 87 de la loi du 30 décembre 1986 [38] ou l'art. 10 de la loi du 13 juillet 1992 [39].

Il est toutefois urgent que le législateur apportent un certain nombre de clarifications :

- Les collectivités locales qui en font usage se heurtent parfois à l'hostilité du représentant de l'État. Se posent également quelques problèmes juridiques et comptables très concrets, quant à la nature de l'immeuble susceptible d'être crédit-baillé, à la règle de l'annualité budgétaire, à la spécialité des crédits et à l'imputation budgétaire.

- Le problème de la nature même du crédit-bail doit être levé. En effet, les opérations de crédit-bail, soumises aux dispositions de la loi n° 66-455 du 2 juillet 1966, ont été assimilées à des opérations de crédit par l'article 3 de la loi n° 84-46 du 24 janvier 1984 relative à l'activité et au contrôle des établissements de crédit. Elles ne doivent donc, en principe, être réalisées que par des établissements bancaires. De telles opérations pourraient donc prendre place dans le cadre de conventions qui commencent à exister entre les collectivités locales et des institutions bancaires, ces dernières assurant le montage de l'opération. Toutefois, le juge administratif, dans le cas évoqué ci-dessus de location-vente d'ateliers-relais, a considéré pour sa part qu'il s'agissait d'une forme de vente, soumise à la réglementation et à la législation en vigueur. Il paraît donc nécessaire que le législateur définisse un régime propre au crédit-bail, utilisé par les collectivités locales comme forme d'aide.

3. La cession-bail (ou « lease-back »)

Il s'agit d'une variante du crédit-bail. Il suscite, globalement, le même type d'interrogations.

a) Il n'y a pas de texte particulier régissant la cession-bail.

Il convient de se reporter aux dispositions relatives au crédit-bail. On peut de la même manière hésiter à le qualifier d'aide directe ou d'aide indirecte.

La cession-bail correspond à une opération comportant une étape supplémentaire par rapport au crédit-bail. Le propriétaire d'un bien immeuble le cède à une collectivité territoriale ou à un organisme spécialisé, par exemple une SICOMI.

Comme dans le cas du crédit-bail, l'entreprise peut ainsi mobiliser l'essentiel de ses moyens financiers sur le processus de production.

b) L'introduction d'un partenaire supplémentaire rend l'opération plus délicate à définir par rapport aux problèmes posés ci-dessus.

L'intervention du propriétaire initial s'effectue souvent à la demande même de la collectivité locale. On peut l'analyser comme une institution-relais, intervenant en amont. La collectivité peut également souhaiter s'adjoindre la collaboration d'un professionnel.

On peut simplement insister sur un point. Avant de se poser les questions afférentes au débat relatif au crédit bail, la bonne régularité d'une opération de cession-bail suppose que soit respecté l'intérêt public.

Il convient donc de veiller à ce que l'intervention d'un partenaire supplémentaire, en amont de la procédure, ne transforme pas l'opération en banale opération immobilière. Il doit bien s'agir d'une intervention en faveur du développement économique et social de la collectivité.

D - Proposer des structures d'accueil : usines et ateliers relais, pépinières d'entreprises

Bien avant les textes de 1982, cette forme d'intervention était déjà largement utilisée par les collectivités locales. Dans la circulaire qu'il avait adressée aux préfets le 10 septembre 1976, le ministre considérait qu'elle entrait bien - sous certaines conditions - dans le cadre des compétences locales.

Cette pratique s'est poursuivie et développée depuis 1982.

Plusieurs raisons l'expliquent.

Pour l'entreprise, cette forme d'aide lui permet un démarrage en douceur les premières années, en évitant des investissements lourds. Elle lui donne l'occasion d'une réflexion de plusieurs mois sur la localisation de son implantation définitive.

Naturellement, pour la collectivité locale, il y a l'inconvénient d'une instabilité certaine. Les entreprises ne restent donc que peu de temps dans ces lieux d'accueil. Il y a le risque - malgré certaines précautions qui peuvent être prises - qu'à terme elles se développent sur d'autres localités. Toutefois, c'est indéniablement une aide efficace à la création d'entreprise. C'est également pour la collectivité, l'occasion, dans certains cas, d'une réutilisation de friches industrielles après transformation.

La formule est maintenant bien connue. Elle comporte cependant quelques inconvénients qui le sont moins.

1. Le cadre juridique

a) Usine-relais comme pépinière d'entreprises, la première règle à observer, c'est de réaliser des locaux susceptibles d'être utilisés par des entreprises aux objets très différents.

S'agissant de l'usine ou de l'atelier-relais, la collectivité signe avec l'utilisateur une convention d'occupation précaire. Le bail se limite à deux ans. A l'issue de ce délai une formule d'achat peut effectivement être prévue, notamment dans le cadre d'un crédit-bail (cf. ci-dessus). Mais le principe consiste plutôt pour l'entreprise qui normalement à l'issue des deux premières années commence à se renforcer, à laisser la place à une nouvelle activité.

Les pépinières d'entreprises constituent une formule très voisine. La jeune entreprise signe également une convention d'occupation précaire. Sa spécificité réside dans le fait qu'elle offre, en sus des locaux, des services communs aux occupants : secrétariat (téléphone, matériel de reproduction, bureautique), services juridiques, commerciaux, comptables. S'y ajoutent souvent des équipements immobiliers mis en communs : salles de réunions, entrepôts. La convention d'occupation, en même temps qu'elle définit le bail, fixe les conditions d'utilisation de ces services et locaux communs.

b) Le risque financier n'est pas à négliger.

Il y a dans les deux formules des investissements immobiliers initiaux qui peuvent être conséquents afin que le produit soit attractif. Dans le cas de la pépinière, s'y ajoutent des frais de fonctionnement (entretien, maintenance du matériel, frais de personnel) qu'il convient de bien évaluer au départ.

L'expérience montre que deux difficultés se présentent fréquemment :

- Il n'est pas toujours aisé d'obtenir le départ de l'entreprise occupante au bout des deux années. Sa santé peut demeurer fragile. La collectivité locale peut hésiter à mettre en œuvre toutes les rigueurs correspondant à la fin du bail, notamment lorsque des emplois pourraient être menacés.

- Le loyer - même s'il est très étudié - constitue une charge que certains occupants n'acquitteront qu'avec difficultés. La collectivité locale doit prendre en compte le risque d'impayés. Ici encore la fragilité accompagnant la jeune entreprise durant ses premières années peut faire hésiter la collectivité à utiliser toutes les voies de recours.

Il n'y a pas de contentieux très important sur ce sujet : mais la collectivité qui exonérerait la jeune entreprise de certaines de ces obligations, pourrait ainsi la faire bénéficier de conditions discriminatoires qui violeraient la liberté du commerce et de l'industrie et le principe d'égalité devant la loi et les charges publiques.

Compte tenu du risque financier évoqué, une collectivité locale aura tout intérêt à rechercher des financements complémentaires auprès de l'État et des autres collectivités locales pour réaliser ces structures d'accueil.

2. Les éventuelles difficultés juridiques

Les risques qui viennent d'être évoqués sont maintenant bien connus des collectivités. Mais des difficultés d'une autre nature peuvent subvenir.

a) Le régime juridique des usines et ateliers relais demeure, pour une bonne part, incertain.

S'agissant des questions relatives aux cessions et aux locations, il convient semble-t-il de se référer au droit commun relatif à ce type d'opération sur les bâtiments. Ce constat résulte de l'examen de la jurisprudence.

Toutefois, des incertitudes subsistent - notamment sur la question de la domanialité - qui sécrètent un contentieux constant et posent, en tout état de cause, des problèmes pratiques.

Deux arrêts ont abouti - presque au même moment - à des solutions opposées. La cour administrative d'appel de Lyon a estimé qu'ils appartenaient au domaine privé de la collectivité, tandis que la cour administrative de Paris avait quelques mois avant, opté, en sens inverse, pour une appartenance au domaine public[40].

Juridiquement, l'appartenance au domaine public a sa logique puisque nous le soulignions, l'intervention de la collectivité a bien une finalité de service public et les immeubles ont été aménagés dans l'objectif même de ce service public.

Dans la pratique, la solution retenue par la cour administrative de Lyon offre de plus grands avantages. En effet, les collectivités locales n'ont pas vocation à demeurer éternellement propriétaires de ces biens. Il peut être très utile pour l'entrepris, qu'ils sortent, à un moment, du patrimoine communal. L'examen de cette pratique montre que, de plus en plus, ces ateliers relais et quelques fois les usines sont financés dans le cadre d'un crédit-bail qui comporte une option d'achat. Cette solution permet une sortie plus aisée du dispositif d'aide.

Les incertitudes juridiques doivent rendre les collectivités locales prudentes. Les conditions juridiques de cette vente demeurent difficiles à définir dans l'état actuel du droit.

b) Comme le souligne Claude Deves, le régime fiscal n'est pas exempt non plus d'incertitudes.

Jusqu'à une période récente, l'administration fiscale n'avait pas arrêté une position nette s'agissant de l'assiette des droits et impôts à la charge du preneur à la fin du contrat.

Dans une instruction du 20 novembre 1990 [41], il est précisé que les contrats consentis par les collectivités locales aux entreprises locataires d'usines ou d'atelier relais ne peuvent être analysés comme des contrats de location vente. Seules les cessions réalisées dans le cadre d'un crédit-bail pourront bénéficier du régime fiscal afférent qui apparaît plus intéressant.

Une solution plus simple consistait souvent pour la collectivité à déléguer ce type d'intervention à une SICOMI, ce qui permet l'application d'avantages fiscaux. Un partenariat demeure une solution intéressante.

3. Des formules plus récentes : les incubateurs

En matière de structures d'accueil aux jeunes entreprises, les acteurs du développement local ont fait preuve, au cours des années récentes, d'une réelle imagination.

Ainsi est apparue, créée tout d'abord de façon expérimentale par plusieurs universités et par plusieurs grandes écoles, la formule des *incubateurs d'entreprises.*

Cette expérimentation s'est faite, au départ, sans réel cadre juridique adapté.
La loi du 12 juillet 1999 [42] sur l'innovation et la recherche les dote en quelque sorte d'un cadre dans lequel les incubateurs pourraient se développer.

Précisons tout de suite que ce texte ne concerne pas directement et uniquement cette nouvelle forme de structure d'accueil. Il tend, plus largement, à favoriser, par un ensemble de disposition le transfert de technologie de la recherche publique vers l'économie de marché et, plus précisément, vers les entreprises innovantes.

Parmi ces dispositions, on relève des mesures visant à développer des incubateurs d'entreprises. Mais il existe également d'autres incubateurs qui ne se situent pas dans le prolongement de la loi du 12 juillet 1999, soit qu'ils aient préexisté à cette loi, soit qu'ils aient été créés depuis mais ne bénéficient pas des procédures de la loi du 12 juillet 1999. Dans ce deuxième cas, ils trouvent généralement leur fondement juridique dans des conventions signées entre les régions et notamment, par exemple les contrats de plan.

Qu'est-ce qu'un incubateur d'entreprises ?

Il y a parfois confusion avec les *pépinières d'entreprise* ou les *couveuses.*

Il faut reconnaître qu'il y a un peu un effet de mode dans ce vocabulaire.

Sans qu'il y ait de définition juridique précise, il est possible de procéder au classement suivant :

- Les *usines relais* qui sont apparues dès le début des années soixante-dix, étaient constituées de locaux immobiliers destinés à la production et au stockage et parfois d'autres locaux permettant d'accueillir des bureaux ; après quelques années d'occupation correspondant au démarrage de l'activité, la convention prévoyait le déménagement.

- Les *pépinières* reprenaient la même idée. Plusieurs jeunes entreprises sont regroupées sur un même site dont les espaces sont loués à un tarif très attractif à leurs propriétaires. Mais en plus des locaux, mis à disposition pour la production et les activités de direction et de gestion, les créateurs de la jeune entreprise peuvent disposer de services communs à l'ensemble des entreprises regroupées sur le site, tels : un standard téléphonique, un service de photocopie et de reproduction de documents, voire un secrétariat et un service de restauration.

- La *couveuse* constitue un peu la troisième génération de la même idée, avec une aide plus complète encore. En plus des locaux et des services communs mis à disposition, les créateurs d'entreprise trouvent dans la *couveuse* un certain soutien à la gestion et des services de conseils.

Par rapport à ces formules qui ont fait leur preuve, l'incubateur est une forme d'intervention plus complète encore, dans la mesure où elle intervient plus en amont.

En effet, la spécificité de l'incubateur est d'intervenir en amont de la création.

Pour prendre une image qui a été utilisée par inventeurs du dispositif l'objectif est de « chauffer » et « développer » les idées et les hommes. Il s'agit donc de structure d'accueil et d'accompagnement de porteurs de projets de création d'entreprises innovantes.

Autrement dit l'incubateur offre aux porteurs de projet :

- un appui en matière de formation, de gestion et de financement ;

- une aide à la recherche de partenaires financiers et d'investisseurs intéressés par le projet ;

- un soutien multiforme depuis l'embauche d'un chef de projet jusqu'au montage du tour de table financier.

La deuxième spécificité d'un incubateur est d'être situé à proximité immédiate ou même à l'intérieur d'un site scientifique. En effet, il s'agit prioritairement de permettre aux chercheurs de valoriser économiquement le résultat de leurs recherches, en créant précisément une entreprise, tout en maintenant des relations étroites avec les laboratoires dont sont généralement issus les porteurs de projets. Ainsi, ces jeunes entreprises peuvent continuer à bénéficier des ressources scientifiques et technologiques des sites. Pour prendre une autre image, il s'agit de doter le génial professeur Tournesol d'un habile gestionnaire et d'un commercial efficace.

Quel peut être le soutien de l'État et des régions aux incubateurs ?

Ce sont effectivement les régions qui se sont le plus souvent intéressées à cette formule. Mais rien n'interdit, si elles se limitent aux aides indirectes, aux communes et aux départements de mettre en œuvre ce type d'intervention.

Ayant lancé un appel à projet au moment de la loi du 12 juillet 1999, l'État a décidé, en 2000, de consacrer 200 millions de francs aux incubateurs, dans la mesure où les premières expériences ont été très positives. De nombreuses régions ont signé des conventions avec l'État pour accompagner et compléter cet effort.

La lecture de ces conventions laisse apparaître les principales formes d'aides choisies :
- accès à des installations spécifiques ;
- évaluations et sélections des « projets » locataires accueillis dans l'incubateur ;
- accompagnement et recherches permettant de renforcer les fonds propres ;
- assistance juridique ;
- soutien technique ;
- mise à disposition de locaux.

Au moment de la création elle-même, l'accès à des aides plus classiques (PRCE, PRE) est généralement prévu, mais souvent assorti d'autres aides, sous forme d'un soutien à la gestion et de financement d'expertises, au moins durant les premières années.

À la sortie de l'incubateur, il n'est pas rare que soit proposé à la toute jeune entreprise un accès privilégié dans une couveuse ou une pépinière.

Notes

1. Association des maires de France, « *Les interventions économiques communales* », 1985 ; André-Georges Voisin, « *Synthèse de l'enquête effectuée auprès des départements* », Assemblée des présidents de conseils généraux de France, 1984.
2. Mission sénatoriale d'information sur le déroulement et la mise en œuvre de la décentralisation présidée par M. Daniel Hoeffel, rapport établi par M. Christian Poncelet, *Sénat,* n° 177, 1984-85 ; « *Les interventions économiques des collectivités territoriales* », rapport présenté Jean Steib, séance des 12 et 13 mai 1987, *JO* Avis et rapport du CES, n° 12, 3 juin 1987.
3. Rapport du groupe « *Interventions économiques des collectivités territoriales* », présidé par Jean Brenas, rapporteurs Xavier Godineau et Jean-François Rocchi, commissariat général du Plan, juin 1985 ; Institut des sciences économiques, « *Les interventions économiques communales* », Université de Bretagne occidentale, 1985 ; CRDT Université de Reims, « *L'évaluation des compétences économiques des collectivités locales* », rapport établi pour le compte de la DGCL, ministère de l'Intérieur, 1993.
4. Cour des comptes, « *Les interventions des collectivités territoriales en faveur des entreprises* », rapport public particulier, novembre 1996, Les éditions du *Journal officiel.*
5. Commissariat général du Plan, « *Évaluation des aides à la création d'entreprise* », Commission présidée par Bertrand Larrera de Morel, La Documentation française, 1996.
6 CE 26 juin 1974, sté La Maison des Isolants de France, *Rec. Lebon*, p. 365 ; *RDP* 1974, p. 1486, *AJDA* 1975, p. 33.
7. CE 10 mai 1985, société Boussac Saint-Frères, *Rec. Lebon*, p. 145 ; *AJDA* 1985, P. 434, concl. d'Arnaud Cazin d'Honincthum ; *RFDA*, janv.-fév. 1986, p. 74, note Hubrecht et Melleray.
8. Ainsi, la ville de Saint-Denis avait édifié des ateliers-relais réservés aux artisans. Le Conseil d'État a considéré que cette intervention était bien à intérêt public et était donc de fait parfaitement légale (CAA Paris 1re ch., 7 nov. 1989, SARL Pardon Création, *Rec.* CE tables, 500 ; *AJDA* 1991, p. 375).
9. Décret n° 2001-312 du 11 avril 2001, relatif à la prime d'aménagement du territoire, *JO* 13 avril 2001, p. 5704 ; Hervé Groud, « La prime d'aménagement du territoire : une nouvelle réforme », Alerte, *La Lettre du Cadre Territorial,* n° 212, 15 mai 2001, p. 49-51.

10. Décision DC des 25 et 26 juin 1986, *AJDA*, octobre 1986, p. 575, note Jean Rivero.
11. CE 27 février 1995, commune de Châlons-sur-Marne, *Dr. Adm.* 1995, n° 249.
12. TA Besançon, 6 avril 1995, préfet de la Haute-Saône c/commune de Fougerolles, *AJDA*, novembre 1995, p. 749, note Bernard Lamorlette.
13. CE 3 novembre 1997, commune de Fougerolles, *Mon. des TP* 28 novembre 1997, n° 4905, p. 74, note Josette Dequeant ; *AJDA*, décembre 1997, p. 1010, note Laurent Richer ; *JCP* n° 3, 14 janvier 1998, p. 91, note Raphaël Piastra ; *Petites Affiches*, 6 février 1998, n° 16, pp. 13-17, note Jean Calvo ; *CJEG*, janvier 1998, concl. Touvet, pp. 16-24.
14. Serge Pugeault, « *Principe d'égalité et aménagement du territoire* », in Le renouveau de l'aménagement du territoire, Economica, 1994, p. 133.
15. Réponse ministérielle, *JO* déb. parl. Ass. nat., 17 avril 1989, p. 1802.
16. TA Lyon 22 novembre 1989, Tête, *JCP*, 1990, II, 21 424, note J.-F. Davignon.
17. Par exemple, Cass., 1re ch. civ. 8 décembre 1982, *Gaz. Pal.*, 1983, 1, pan. 65.
18. Note *AJDA*, nov. 1997, p. 1011 précitée.
19. CAA Paris, 7 nov. 1989, SARL Pardon Création, *AJDA*, 1991, p. 377.
20. CAA Lyon, 26 juin 1990, *AJDA* 1991, p. 375
21. CE 26 juin 1974, Maison des isolants de France, *Rec.* 1974, p. 365.
22. Ainsi, la construction par la ville de Saint-Denis d'ateliers-relais destinés à favoriser la création et l'implantation définitive d'entreprises artisanales sur le territoire de la commune ont bien pour objet de « *favoriser le développement économique de la commune* ». Ces ateliers-relais sont donc affectés à un service public (CAA Lyon 3e ch. 26 juin 1990, Somival, *AJDA*, 1991, p. 375).
23. Loi n° 85-704 du 12 juillet 1985.
24. CAA Lyon, 26 juin 1990, *AJDA*, 1991, p. 375.
25. En faveur du domaine public : CAA Paris 1re ch. 7 novembre 1989, SARL Pardon Création, *AJDA*, 1991, p. 377 ; en faveur du domaine privé : CAA Lyon 3e ch., 26 juin 1990, *AJDA*, mai 1991, p. 375.
26. CE 27 juin 1986, Préfet des Pyrénées-Atlantiques, *RFDA*, 1986, p. 804, note J.-C. Douence.
27. Régis de Castelnau, « *Les aides indirectes aux entreprises privées* », *Revue Fr. de la Décent.*, novembre 1995, n° 2, p. 153.
28. Loi n° 66-455 du 2 juillet 1966, relative aux entreprises pratiquant le crédit-bail, *JO* 3 juillet 1966
29. Par exemple ont été considérées comme illégales des avances à taux nul, remboursables en cas de succès d'une opération industrielle (CE 15 février 1993, région Nord-Pas-de-Calais, *Dr. Adm.* 1993, n° 154).
30. Par exemple : TA Clermont-Ferrand, 12 avril 1991, préfet de l'Allier c/commune de Vichy, *Dr. Adm.* 1991, n° 529 ; TA Nice, 27 novembre 1990, préfet des Alpes-Maritimes c/conseil général ; TA Paris, 8 avril 1994, préfet de Seine-Saint-Denis, *Dr. Adm.* 1994, n° 432.
31. Loi n° 84-46 du 24 janvier 1984, relative à l'activité et au contrôle bancaire, *JO* 25 janvier 1966.
32. La Documentation française, 1992.
33. CA Lyon 31 janvier 1980 SICOMI ; CA Paris 11 octobre 1989.
34. Cour Cass. Ch. com., 30 novembre 1993.
35. Par ex. : Rép. min. fin., 2e séance, 14 nov. 1986, *JO* déb. parl. Ass. nat., *CR* 15 nov. 1986, p. 6405 ; Rép. min. n° 12569 à M. Jean Francou, *JO* Sén., 20 sept. 1973, p. 1276 et 6 nov. 1973, p. 1586.
36. Cour des comptes, « *Les interventions des collectivités territoriales en faveur des entreprises, rapport particulier* », novembre 1996, Les éditions du *Journal officiel*, p. 90.
37. TA Lyon, 22 avril 1998, préfet du Rhône c/communauté de communes de Saint-Laurent-de-Chamousset, *BJDCP*, 1998, n° 1, p. 88, concl. Kolbert.
38. Loi de Finances pour 1989, *JO* 31 décembre 1986, p. 15820.
39. Loi n° 92-646 du 13 juillet 1992 relative à l'élimination des déchets ainsi qu'aux installations classées pour la protection de l'environnement, *JO* 14 juillet 1992, p. 9461.
40. CAA Lyon, 26 juin 1990, aff. Sté pour la mise en valeur des régions Auvergne Limousin ; CA.A. Paris, 7 novembre 1989, SARL Pardon création, *AJDA*, mai 1991, p. 375, note C. Deves.
41. BOI 7C-6-90.
42. Loi n° 99-587 du 12 juillet 1999, sur l'innovation et la recherche, *JO* 13 juillet 1999.

Conclusion

Naturellement, au terme de cette présentation du cadre juridique, on ne peut qu'être frappé par la grande variété de voies que peuvent emprunter les interventions économiques des collectivités locales à destination des entreprises. Il ne faudrait cependant pas a priori critiquer la complexité du droit qui en découle. D'une part la création d'entreprise résulte d'une procédure souvent longue et chaque étape comporte son type de difficultés. D'autre part, chaque création est, en quelque sorte, une histoire particulière. Il est donc parfaitement logique que les collectivités locales aient mis en place des dispositifs assez différents d'interventions.

a) La grande diversité de situations justifie un cadre juridique autorisant des formes d'interventions très différentes.

▸ Les « primes » ont fait parfois l'objet de critiques assez sévères. A ce titre, comme nous l'avons expliqué, plusieurs régions ont décidé de ne plus utiliser cette forme d'aide, réputée apporter une facilité artificielle et dangereuse à la naissance de l'entreprise. Pourtant, il faut simplement reconnaître que plusieurs de ces mêmes régions financent des études préalables à l'implantation qui peuvent s'analyser comme de véritables primes à la création d'entreprises. Une telle intervention permet au créateur de consacrer l'essentiel de ses moyens financiers au processus de fabrication ou à la misc en place de son dispositif commercial.

▸ La création d'entreprise ou la reprise d'une activité par une personne ayant déjà une expérience et qui souhaiterait se « mettre à son compte » pose, comme le fait observer le Commissariat général du plan (« Évaluation des aides à la création d'entreprise », *La Documentation française*, 1996), des problèmes spécifiques. Le plus souvent, ce type de créateur dispose déjà d'un savoir faire technique et des relations qui lui faciliteront la commercialisation. En revanche, il demandera volontiers un accompagnement, les premières années, pour assurer un suivi de la gestion, voire une formation dans ce domaine. S'il s'agit d'un cadre confirmé, il fera spontanément appel à un conseil. En revanche, l'expérience montre que paradoxalement, c'est plus rarement le cas des employés ou ouvriers qui tentent l'aventure. Il n'est pas inintéressant que, dans ce cas, la collectivité locale prenne l'initiative, éventuellement avec d'autres partenaires, d'un dispositif qui suscite les demandes.

▸ Une part non négligeable de la mortalité importante, observée les premières années, s'explique par la capitalisation insuffisante dont souffrent les jeunes entreprises. C'est également le Commissariat général du Plan qui constate que plus de la moitié des créateurs n'investissent, au départ, que 50 000 francs et moins du quart 500 000 francs. Bien sûr, la faiblesse des moyens mobilisés s'explique en partie, dans la mesure où il s'agit généralement de créations de petites tailles. Mais la capacité de financement se trouve singulièrement altérée. Le Commissariat général au Plan relève que seulement 22 % des créateurs obtiennent un prêt. On comprend donc que certaines collectivités aient jugé utile de privilégier les interventions permettant de faciliter l'accès aux financements, parfois en partenariat avec les banques ou de développer des procédures de location-vente.

▸ La plupart de leurs interlocuteurs dans les ANPE ou les chambres de commerce le confirment : de nombreux demandeurs souhaitent créer ou reprendre une entreprise afin de résoudre leurs difficultés. Contrairement à ce qu'on pourrait penser, le problème financier n'est pas toujours le plus important dans la mesure où ils peuvent bénéficier d'aides aux chômeurs créateurs d'emplois ou repreneurs d'entreprises. En revanche deux problèmes spécifiques expliquent les éventuels échecs. Il s'agit le plus souvent d'activités innovantes à faible valeur ajoutée. Le créateur lui-même se trouve dans une situation sociale précaire qui le fragilise. L'accompagnement que nécessite ce type de création est tout à fait spécifique.

En fonction de l'analyse qu'elle fait de sa propre situation, des objectifs qu'elle fixe à sa politique d'interventions, des partenaires qui sont associés à son action, une collectivité privilégiera une forme d'intervention plutôt qu'une autre. Il est donc logique qu'au fil des années les voies d'intervention se soient diversifiées et précisées, tout en laissant la collectivité libre d'effectuer ses choix.

b) *Il est indispensable que les collectivités locales effectuent régulièrement une évaluation de leurs interventions. Il faut également prendre conscience de la difficulté d'une telle entreprise tant sont nombreux et variables les facteurs à prendre en compte.*

Nous avons pu apprécier concrètement, il y a quelques années, les obstacles à une évaluation des aides aux entreprises accordées par les collectivités locales (CRDT, Université de Reims, « *L'évaluation des compétences économiques des collectivités locales* », rapport établi pour le compte de la DGCL, ministère de l'Intérieur, 1993). Les objectifs des collectivités sont souvent différents, les priorités retenues conduisent à des taux de réussites variables. Ainsi s'explique, sans doute, la grande diversité de chiffres publiés, s'agissant de l'évaluation financière des interventions économiques des collectivités locales.

Néanmoins plusieurs observations peuvent être faites.

- Le premier élément devant figurer sur le tableau de bord d'une collectivité locale est une parfaite appréciation du risque financier pris. Le cadre juridique - désormais plus strict - permet d'éviter les mécomptes les plus graves découlant de la garantie d'emprunt. Il est néanmoins fondamental d'assurer un suivi de la dette garantie afin de disposer d'une connaissance préalable des difficultés susceptible de survenir.

- De la même manière, l'importance des investissements consacrés à l'immobilier industriel et commercial peut être précisément appréciée. Il est assez aisé de mettre en relation l'effort financier consenti, d'une part, et les activités et emplois créés, d'autre part. Ce suivi permet d'adapter l'offre, de modifier les « produits » proposés (ateliers relais, pépinières, couveuses d'entreprises).

- Tout dossier déposé par un demandeur doit faire l'objet d'une double évaluation par les bureaux de la collectivité, par un bureau extérieur (chambre de commerce, cabinet d'expert comptable). Toute forme d'intervention comporte un risque, il doit être parfaitement apprécié au départ et la décision prise en connaissance de cause.

- L'insuffisance des fonds propres demeure une constante. De sensibles améliorations résultent des interventions des organismes de capital-risque de proximité. Les « micro-projets » - qui donnent un emploi au créateur - en sont toutefois rarement destinataires. Quand il s'agit d'un demandeur d'emploi, l'aide aux chômeurs créateurs ou repreneur d'entreprises (ACCRE) représente souvent la quasi totalité des fonds propres mobilisés. Naturellement, les autres créateurs ne bénéficient pas de cet apport. Plus globalement, les interventions des SDR et des IRP paraissent davantage s'expliquer par un souci de rentabilité que par une véritable prise de risque aux côtés des créateurs. Les quasi fonds propres (aides directes, primes) ne paraissent pas prioritairement affectés à cette fin.

◗ D'une façon générale, l'accompagnement antérieur à la création d'entreprise demeure, semble-t-il, le maillon faible du dispositif tel qu'il existe présentement. Les fonds d'aide au conseil, le financement des études préalables à l'installation paraissent, le plus souvent, très utiles. Les « micro-projets » n'en sont sans doute pas suffisamment destinataires. Les autorités locales décentralisées doivent savoir que la très grande majorité des créateurs estiment que leur demande relative à un soutien dans la constitution d'un projet demeure mal satisfaite. Ils souhaitent bénéficier d'un conseil plus complet leur donnant les « clés d'entrée ».

c) Doit-on laisser les entreprises se créer librement sans intervention ? La quasi-totalité des études répondent par la négative.

Des présupposés politiques peuvent justifier une réponse favorable ou défavorable. Nous les laisserons de côté.

Contentons-nous d'un constat : la création d'entreprises est une nécessité pour répondre aux évolutions de l'économie et aux demandes de création d'emplois. A l'étranger comme en France, les pouvoirs publics ne peuvent que susciter et favoriser la volonté de création.

◗ Une première évidence s'impose : la création d'entreprise comporte un risque immense. Il s'agit presque d'un élément psychologique : le créateur est demandeur d'un accompagnement afin d'évaluer les différentes étapes de son raisonnement. Cette évaluation et les conseils qui en découlent génèrent un coût que le créateur pourra difficilement supporter compte tenu des fonds qu'il a mobilisé. L'intervention financière de la collectivité publique se justifie déjà à cette étape.

◗ La création d'emplois est directement liée aux réponses apportées aux évolutions de l'économie. Dans plusieurs domaines (électronique, informatique, services, distribution), les innovations résultent de petites unités nouvellement créées. Ici se trouvent vraisemblablement les fameux gisements d'emplois. Le soutien financier, l'aide à l'immobilier sont généralement déterminants.

◗ Le groupe de travail réuni autour de Jean Boissonnat (« *Le travail dans 20 ans* », rapport de la Commission présidée par J. Boissonnat, Commissariat général du plan/éditions Odile Jacob) faisait récemment ce constat désormais admis : « *On verra apparaître des besoins supplémentaires pour la satisfaction desquels la création d'entreprises nouvelles devra être naturelle et simple* ». Il ajoute « *dans l'avenir du travail, il deviendra naturel de passer d'un statut de salarié à un statut d'entrepreneur pour revenir éventuellement au statut de salarié* ». Cette mutation s'explique aussi bien par la nécessaire réponse à des licenciements devenus fréquents et réguliers dans les grands groupes et que par la volonté de valoriser un savoir faire. Ces passages ne pourront s'effectuer dans de bonnes conditions qu'avec l'accompagnement des pouvoirs publics, notamment en raison des inévitables tensions qu'ils suscitent.

◗ Les grands groupes eux-mêmes continuent de recourir régulièrement à la sous-traitance ou à des prestataires de services extérieurs. Parfois avec leur aide, les collectivités locales peuvent susciter la création de petites unités. Là encore, un soutien public est, au départ, quasi inévitable, que les créateurs proviennent des grands groupes eux-mêmes ou d'ailleurs, tant les premières années demeurent délicates.

Réduire la mortalité des entreprises en création demeure indéniablement une priorité.

Annexes

Annexe 1

Aides aux entreprises (articles législatifs)

Art. L. 1511-1 – Les collectivités territoriales et leurs groupements peuvent, lorsque leur intervention a pour objet la création ou l'extension d'activités économiques, accorder des aides directes ou indirectes à des entreprises, dans les conditions prévues aux articles L. 1511-2 à L. 1511-5. - (L. n° 82-6 du 7 janv. 1982, art. 4, al. 1er).

Art. L. 1511-2 – Les aides directes revêtent la forme de primes régionales à la création d'entreprises, de primes régionales à l'emploi, de bonifications d'intérêts ou de prêts et avances à des conditions plus favorables que celles du taux moyen des obligations. Les aides directes sont attribuées par la région dans des conditions fixées par un décret en Conseil d'État ; ce décret détermine notamment les règles de plafond et de zone indispensables à la mise en œuvre de la politique nationale d'aménagement du territoire et compatibles avec les engagements internationaux de la France. - (V. décr. n° 82-806 à 82808 du 22 sept. 1982, *infra*).
Ces différentes formes d'aides directes peuvent être complétées par le département, les communes ou leurs groupements, lorsque l'intervention de la région n'atteint pas le plafond fixé par le décret mentionné à l'alinéa précédent. - (L. n° 82-6 du 7 janv. 1982, art. 4, al. 2 et 3).

Art. L. 1511-2 – *(loi n° 2002-276 du 27 février 2002, art. 102)* Les aides revêtent la forme de subventions, de bonifications d'intérêt ou de prêts et avances remboursables, à taux nul ou à des conditions plus favorables que celles du taux moyen des obligations. Elles sont attribuées par la région et leur régime est déterminé par délibération du conseil régional.
Les départements, les communes et leurs groupements peuvent participer au financement de ces aides directes dans le cadre d'une convention passée avec la région.

Art. L. 1511-3 – Les aides indirectes peuvent être attribuées par les collectivités territoriales ou leurs groupements, seuls ou conjointement.
La revente ou la location de bâtiments par les collectivités territoriales ou leurs groupements doit se faire aux conditions de marché. Toutefois, il peut être consenti des rabais sur ces conditions ainsi que des abattements sur les charges de rénovation de bâtiments industriels anciens suivant les règles de plafond et de zone prévues par le décret mentionné au premier alinéa de l'article L. 1511-2.
(L. n° 96-314 du 12 avr. 1996, art. 21) « *Les commissions dues par les bénéficiaires de garanties d'emprunt accordées par les établissements de crédit peuvent être prises en charge, totalement ou partiellement, dans des conditions fixées par décret en conseil d'État. Cette aide ne peut pas être cumulée, pour un même emprunt, avec la garantie ou le cautionnement accordé par une collectivité ou un groupement.* »
Les autres aides indirectes sont libres. - (L. n° 82-6 du 7 janv. 1982, art. 4, al. 4, 5 et 6).

Art. L. 1511-4 – Les collectivités territoriales et leurs groupements déterminent la nature et le montant des garanties imposées, le cas échéant, aux entreprises bénéficiaires de l'aide ainsi qu'à leurs dirigeants. - (L. n° 82-6 du 7 janv. 1982, art. 4, al. 7).

Art. L. 1511-5 – Des actions de politique agricole et industrielle peuvent être entreprises par les collectivités territoriales ou leurs groupements dans le cadre de conventions conclues par eux avec l'État et fixant les modalités des aides qu'ils peuvent consentir. - (L. n° 82-6 du 7 janv. 1982, art. 4, al. 8).

Art. L. 1511-6 – *(loi n° 2001-624 du 17 juillet 2001, art. 19)* Les collectivités territoriales ou les établissements publics de coopération locale ayant bénéficié d'un transfert de compétence à cet effet, peuvent, après consultation publique destinée à recenser les besoins des

opérateurs ou utilisateurs, créer des infrastructures destinées à supporter des réseaux de télécommunications.
Ces collectivités et établissements ne peuvent pas exercer les activités d'opérateur au sens du 15° de l'article L. 32 du Code des postes et télécommunications.
Les infrastructures mentionnées au premier alinéa peuvent être mises à la disposition d'opérateurs ou utilisateurs par voie conventionnelle, dans des conditions objectives, transparentes et non discriminatoires et à des tarifs assurant la couverture des coûts correspondants, déduction faite des subventions publiques qui, dans certaines zones géographiques, peuvent être consenties selon des modalités fixées par décret en Conseil d'État. La mise à disposition d'infrastructures par les collectivités ou établissements publics ne doit pas porter atteinte aux droits de passage dont bénéficient les opérateurs de télécommunications autorisés.
Les dépenses et les recettes relatives à la construction, à l'entretien et à la location des infrastructures mentionnées au premier alinéa sont retracées au sein d'une comptabilité distincte.

Art. L. 1511-7 – *(loi n° 2002-1 du 2 janvier 2002, art. 14)* Les collectivités territoriales et leurs groupements peuvent verser des subventions aux organismes visés au 4 de l'article 238 bis du Code général des impôts ayant pour objet exclusif de participer à la création ou à la reprise d'entreprises et aux organismes visés au 1 de l'article L. 511-6 du Code monétaire et financier qui participent à la création d'entreprises.
Une convention conclue avec l'organisme bénéficiaire de la subvention fixe les obligations de ce dernier, et notamment les conditions de reversement de l'aide.
Un décret en Conseil d'État détermine les modalités de mise en œuvre du présent article, et notamment les règles de plafond des concours des collectivités territoriales.

Art. L. 4211-1 – La région a pour mission, dans le respect des attributions des départements et des communes et, le cas échéant, en collaboration avec ces collectivités et avec l'État, de contribuer au développement économique, social et culturel de la région par :
1° Toutes études intéressant le développement régional ;
2° Toutes propositions tendant à coordonner et à rationaliser les choix des investissements à réaliser par les collectivités publiques ;
3° La participation volontaire au financement d'équipements collectifs présentant un intérêt régional direct ;
4° La réalisation d'équipements collectifs, présentant un intérêt régional direct, avec l'accord et pour le compte de collectivités locales, de groupements de collectivités locales, d'autres établissements publics ou de l'État ;
5° Toute participation à des dépenses de fonctionnement liées à des opérations d'intérêt régional direct ;
6° Toute intervention dans le domaine économique, dans les mêmes conditions et limites que celles prévues pour les départements par les articles L. 3231-1 à L. 3231-3, L. 3231-6 et L. 3232-4, sans préjudice des dispositions des 7° et 8° du présent article. Ces mesures doivent faire l'objet d'une consultation préalable des conseils municipaux et des conseils généraux concernés ;
7° L'attribution pour le compte de l'État d'aides financières que celui-ci accorde aux investissements des entreprises concourant au développement régional et à l'emploi dans des conditions prévues par décret *(loi n° 72-619 du 5 juillet 1972, art. 4-1)* ;
8° La participation au capital des sociétés de développement régional et des sociétés de financement interrégional ou propre à chaque région, existantes ou à créer, ainsi que des sociétés d'économie mixte.
9° *(Loi n° 2002-276 du 27 février 2002, art. 102)* La souscription de parts dans un fonds commun de placement à risques à vocation régionale ou interrégionale ou la participation, par le versement de dotations, à la constitution d'un fonds d'investissement auprès d'une société de capital-investissement à vocation régionale ou interrégionale ayant pour objet d'apporter des fonds propres à des entreprises. Le montant total des dotations ou des souscriptions versées par une ou plusieurs régions ne peut excéder 50 % du montant total du fonds. La région passe avec la société gestionnaire du fonds d'investissement une

convention déterminant notamment l'objet, le montant et le fonctionnement du fonds ainsi que les conditions de restitution des dotations versées en cas de modification ou de cessation d'activité de ce fonds ;

10° La participation, par le versement de dotations, à la constitution d'un fonds de garantie auprès d'un établissement de crédit ayant pour objet exclusif de garantir des concours financiers accordés à des entreprises. La région passe avec la société gestionnaire du fonds de garantie une convention déterminant notamment l'objet, le montant et le fonctionnement du fonds, les modalités d'information du conseil régional par la société ainsi que les conditions de restitution des dotations versées en cas de modification ou de cessation d'activité de ce fonds.

Sociétés d'économie mixte
Chapitre III : Modalités d'intervention

Art. L. 1522-4 – *(loi n° 2002-1 du 2 janvier 2002, art. 2)* Les collectivités territoriales et leurs groupements peuvent, en leur qualité d'actionnaires prendre part aux modifications de capital ou allouer des apports en compte courant d'associés aux sociétés d'économie mixte locales dans les conditions définies à l'article L. 1522-5.
Ces concours financiers ne sont pas régis par les dispositions du titre 1er du présent livre.

Art. L. 1522-5 – *(loi n° 2002-1 du 2 janvier 2002, art. 2)* L'apport en compte courant d'associés visé au premier alinéa de l'article L.1522-4 est alloué dans le cadre d'une convention expresse entre la collectivité territoriale ou le groupement actionnaire, d'une part, et la société d'économie mixte locale, d'autre part, qui prévoit, à peine de nullité :

1° La nature, l'objet et la durée de l'apport ;

2° Le montant, les conditions de remboursement, éventuellement de rémunération ou de transformation en augmentation de capital dudit apport.

L'apport en compte courant d'associés ne peut être consenti par les collectivités territoriales et leurs groupements d'actionnaires pour une durée supérieure à deux ans, éventuellement renouvelable une fois. Au terme de cette période, l'apport est remboursé ou transformé en augmentation de capital. Aucune nouvelle avance ne peut être accordée par une même collectivité ou un même groupement avant que la précédente n'ait été remboursée ou incorporée au capital. Une avance ne peut avoir pour objet de rembourser une autre avance.
Toutefois, la transformation de l'apport en augmentation de capital ne peut avoir pour effet de porter la participation de la collectivité ou du groupement au capital social de la société au-delà du plafond résultant des dispositions de l'art. 1522-2.
La collectivité territoriale ou le groupement ne peuvent consentir l'avance à la société d'économie mixte locale si la totalité des avances déjà consenties par la collectivité ou le groupement à des sociétés d'économie mixte excède, avec cette nouvelle avance, 5 % des recettes réelles de la section de fonctionnement du budget de la collectivité ou du groupement.
Aucune avance ne peut être accordée par les collectivités ou leurs groupements si, du fait des pertes constatées dans les documents comptables, les capitaux propres de la société d'économie mixte sont devenus inférieurs à la moitié du capital social.
Les assemblées délibérantes des collectivités territoriales et de leurs groupements actionnaires se prononcent sur l'octroi, le renouvellement ou la transformation en capital d'un apport en compte courant d'associés au vu des documents suivants :

1° un rapport d'un représentant de la collectivité territoriale ou du groupement au conseil d'administration ou au conseil de surveillance de la société d'économie mixte locale ;

2° une délibération du conseil d'administration ou du conseil de surveillance de la société d'économie mixte locale exposant les motifs d'un tel apport et justifiant son montant, sa durée ainsi que les conditions de son remboursement, de son éventuelle rémunération ou de sa transformation en augmentation de capital.

Un décret en Conseil d'État détermine les modalités de rémunération des apports en compte courant d'associés.

Art. L. 1523-1 – Les sociétés d'économie mixte locales peuvent intervenir pour des personnes qui ne participent pas à leur capital.
Pour les opérations autres que des prestations de services, cette intervention est subordonnée à la condition que ces personnes apportent préalablement la totalité du financement nécessaire, s'il s'agit de personnes publiques ; à défaut, ces interventions sont soumises à l'accord préalable du conseil d'administration ou du conseil de surveillance, pris à une majorité des deux tiers comprenant la moitié, au moins, des représentants des collectivités territoriales ou de leurs groupements, actionnaires, ainsi, s'il y a lieu, qu'à l'accord de la collectivité territoriale sur le territoire de laquelle l'investissement immobilier est prévu. - (L. n° 86-597 du 7 juillet 1983, article 4).

Art. L. 1523-2 – Lorsqu'il ne s'agit pas de prestations de service, les rapports entre les collectivités territoriales, leurs groupements ou une autre personne publique, d'une part, et les sociétés d'économie mixte locales, d'autre part, sont définis par une convention qui prévoit, à peine de nullité :

1° L'objet du contrat, sa durée et les conditions dans lesquelles il peut éventuellement être prorogé ou renouvelé ;

2° Les conditions de rachat, de résiliation ou de déchéance par la collectivité, le groupement ou la personne publique contractant ainsi que, éventuellement, les conditions et modalités d'indemnisations de la société ;

3° Les obligations de chacune des parties et, le cas échéant, le montant de leur participation financière, l'état de leurs apports en nature ainsi que les conditions dans lesquelles la collectivité, le groupement ou la personne publique contractant fera l'avance de fonds nécessaire au financement de la mission ou remboursera les dépenses exposées pour son comptes et préalablement définies ;

4° Les modalités de rémunération de la société ou de calcul du coût de son intervention : lorsque la rémunération ou le coût de l'intervention est à la charge de la collectivité, du groupement ou de la personne publique, son montant est librement négocié entre les parties ; lorsque la société est rémunérée par des redevances perçues auprès des usagers, le contrat précise les modalités de fixation des tarifs et de leurs révisions ;

5° Les pénalités applicables en cas de défaillance de la société ou de mauvaise exécution du contrat. - (L. n° 83-597 du 7 juillet 1983, article 5-I).

Art. L. 1523-3 – Dans le cas de convention passée pour la réalisation d'acquisitions foncières, l'exécution de travaux et la construction d'ouvrages et de bâtiments de toute nature, la convention précise, en outre, et également à peine de nullité, les modalités du contrôle technique, financier et comptable exercé par la collectivité, le groupement ou la personne publique contractant ; à cette effet, la société doit fournir chaque année un compte rendu financier comportant notamment en annexe :

a) Le bilan prévisionnel actualisé des activités, objet du contrat, faisant apparaître, d'une part, l'état des recettes et en dépenses et, d'autre part, l'estimation des recettes et des dépenses restant à réaliser ainsi que, éventuellement, la charge résiduelle en résultant pour son cocontractant ;

b) Le plan de trésorerie actualisé faisant apparaître l'échéancier des recettes et dépenses ;

c) Un tableau des acquisitions et cessions immobilières réalisées pendant la durée de l'exercice.

L'ensemble de ces documents est soumis à l'examen de l'assemblée délibérante de la collectivité, du groupement ou de la personne publique contractant qui a le droit de contrôler les renseignements fournis, ses agents accrédités pouvant se faire présenter toutes pièces de comptabilité nécessaire à leur vérification. - (L. n° 83-597 du 7 juillet 1983, article 5-II).

Art. L. 1523-4 – La résolution d'un contrat de concession résultant de la mise en règlement judiciaire ou en liquidation des biens de la société entraîne le retour gratuit au concédant des biens apportés par celui-ci et inclus dans le domaine de la concession.

À peine de nullité, outre les clauses prévues à l'article L. 1523-2, le traité de concession comprend une clause prévoyant, pour le cas visé à l'alinéa précédent, les conditions d'indemnisation, par le concédant, de la partie non amortie des biens acquis ou réalisés par le concessionnaire et affectés au patrimoine de la concession sur lesquels il exerce son droit de reprise. Le montant de l'indemnité en résultant est versé à la société, déduction faite, le cas échéant, des paiements effectués par le concédant, soit à titre d'avances ou de subvention pour la partie non utilisée de celle-ci, soit en exécution d'une garantie accordée pour le financement de l'opération. - (L. n° 83-597 du 7 juillet 1983, article 5-III).

Annexe 2

Aides directes et indirectes (articles législatifs)

Art. L. 2251-1 – L'État a la responsabilité de la conduite de la politique économique et sociale ainsi que de la défense de l'emploi.
Néanmoins, sous réserve du respect de la liberté du commerce et de l'industrie, du principe d'égalité des citoyens devant la loi ainsi que des règles de l'aménagement du territoire définies par la loi approuvant le plan, la commune peut intervenir en matière économique et sociale dans les conditions prévues au présent chapitre et à l'article L. 2253-1. - (L. n° 82-213 du 2 mars 1982, art. 5, al. 1er et 2).

Art. L. 2251-2 – Lorsque l'intervention de la commune a pour objet de favoriser le développement économique, elle peut accorder des aides directes et indirectes dans les conditions prévues par le titre 1er du livre V de la première partie et à l'article L. 2253-1. - (L. n° 82-213 du 2 mars 1982, art. 5-1). - V. art. L. 1511-1 s.

Art. L. 2251-3 – Lorsque l'intervention de la commune a pour but d'assurer le maintien des services nécessaires à la satisfaction des besoins de la population en milieu rural et que l'initiative privée est défaillante ou absente, elle peut accorder des aides directes et indirectes, sous réserve de la conclusion avec le bénéficiaire de l'aide d'une convention fixant les obligations de ce dernier.
Pour compléter les aides visées à l'alinéa précédent, la commune peut passer des conventions avec d'autres collectivités territoriales concernées et disposant de moyens adaptés à la conduite de ces actions, notamment au plan financier. - (L. n° 82-213 du 2 mars 1982, art. 5-II).

Art. L. 2251-4 – La commune peut attribuer des subventions à des entreprises existantes ayant pour objet l'exploitation de salles de spectacle cinématographique dans des conditions fixées par décret en Conseil d'État. Ces subventions ne peuvent être attribuées qu'aux établissements qui, quel que soit le nombre de leurs salles, réalisent en moyenne hebdomadaire moins de 2 200 entrées.
Ces aides ne peuvent bénéficier aux entreprises spécialisées dans la projection de films visés à l'article 279 bis du Code général des impôts.
Ces aides sont attribuées conformément aux stipulations d'une convention conclue entre l'exploitant et la commune. - (L. n° 82-213 du 2 mars 1982, art. 5-IV).

Chapitre III
Participation au capital de sociétés

Art. L. 2253-1 – Sont exclues, sauf autorisation prévue par décret en Conseil d'État, toutes participations d'une commune dans le capital d'une société commerciale et de tout autre organisme à but lucratif n'ayant pas pour objet d'exploiter les services communaux ou des activités d'intérêt général dans les conditions prévues à l'article L. 2253-2. - (L. n° 82-213 du 2 mars 1982, art. 5-III).

Participation à des sociétés de garanties

Art. L. 2253-7 – Par dérogation aux dispositions de l'article L. 2253-1, une commune, seule ou avec d'autres collectivités territoriales, peut participer au capital d'un établissement de crédit revêtant la forme de société anonyme régie par la loi n° 66-537 du 24 juillet 1966 sur les sociétés commerciales et ayant pour objet exclusif de garantir les concours financiers accordés à des personnes morales de droit privé, et notamment celles qui exploitent des entreprises nouvellement créées, dès lors qu'une ou plusieurs sociétés commerciales, dont au moins un établissement régi par la loi n° 84-46 du 24 janvier 1984 relative à l'activité et au contrôle des établissements de crédit, participe également au capital de cet établissement de crédit.

La commune peut participer par versement de subventions à la constitution de fonds de garantie auprès de l'établissement de crédit mentionné à l'alinéa précédent. La commune passe avec l'établissement de crédit une convention déterminant notamment l'objet, le montant et le fonctionnement du fonds de garantie ainsi que les conditions de restitution des subventions versées en cas de modification ou de cessation d'activité de ce fonds.

La participation des communes au conseil d'administration de cet établissement constitué sous forme de société anonyme est réglée comme suit :

1° Dans le cas où une seule commune est actionnaire de cette société anonyme, elle dispose d'un siège au conseil d'administration de cette société ;

2° Lorsque plusieurs communes sont actionnaires de cette société anonyme, le nombre de sièges dont elles disposent au conseil d'administration tient compte du capital détenu sans que ce nombre puisse être inférieur à un siège ni supérieur à six.
Un décret en Conseil d'État détermine la proportion maximale de capital de l'établissement de crédit susceptible d'être détenue par les collectivités territoriales, ainsi que les modalités d'octroi des garanties et notamment la quotité garantie par l'établissement. - (L. n° 82-213 du 2 mars 1982, article 6-II).

Section Première : aide à l'équipement rural

Art. L. 3232-1 – Le département établit un programme d'aide à l'équipement rural au vu, notamment, des propositions qui lui sont adressées par les communes.
En aucun cas ce programme ne peut avoir pour effet de permettre aux départements d'attribuer un prêt, une subvention ou une aide dans des conditions proscrites par les dispositions de l'article L. 1111-5.

Lors de l'élaboration de son programme d'aide, le département prend en compte les priorités définies par les communes, ou le cas échéant par les chartes intercommunales. - (L. 83-8 du 7 janv. 1983, art. 31).

Annexe 3

Aides aux entreprises - aides directes

Articles réglementaires du CGCT

Dispositions générales

Article R. 1511-1

Les primes régionales à la création d'entreprises et les primes régionales à l'emploi, qui peuvent être accordées par les régions en application de l'article L. 1511-2 ont le caractère de subventions d'équipement.

Article R. 1511-2

Une délibération du conseil régional détermine les règles d'attribution, de liquidation, de versement, d'annulation et de reversement des aides mentionnées à l'article L. 1511-2. Les assemblées délibérantes des collectivités territoriales concernées ou de leurs groupements déterminent les modalités de leur intervention éventuelle en application du second alinéa de l'article L. 1511-2.

Article R. 1511-3

La prime régionale à la création d'entreprise et la prime régionale à l'emploi sont attribuées par le président du conseil régional en exécution d'une délibération du conseil régional.
Le président du conseil régional liquide et mandate la prime. Le cas échéant, il procède, dans les mêmes conditions que pour l'attribution, à l'annulation de la prime et ordonne alors le reversement de la prime annulée.

Article R. 1511-4

La liquidation des aides mentionnées à l'article L. 1511-2 est subordonnée à la régularité de la situation de l'entreprise au regard de ses obligations fiscales et sociales.

Prime régionale à la création d'entreprises

Article R. 1511-5

(Décret n° 2001-607 du 9 juillet 2001 art. 2 Journal officiel *du 11 juillet 2001)*
Peuvent bénéficier de la prime les entreprises, quelle qu'en soit la forme juridique, ayant pour objet une des activités déterminées par le conseil régional. Ces entreprises doivent être inscrites, agréées ou enregistrées, conformément aux textes législatifs et réglementaires qui les régissent, depuis moins de douze mois à la date où elles présentent leur demande. Toutefois, ne peuvent bénéficier de la prime les entreprises exerçant leur activité dans les secteurs de l'industrie charbonnière, de la sidérurgie, de la construction navale, de la pêche, de l'agriculture et des transports.

Article R. 1511-6

Les entreprises doivent s'engager à créer le nombre minimal d'emplois permanents déterminés dans les conditions fixées à l'article R. 1511-2. La création d'un emploi permanent doit résulter du recrutement à temps plein ou partiel d'une personne liée à l'entreprise par un contrat de travail à durée indéterminée, à l'exclusion de toute forme de travail temporaire.

Article R. 1511-7

(Décret n° 2001-607 du 9 juillet 2001 art. 3 Journal officiel *du 11 juillet 2001)*
Le montant de la prime est plafonné à 25 000 euros. Il peut néanmoins être porté à 35 000 euros dans des zones prioritaires définies par une délibération du conseil régional.
Décret 2001-607 2001-07-09 art. 7, jusqu'au 31 décembre 2001 : les plafonds mentionnés à l'article R. 1511-7 sont de 150 000 F et 200 000 F.

Article R. 1511-8

La prime peut faire l'objet d'un ou de plusieurs versements. En aucun cas, il ne peut être versé plus de la moitié de la prime avant que l'entreprise ait satisfait aux conditions définies en application de l'article R. 1511-2.

Prime régionale à l'emploi

Article R. 1511-9

(Décret n° 2001-607 du 9 juillet 2001 art. 4 Journal officiel *du 11 juillet 2001)*
Les primes régionales à l'emploi sont accordées par les régions aux entreprises qui créent un ou plusieurs emplois sans lien avec un investissement nouveau et dans lesquelles il n'a été procédé à aucun licenciement dans les douze mois précédant le dépôt de la demande.

Est regardé comme une création d'emploi le recrutement, à temps plein ou à temps partiel, dont l'horaire fixé au contrat de travail est au moins égal à un mi-temps, d'une personne liée à l'entreprise par un contrat de travail à durée indéterminée, ou pour les personnes mentionnées à l'article R. 1511-12, par un contrat à durée déterminée d'une période d'au moins un an.

Les primes prévues au premier alinéa ne peuvent être accordées qu'aux entreprises de moins de 250 salariés, ayant soit un chiffre d'affaires annuel inférieur à 40 millions d'euros, soit un bilan annuel inférieur à 27 millions d'euros et n'étant pas détenues à plus de 25 % par des entreprises ne répondant pas à ces conditions. Toutefois, les entreprises exerçant leur activité dans les secteurs de l'industrie charbonnière, du transport, de la sidérurgie, de la construction navale, des fibres synthétiques, de l'industrie automobile et des services financiers ne peuvent bénéficier de ces primes.
Décret 2001-607 2001-07-09 art. 7, jusqu'au 31 décembre 2001 : les plafonds mentionnés au dernier alinéa de l'article R. 1511-9 sont de 260 millions de francs et de 180 millions de francs.

Article R. 1511-10

(Décret n° 2001-607 du 9 juillet 2001 art. 4 Journal officiel *du 11 juillet 2001)*
Lorsque l'entreprise n'a pas bénéficié d'une aide au titre de la présente sous-section dans les trois ans qui précèdent le dépôt de la demande, la prime peut être accordée pour le recrutement d'une personne supplémentaire par rapport à l'effectif moyen de l'entreprise calculé sur les trois dernières années ou par rapport à l'effectif constaté lors du dépôt de la demande si cet effectif est supérieur à l'effectif moyen ainsi défini. Le calcul de l'effectif moyen s'effectue en prenant en compte l'effectif constaté à la date du dépôt de la demande et celui qui est constaté à la même date de chacune des trois années précédentes. Lorsque l'entreprise a bénéficié d'une aide au titre de la présente sous-section dans les trois ans qui précèdent le dépôt de la demande, la prime peut être accordée pour le recrutement d'une personne supplémentaire par rapport à l'effectif atteint du fait de la dernière création d'emploi ayant bénéficié de l'aide.

L'effectif pris en compte est celui des salariés employés dans l'entreprise, à temps plein ou à temps partiel dont l'horaire fixé au contrat de travail est au moins égal à un mi-temps, en vertu d'un contrat de travail à durée indéterminée ou d'un contrat de travail à durée déterminée d'une durée d'au moins douze mois. L'aide est accordée pour les embauches prenant effet postérieurement au dépôt de la demande.

L'effectif global atteint du fait du recrutement des salariés ouvrant droit à la prime ne doit pas diminuer durant la période pendant laquelle l'entreprise perçoit une aide en application des dispositions de la présente sous-section. En cas de non-respect de cette disposition, l'aide doit être reversée par l'entreprise.

Article R. 1511-11

(Décret n° 2001-607 du 9 juillet 2001 art. 4 Journal officiel *du 11 juillet 2001)*
Lorsque la création d'emploi résulte du recrutement d'une personne liée à l'entreprise par un contrat de travail à durée indéterminée, à temps plein ou à temps partiel dont l'horaire fixé au contrat de travail est au moins égal à un mi-temps, le montant de l'aide est égal au maximum à 20 % de la rémunération brute soumise à cotisation de sécurité sociale versée durant trois ans à la personne recrutée.

Ce plafond est porté à 30 % si la personne recrutée appartient à l'une des catégories de personnes mentionnées au premier alinéa du I de l'article L. 322-4-8-1 du Code du travail.

Article R. 1511-12

(Décret n° 2001-607 du 9 juillet 2001 art. 4 Journal officiel *du 11 juillet 2001)*
Lorsque la création d'emploi résulte du recrutement d'un salarié en contrat à durée déterminée d'une période d'au moins un an, l'aide ne peut être accordée que si la personne recrutée appartient à l'une des catégories de personnes mentionnées au dernier alinéa de l'article R. 1511-11.

Le montant maximum de l'aide prévue à l'alinéa précédent est égal à 10 % de la rémunération brute soumise à cotisation de sécurité sociale versée à la personne recrutée pour sa période d'emploi en contrat de travail à durée déterminée.

Lorsque le contrat de travail de la personne recrutée en application des dispositions du présent article est transformé en contrat de travail à durée indéterminée, le taux de l'aide peut être porté à 30 % de la rémunération brute soumise à cotisation de sécurité sociale versée à cette personne pendant une période de trois ans à compter de la date d'effet du contrat de travail initial.

Article R. 1511-13

(Décret n° 2001-607 du 9 juillet 2001 art. 4 Journal officiel *du 11 juillet 2001)*
Dans les départements d'outre-mer, l'aide prévue aux articles R. 1511-11 et R. 1511-12 peut être aussi attribuée, par dérogation aux dispositions du premier alinéa de l'article R. 1511-9, à toutes les entreprises répondant aux conditions du troisième alinéa du même article, pour le maintien d'un ou de plusieurs emplois permanents.

Le maintien d'un emploi permanent résulte du recrutement d'une personne en remplacement d'un salarié employé en contrat à durée indéterminée présent dans l'entreprise durant une période minimale de douze mois dont le contrat de travail a été rompu par démission ou départ en retraite ou en préretraite.

Article R. 1511-14

(Décret n° 2001-607 du 9 juillet 2001 art. 4 Journal officiel *du 11 juillet 2001)*
Le montant maximum des aides susceptibles d'être perçues par une même entreprise en application de la présente sous-section est plafonné à 11 000 euros par emploi sur trois ans, dans la limite d'un montant total de 160 000 euros par entreprise et par an. *Décret n° 2001-607 2001-07-09 art. 7, jusqu'au 31 décembre 2001 : les plafonds mentionnés à l'article R. 1511-14 sont de 70 000 F et de 1 million de francs.*

Prêts, avances et bonifications d'intérêts par les régions

Article R. 1511-15

En vue de favoriser la création ou l'extension d'activités économiques, les régions, en application de l'article L. 1511-2, peuvent accorder des prêts et avances à long terme à des entreprises à des conditions plus favorables que celles du taux moyen des obligations à long terme et bonifier des prêts à long terme à ces mêmes entreprises.

Article R. 1511-16

Ces aides peuvent être accordées sur l'ensemble du territoire pour des projets créant au maximum trente emplois dans un même établissement ou pour des extensions créant au maximum dix emplois supplémentaires.

Article R. 1511-17

L'écart maximum du taux des prêts et avances et du taux des prêts bonifiés par rapport au taux moyen des obligations à long terme est fixé par arrêté du ministre de l'économie et des finances.

Article R. 1511-18

Les prêts et avances à long terme ainsi que les bonifications sont attribués par le président du conseil régional en exécution d'une délibération du conseil régional.

Annexe 4

Aides aux entreprises - aides indirectes

Articles réglementaires du CGCT

Aides à l'achat ou à la location de bâtiments accordées par les collectivités territoriales et leurs groupements

Article R. 1511-19
Les collectivités territoriales et leurs groupements peuvent, seuls ou conjointement, acquérir des immeubles industriels existants et, afin d'en favoriser la réutilisation, les rétrocéder ou les louer, après rénovation, en accordant à l'entreprise acquéreur ou locataire un rabais, les collectivités prenant en charge au maximum la différence entre le prix de revient après rénovation et le prix correspondant aux conditions du marché.

Article R. 1511-20
(Décret n° 2001-607 du 9 juillet 2001 art. 5 Journal officiel *du 11 juillet 2001)*
En sus de l'aide accordée en vertu de l'article R. 1511-19, afin de favoriser la création ou l'extension d'activités économiques dans les zones énumérées au A de l'annexe I du décret n° 2001-312 du 11 avril 2001 relatif à la prime d'aménagement du territoire et dans les départements d'outre-mer, les collectivités territoriales ou leurs groupements peuvent, seuls ou conjointement, accorder des rabais sur le prix de vente ou de location des bâtiments qu'ils cèdent ou louent aux entreprises.

Ne peuvent bénéficier de l'aide à la vente et à la location de bâtiments :
- 1° Les entreprises exerçant une activité liée à la production des produits agricoles énumérés à l'annexe I du traité instituant la Communauté européenne ;
- 2° Les entreprises exerçant une activité liée à la production de produits de la pêche et de l'aquaculture ;
- 3° Les entreprises de transformation et de commercialisation exerçant une activité dans les secteurs du sucre et des produits destinés à imiter ou à remplacer le lait et les produits laitiers ;
- 4° Les entreprises exerçant leur activité dans les secteurs de l'industrie charbonnière, de la sidérurgie, du transport, de la construction navale, des fibres synthétiques et des services financiers.

Les entreprises exerçant une activité liée à la transformation ou à la commercialisation des produits agricoles énumérés à l'annexe I du traité instituant la Communauté européenne ou de produits de la pêche et de l'aquaculture ne peuvent bénéficier de l'aide à la location de bâtiments. Le ministre chargé de l'agriculture et de la pêche peut exclure temporairement, par arrêté, les mêmes entreprises, pour certaines de ces activités, du bénéfice de l'aide à la vente de bâtiments.

Article R. 1511-20-1
(inséré par décret n° 2001-607 du 9 juillet 2001 art. 5 Journal officiel *du 11 juillet 2001)*
Les rabais sont déterminés par rapport à la valeur vénale des bâtiments ou au montant des loyers correspondant à cette valeur vénale, évalués aux conditions du marché. Ils ne peuvent excéder :
- 25 % de cette valeur dans les départements d'outre-mer ;
- 23 % de cette valeur dans les zones énumérées au C de l'annexe I du décret n° 2001-312 du 11 avril 2001 relatif à la prime d'aménagement du territoire ;

- 17 % de cette valeur dans les zones énumérées au B de la même annexe ;
- 11,5 % de cette valeur dans les zones énumérées au D de la même annexe.

Pour les entreprises de moins de 250 salariés ayant soit un chiffre d'affaires annuel inférieur à 40 millions d'euros, soit un bilan annuel inférieur à 27 millions d'euros et n'étant pas détenues à plus de 25 % par des entreprises ne répondant pas à ces conditions, les plafonds fixés aux alinéas précédents peuvent être portés respectivement à 35 %, 33 %, 27 % et 21,5 %. Les rabais sur le prix de vente pour les entreprises exerçant leur activité dans le secteur de l'industrie automobile ne peuvent excéder 5 millions d'euros par entreprise et par projet. Les rabais sur le prix de location ne peuvent excéder 100 000 euros par entreprise sur trois ans. *Décret 2001-607 2001-07-09 art. 7, jusqu'au 31 décembre 2001 : les plafonds mentionnés au sixième alinéa de l'article R. 1511-20-1 sont de 260 millions de francs et de 180 millions de francs. Les plafonds mentionnés au septième et au dernier alinéa de l'article R. 1511-20-1 sont de 32 millions de francs et de 650 000 F.*

Article R. 1511-20-2

(inséré par décret n° 2001-607 du 9 juillet 2001 art. 5 Journal officiel *du 11 juillet 2001)*
L'octroi de rabais sur le prix de vente de bâtiments est subordonné à l'engagement de l'entreprise de maintenir pendant une période d'au moins cinq ans son activité dans les bâtiments pour lesquels elle a bénéficié de l'aide. En cas de manquement à cet engagement, l'entreprise doit reverser l'aide perçue. Cette aide ne peut être accordée que si 25 % au moins des dépenses liées à la vente des bâtiments sont financés sans aucune aide publique.

Article R. 1511-21

(Décret n° 2001-607 du 9 juillet 2001 art. 6 Journal officiel *du 11 juillet 2001)*
En sus de l'aide accordée en vertu de l'article R. 1511-19, afin de favoriser la création ou l'extension d'activités économiques dans les zones énumérées à l'annexe II du décret n° 2001-312 du 11 avril 2001 relatif à la prime d'aménagement du territoire, les collectivités territoriales ou leurs groupements peuvent, seuls ou conjointement, accorder des rabais sur le prix de vente ou de location des bâtiments qu'ils cèdent ou louent aux entreprises.

Ces rabais ne peuvent être accordés qu'aux entreprises de moins de 250 salariés, ayant soit un chiffre d'affaires annuel inférieur à 40 millions d'euros, soit un bilan annuel inférieur à 27 millions d'euros et n'étant pas détenues à plus de 25 % par des entreprises ne répondant pas à ces conditions. Les rabais ne peuvent excéder 25 % de la valeur vénale des bâtiments ou du montant des loyers correspondant à cette valeur, évaluée aux conditions du marché ; ils sont plafonnés à 140 000 euros.
Décret 2001-607 2001-07-09 art. 7, jusqu'au 31 décembre 2001 : le plafond mentionné au dernier alinéa de l'article R. 1511-21 est de 900 000 F.

Article R. 1511-22

Les dispositions de la présente sous-section s'appliquent également aux aides attribuées par les collectivités territoriales et leurs groupements, seuls ou conjointement, aux entreprises par l'intermédiaire d'organismes relais.

Article R. 1511-23

Les assemblées délibérantes des collectivités territoriales et de leurs groupements déterminent les conditions d'attribution, de liquidation, de versement, d'annulation et de reversement de ces aides.

Le bénéfice de cette aide est subordonné à la régularité de la situation de l'entreprise au regard de ses obligations fiscales et sociales.

Prise en charge des commissions dues par les bénéficiaires de garanties d'emprunts

Article R. 1511-24

La prise en charge, en application de l'article L. 1511-3, par une ou plusieurs collectivités territoriales ou leurs groupements, des commissions dues par les bénéficiaires de garanties d'emprunt accordées par un ou plusieurs établissements de crédit intervient dans le cadre de conventions passées par les collectivités territoriales ou leurs groupements avec des prêteurs ou avec des établissements de crédit intervenant en garantie.

Ces conventions définissent :

1° La nature des opérations et les catégories d'emprunteurs éligibles à cette aide ;
2° Les taux de prise en charge des commissions, dans la limite du plafond mentionné à l'article R. 1511-25 ;
3° La durée de leur application et, le cas échéant, les modalités de leur renouvellement.

Elles font expressément mention des dispositions du troisième alinéa de l'article L. 1511-3 et de celles de la présente sous-section. Elles sont approuvées par les assemblées délibérantes des collectivités territoriales ou de leurs groupements.

Article R. 1511-25

Le taux maximum de prise en charge, par les collectivités territoriales ou leurs groupements, de la ou des commissions afférentes à un même emprunt est fixé par arrêté du ministre chargé de l'économie et des finances.

Article R. 1511-26

Les assemblées délibérantes des collectivités territoriales ou de leurs groupements déterminent chaque année le montant maximal des dépenses qui peuvent être engagées au titre du troisième alinéa de l'article L. 1511-3.

Article R. 1511-27

Pour un même emprunt, les versements correspondant à la ou aux commissions prises en charge par une collectivité territoriale ou un groupement doivent être effectués en une seule fois auprès des prêteurs ou des établissements de crédit intervenant en garantie.

Article R. 1511-28

Dans tous les cas, le prêteur doit faire connaître à l'emprunteur, avant la signature du contrat de prêt, les modalités de l'intervention des collectivités territoriales ou de leurs groupements et en particulier celles prévues par les conventions mentionnées à l'article R. 1511-24.

Article R. 1511-29

Les dispositions des articles R. 1511-24, R. 1511-25 et R. 1511-28 ne sont pas applicables à la prise en charge des commissions dues par les bénéficiaires de garanties d'emprunts contractés pour la réalisation des opérations prévues à l'article L. 2252-2, à l'article L. 3231-4-1 et à l'article L. 4253-2.

Garanties d'emprunts

Article D. 1511-30

Le montant net des annuités de la dette mentionné des articles L. 2252-1, L. 3231-4 et L. 4253-1 est égal à la différence entre le montant total des sommes inscrites :

a) En dépenses au titre du remboursement du capital d'emprunts et du versement des intérêts ainsi que du règlement des dettes à long ou moyen terme, sans réception de fonds ;
b) En recettes au titre du recouvrement des créances à long et moyen terme.

Ces sommes sont celles qui figurent au budget primitif principal pour l'exercice en cours.

Article D. 1511-31

Les recettes réelles de fonctionnement sont égales à la différence entre :

a) Le montant total des recettes inscrites à la section Fonctionnement du budget primitif principal pour l'exercice en cours ;

b) Et le montant total des sommes correspondant aux travaux effectués en régie ainsi éventuellement qu'aux prestations internes et aux résultats de fonctionnement reportés de l'exercice précédent.

Article D. 1511-32

Le pourcentage limite mentionné au deuxième alinéa des articles L. 2252-1, L. 3231-4 et L. 4253-1 et dont les éléments sont définis aux articles D. 1511-30 et D. 1511-31 est fixé à 50 %.

Article D. 1511-33

Pour l'application du deuxième alinéa des articles L. 2252-1, L. 3231-4 et L. 4253-1, le coefficient multiplicateur appliqué aux provisions spécifiques constituées par les communes pour couvrir les garanties ou cautions est fixé à 1.

Article D. 1511-34

Pour l'application du troisième alinéa des articles L. 2252-1, L. 3231-4 et L. 4253-1, la proportion maximale des annuités garanties ou cautionnées au profit d'un même débiteur, exigible au titre d'un exercice, rapportée au montant total des annuités susceptibles d'être garanties ou cautionnées est fixée à 10 %.

Article D. 1511-35

Pour l'application du quatrième alinéa des articles L. 2252-1, L. 3231-4 et L. 4253-1, la quotité maximale susceptible d'être garantie par une ou plusieurs collectivités sur un même emprunt est fixée à 50 %. Elle pourra être portée à 80 % pour les opérations d'aménagement menées en application des articles L. 300-1 à L. 300-4 du Code de l'urbanisme.

Participation à des sociétés de garantie

Article R. 1511-36

La proportion maximale du capital susceptible d'être détenue par les collectivités territoriales dans les établissements de crédit mentionnés au premier alinéa des articles L. 2253-7, L. 3231-7 et L. 4253-3 est fixée à 50 %.

Article R. 1511-37

L'octroi des garanties par les établissements de crédit mentionnés à l'article R. 1511-36 est assorti d'une rémunération calculée en fonction du risque assuré.

Article R. 1511-38

La quotité de chaque concours financier garantie par l'établissement de crédit soit sur ses fonds propres, soit sur ceux des fonds de garantie constitués auprès de lui ne peut excéder 50 %.

La garantie de l'établissement de crédit cumulée avec celle des collectivités territoriales ne peut excéder 50 % du montant total de chaque concours financier, sauf pour les opérations visées aux articles L. 2252-2, L. 3231-4-1 et L. 4253-2.

Article R. 1511-39

Lorsque la garantie accordée par l'établissement de crédit est couverte par un fonds de garantie ayant pour objet la création d'entreprise les quotités maximales prévues à l'article R. 1511-38 sont portées à 65 %.

Aides aux entreprises de spectacle cinématographique

Article R. 1511-40

Les subventions prévues aux articles L. 2251-4, L. 3232-4 et au 6° de l'article L. 4211-1 font l'objet d'une demande écrite de l'exploitant de l'établissement titulaire de l'autorisation d'exercice délivrée, dans les conditions prévues par l'article 14 du Code de l'industrie cinématographique, par le Centre national de la cinématographie pour la ou les salles dudit établissement.
Pour l'application des articles R. 1511-40 à R. 1511-43, le terme « *établissement* » s'entend de toute installation utilisée par l'exploitant en un lieu déterminé et qui fait l'objet d'une exploitation autonome. Sont également considérées comme établissement les exploitations ambulantes.

Article R. 1511-41

L'exploitant de l'établissement produit à l'appui de sa demande un dossier comprenant :

1° Les statuts de l'exploitation et les références des autorisations d'exercice ;
2° Une description de l'équipement et de la capacité de l'établissement ;
3° Le compte d'exploitation des deux années précédant la demande ;
4° Les comptes d'exploitation prévisionnels des deux années suivantes ;
5° Un relevé d'informations fourni par le Centre national de la cinématographie et relatif au nombre d'entrées moyen hebdomadaire réalisé par l'ensemble des salles de l'établissement concerné au cours de l'année précédant la demande de subvention ;
6° Le projet cinématographique présentant les actions prévues, notamment en matière de programmation en direction de publics déterminés, de formation à la culture cinématographique ou de prospection de nouveaux publics, ainsi que les engagements en matière de politique tarifaire, d'accueil du public ou de travaux d'aménagement.

Article R. 1511-42

La convention conclue en application du troisième alinéa des articles L. 2251-4, L. 3232-4 et au 6° de l'article L. 4211-1 entre l'exploitant et la commune fixe :

1° L'objet de l'aide, notamment les objectifs correspondant au projet cinématographique visé au 6° de l'article R. 1511-41 ;
2° Le montant et les modalités de l'aide.

Article R. 1511-43

Par année, le montant de subvention accordé par une ou plusieurs collectivités locales ne peut excéder 30 % du chiffre d'affaires de l'établissement, ou 30 % du coût du projet si celui-ci porte exclusivement sur des travaux susceptibles de donner lieu à l'octroi d'un soutien financier, par application des dispositions de l'article 11 du décret n° 98-750 du 24 août 1998 relatif au soutien financier à la diffusion de certaines œuvres cinématographiques et au soutien financier à la modernisation et à la création des établissements de spectacles cinématographiques.

Cautionnement

Article R. 2252-2

Le cautionnement mentionné à l'article L. 2252-3 est obtenu auprès d'un établissement de crédit dans les conditions fixées par la loi n° 84-46 du 24 janvier 1984 relative à l'activité et au contrôle des établissements de crédit.

Lorsque la commune a obtenu elle-même un cautionnement dans les conditions prévues au présent article et si ce cautionnement est partiel, elle est tenue de provisionner pour la part non couverte par le cautionnement.

Article R. 2252-3
La provision spéciale prévue à l'article L. 2252-3 s'applique aux garanties d'emprunt accordées à compter du 1er janvier 1996.
La dotation annuelle à cette provision est égale à 2,5 % du montant total des annuités d'emprunts garantis ou cautionnés par une commune au 31 décembre de l'exercice précédent.

Cette provision doit atteindre 10 % du montant total des annuités d'emprunts garantis ou cautionnés par une commune au 31 décembre de l'exercice. Si elle excède ce seuil, la provision spéciale pour garantie d'emprunt peut être reprise à hauteur de la différence entre son montant et la limite de 10 % précédemment définie.
En cas de mise en jeu de la garantie ou de la caution, la provision peut être reprise à concurrence de la dépense supportée par la commune.

Article R. 2252-4
Le suivi et l'emploi des provisions constituées sont retracés sur l'état des provisions joint en annexe aux documents budgétaires, indiquant la date initiale de constitution de la provision et les emprunts garantis ou cautionnés entrant dans la base de calcul.

Article R. 2252-5
Les entreprises ou organismes qui, en vertu de la réglementation en vigueur, peuvent bénéficier de prêts ou de garanties d'emprunt de la part des communes sont soumis au contrôle prévu par les articles R. 2222-1 à R. 2222-6. Il n'est pas dérogé aux règles particulières de contrôle concernant les organismes d'habitation à loyer modéré.

Bibliographie

- **Commissariat général du Plan**, « *Évaluation des aides à la création d'entreprise* », La Documentation française, 1996.

- **COMMUNIER Jean-Michel**, « *Le droit communautaire des aides d'État* », coll. Systèmes ; LGDJ, 2000.

- **Cour des Comptes**, « *Les interventions des collectivités territoriales en faveur des entreprises* », Rapport public particulier, novembre 1996, Les éditions du Journal Officiel.

- **CRDT** (Université de Reims), « *Construire la dynamique des territoires* », L'Harmattan, collection « administration et aménagement du territoire », 1997.

- **CURAPP** (Université d'Amiens), « *Le financement du développement local* », Presses universitaires de France, 1995.

- **DGCL** (ministère de l'Intérieur), « *L'action économique des collectivités locales* », La Documentation française, 1992.

- **FALZON Micheline**, « *Les interventions économiques des collectivités locales* », LGDJ, collection « Politiques locales », 1996.

- **MADIOT Yves, GOUSSEAU Jean-Louis**, « *Collectivités locales et développement économique ; élus locaux, entreprises et territoires* », coédition Dexia et Imprimerie nationale, 2002.

- **NEMERY Jean-Claude, GROUD Hervé, LEROY Marc, PUGEAULT Serge**, « *Le renouveau de l'aménagement du territoire en France et en Europe* », Economica, 1994.

- **VLACHOS Georges**, « *Droit public économique français et communautaire* », Armand Colin, collection U, 1996.